Study on the Impact of Investment Facilitation on China' OFDI

投资便利化
对中国对外直接投资影响研究

朱文茜　著

WUHAN UNIVERSITY PRESS
武汉大学出版社

图书在版编目(CIP)数据

投资便利化对中国对外直接投资影响研究/朱文茜著.—武汉：武汉大学出版社,2021.8
ISBN 978-7-307-21323-4

Ⅰ.投…　Ⅱ.朱…　Ⅲ.对外投资—直接投资—研究—中国
Ⅳ.F832.6

中国版本图书馆 CIP 数据核字(2019)第 259045 号

责任编辑:沈岑砚　　　责任校对:李孟潇　　　整体设计:马　佳

出版发行:**武汉大学出版社**　　(430072　武昌　珞珈山)
(电子邮箱:cbs22@whu.edu.cn　网址:www.wdp.com.cn)
印刷:武汉邮科印务有限公司
开本:720×1000　1/16　印张:12.25　字数:220 千字　插页:1
版次:2021 年 8 月第 1 版　　2021 年 8 月第 1 次印刷
ISBN 978-7-307-21323-4　　定价:35.00 元

前　言

　　当前，随着我国加快构建开放型经济新体制，特别是"一带一路"倡议、"国际产能和装备制造合作"的加速推进，国内各类资本寻求国际市场的动力不断增强，我国对外投资合作进入全面发展的新阶段。全球基础设施建设升温，发展中国家工业化、城镇化进程加快，发达国家的一些基础设施也面临升级换代，外部投资需求扩大，与中国开展投资合作的意愿增强。与此同时，世界正发生复杂深刻的变化，世界经济缓慢复苏、发展分化，国际投资贸易格局和多边投资贸易规则调整，各国面临的发展问题依然严峻。中国企业在对外投资的过程中，面临着各种各样的贸易投资保护主义的政策障碍和投资促进与保护体制机制方面的缺陷，主要体现在：一是形形色色的贸易投资保护主义；二是市场准入限制；三是人员流动难度大、进展慢；四是缺乏全球统一规范的投资争端解决机制。由此，对我国企业进入国际市场造成了极大的负面影响。因此，有效的投资便利化是中国企业成功"走出去"的关键因素之一。传统的区位选择理论多从宏观因素出发，并以发达国家为主要研究对象，忽略了企业的异质性及发展中国家对外直接投资理论，无法全面解释投资便利化、企业生产率与区位选择的具体关系。

　　本书得到如下四个方面的主要结论：

　　第一，在东道国投资便利化水平的影响因素中，影响程度由大到小依次为制度质量水平、技术与创新能力、基础设施质量、金融服务效率、商业投资环境。本书选取的126个国家，基本覆盖了全球范围，各国投资便利化水平差距较大，其中发达国家投资便利化水平普遍较高，发展中国家、不发达国家投资便利化水平较低。从各区域来看，投资便利化水平也存在较大差异，其中北欧、西欧投资便利化水平最高，为东亚（太平洋）、中欧、南欧、东欧、北美地区处于比较便利的水平，而东南亚、南亚、中亚、西亚地区投资便利化水平普遍较低，投资便利水平最为落后的地区为南美及非洲地区，这些区域投资环境有较大提升空间。

　　第二，东道国投资便利化水平对中国企业的对外直接投资产生促进效应，

1

表现在提高企业对外直接投资的概率、投资次数两方面。从投资便利化分指标来看，制度质量、基础设施质量、金融服务效率、商业投资环境、技术创新能力均能显著影响对中国企业的对外直接投资的概率及投资规模。企业生产率越高、规模越大，对外直接投资的概率越高，投资频率越多。同时，东道国市场规模越大也越能吸引企业对外直接投资。

第三，企业生产率的异质性引致东道国投资便利化对企业投资区位偏好发生变化。对生产率较低的企业而言东道国较高的投资便利化水平对投资的促进效应增强，也就是说，相比生产率更低的企业，生产率更高的企业更有可能在投资便利化水平较低的国家进行直接投资。从投资便利化分指标来看，企业生产率的异质性引致东道国商业投资环境及制度供给质量对企业投资区位偏好发生变化，而对东道国金融服务效率、技术创新能力、基础设施质量对企业投资区位影响不大。

本书具体结构安排如下：

第一章为导论。首先陈述了选题背景、理论意义和现实意义。在中国企业对外直接投资逐年提高和内外部投资环境不断变化的情况下，提出本书的议题。其次厘清了核心概念：投资便利化、异质性企业对外直接投资的内涵及企业生产率的内涵。最后介绍了本书的主要研究方法、研究思路、研究内容和创新之处，对本书进行系统和概括性的陈述。

第二章为文献述评。将国内外研究成果划分为三个分支进行阐述：其一是投资便利化研究现状的文献综述；其二为企业对外直接投资的区位选择的研究；其三是对外直接投资与企业生产率关系的文献综述。通过对现有研究归纳和梳理，本书加以了客观评述。

第三章为理论分析。本书在新新贸易理论的经典假设中，基于 Chen 和 Moore（2010）的模型探讨了异质性企业 OFDI 的区位选择，并在此框架下嵌入投资便利化这一因素，进一步分析投资便利化条件下异质性企业投资区位选择的影响机理。通过对理论模型的了解分析，为实证分析提供了可靠的理论基础。

第四章为东道国投资便利化测度及分析。本章首先在已有文献的基础上，构建了东道国投资便利化指标体系，并对东道国投资便利化各项指标进行测度并排名，最后对测度结果进行分析，比较分析各国的投资便利化水平，为后文检验提供数据基础。

第五章为中国 OFDI（Outward Foreign Direct Investment，对外直接投资）区位选择的实证研究。首先从国家层面出发，选取了 2008—2015 年中国对外直接投资数据，采用 Heckman 两阶段回归模型，考察东道国宏观层面因素对区位选择的影响作用。其次考虑到企业层面微观因素，选取 2008—2015 年国泰安数据库中的企业数据，采用最小二乘法回归对企业对外直接投资区位选择的影响。通过区分宏观因素与微观因素对投资区位的影响，有助于我们厘清各因素对区位选择的重要性。

第六章在上一章的实证检验基础上，综合考虑宏观和微观这两个因素，首先考察投资便利化环境下生产率会对对外直接投资区位选择产生何种影响，在 Probit 回归模型的基础上引入投资便利化与企业生产率交互项进行回归分析。其次为确定企业异质性与东道国异质性对企业对外直接投资的影响，分别进行了分组回归。最后为降低估计偏误，分别通过引入工具变量克服内生性问题，改变因变量及改变样本结构的方法进行稳健性检验，并对实证结果进行分析说明。

第七章是投资便利化下中国 OFDI 企业东道国选择的政策建议。本章以第四、五章中实证结论为基础，结合中国实际国情，对全文内容进行归纳总结，并提出相关对策建议。

目　　录

第一章 导 论

第一节 研究背景及意义

一、研究背景

当前，随着我国加快构建开放型经济新体制，特别是"一带一路"倡议、"国际产能和装备制造合作"的加速推进，国内各类资本寻求国际市场的动力不断增强，我国对外投资合作进入全面发展的新阶段。全球基础设施建设升温，发展中国家工业化、城镇化进程加快，发达国家部分基础设施也面临升级换代，外部投资需求扩大，与中国开展投资合作的意愿增强。有效的投资便利化是中国企业成功"走出去"的关键因素之一。

与此同时，世界正发生复杂深刻的变化，世界经济缓慢复苏、发展分化，国际投资贸易格局和多边投资贸易规则调整，各国面临的发展问题依然严峻。因此，在此背景下，中国企业在对外投资的过程中，面临着各种各样的贸易投资保护主义的政策障碍和投资促进与保护体制机制方面的缺陷[①]，体现在：一是投资保护主义，有些国家以中国威胁论、维护国家安全和保护本国企业核心

---

① 2017 年 8 月美国贸易代表办公室宣布对中国发起"301 调查"。2018 年 3 月 23 日，特朗普政府对华挑起贸易战，宣布基于"301 调查"结果，正式签署对华贸易备忘录，对从中国进口的 600 亿美元商品加征关税。2018 年 4 月初美国发布的建议关税清单，拟对中国出口的 1333 种商品加征 25% 的关税，将中国具有潜在竞争力的中高端制造业产品作为打击的重点。2018 年 7 月 6 日，美国对中国 500 亿美元商品实施加征 25% 的关税，中国反制跟进，标志着美中贸易战正式打响。2018 年 7 月 11 日，美国公布拟对中国 2000 亿美元产品加征关税的清单，中美贸易争端不断升温。2018 年 9 月 24 日，中国国务院新闻办公室发表《关于中美经贸摩擦的事实与中方立场》白皮书，指明了中美贸易继续"理性前行"的路线图。

技术等理由筑起投资壁垒①。有些国家的经贸活动被泛政治化，以保护就业和工作岗位、保护本国资源等理由阻止中国企业投资并购。部分国家利用媒体舆论宣传，抹黑中国投资，特别是中国国有企业投资，进行投资"安全"或"国家利益"等方面的审查，阻止我企业进入发达国家市场。二是市场准入限制。由于缺乏技术标准互认，马来西亚政府仅认可符合本国或国际施工技术标准，即使中国标准明显高于马国标准，也不被当地政府和行业协会承认；即使在市场经济普遍发达的欧盟成员国家，国别和行业市场准入限制也普遍存在。另外，很多国家对外资进行股比限制。阿曼苏丹国不允许在经济特区和自由区外设立 100% 外资企业，必须与当地组成合资企业。还有一些国家对外资企业进行业绩要求，如沙特投资总局 2013 年撤销了部分外资许可，包括一些中国企业在内，原因是不符合"高附加值、有益于先进技术转移和促进就业"等新政策要求。三是人员流动难度大、进展慢。中资企业普遍在办理工作签证和许可方面面临较大难度。由于涉及就业、移民和国内公共秩序等敏感议题，发达和发展中国家均出台了各种限制措施。各国外交、经济、公安、移民部门，均不同程度地设置项目审批、许可证发放、职业技能认证、语言测试、市场需求测试、劳务国籍配额、人员本地化指标、审批程序繁杂等障碍，压缩外籍人员入境，相应提高了我国企业在当地投资经营的成本，降低了企业生产经营效率。四是缺乏全球统一规范的投资争端解决机制。近年一系列中资企业投资合作项目被东道国政府叫停或暂缓实施，这些国家政府多因党派政治斗争、环境和国家安全评估、财政信贷安排等问题，采取行政手段叫停在建或投标项目。而我国企业通过司法、仲裁机制起诉东道国政府胜诉的几率不高。在成为吸引外资和对外投资的"双料大国"之后，我国面临着修改完善多双边投资保护协定，扩大投资保护范围，提高保护程度的紧迫任务。

国家主席习近平在第二届"一带一路"国际合作高峰论坛开幕式发言表示：促进贸易和投资自由化便利化，旗帜鲜明反对保护主义，推动经济全球化朝着更加开放、包容、普惠、平衡、共赢的方向发展。因此，面对一系列对外直接投资的障碍与难题，我们更需要客观准确地反映东道国投资便利化水平，特别是反映中资企业遇到的行业市场准入门槛、金融服务效率、制度障碍、投资经营成本等方面的问题，并充分考虑这些因素下我国企业"走出去"的区

---

① 如 2019 年 5 月美国总统特朗普签署总统令，宣布美国进入"国家紧急状态"，以禁止美国通信企业与包括中国华为公司在内的一切被控会"威胁"美国国家安全的公司进行商业交易。

位选择及效率问题，有助于朝着推动世贸组织谈判达成《投资便利化协定》，制定国际多边投资规则迈出重要一步，具有重要的理论意义和现实意义。

二、研究意义

（一）理论意义

本书首先探讨了投资便利化、企业生产率对区位选择的影响，丰富和拓展了对外直接投资理论。一方面，目前国内外学者多从东道国制度环境、融资约束等宏观视角探讨中国企业对外投资区位选择问题，而综合考虑东道国投资便利化环境对区位选择影响的文献并不多。另一方面，多数研究区位选择的文献假定 OFDI 企业是同质的，因此将 Melitz（2003）的企业生产率异质性纳入区位选择的研究中，在企业异质性贸易理论框架下，研究投资便利化、企业生产率对区位选择的影响机制。

另外，本书对东道国投资便利化内涵的厘清及其体系构建与测度，从定性和定量分析两个角度丰富了投资便利化的内涵及其体系。目前，理论界对投资便利化内涵的认识尚未达成统一，现有文献对投资便利化的研究多从贸易便利化衍生而来，且鲜有学者从定量分析的角度测度投资便利化水平，并经验研究投资便利化对企业微观层面的影响。因此，本书基于 2008 年 APEC 的《投资便利化行动计划》（IFAP）中投资便利化作为独立议题的相关内容（沈铭辉，2009）及新进文献的研究，构建投资便利化测度体系并对全球范围内 126 个国家投资便利化水平进行测度，为我国企业成功"走出去"提供一定的指导依据。

（二）现实意义

本书在经典的异质性贸易理论框架下，将企业对外直接投资区位选择与投资便利化纳入其中，分析投资便利化在企业对外直接投资区位选择中发挥的作用及其程度，以及企业在特定区位投资后所产生的生产率效应。为中国政府和企业如何实施对外直接投资，并通过对外投资影响母国经济发展和产业结构提供一些借鉴经验，与当前中国坚定不移推进"走出去"发展战略、产业结构转型升级、技术进步等问题紧密相关。然而，目前国际形势风云变化，逆全球化浪潮愈演愈烈，贸易保护主义再次抬头，中美贸易摩擦升级，为中国企业走出去带来机遇的同时，也带来了挑战，那么企业如何在当今形势下更好的发展就是本书意图解决的问题。现有研究表明，对外直接投资与母国经济发展之间互为因果，对外直接投资能够促进母国经济发展，国内产出增长，促进全要素生产率的提高，同时母国经济发展促进对外直接投资的增长。因此，本书的议题有助于母国经济发展与对外直接投资之间形成良性循环。

本书研究利于中国"走出去"战略的贯彻实施。自 2000 年"走出去"战略正式提出以来，取得了一系列的成就。在当前中国对外开放形势及国际形势不断变化的情况下，开放型经济处于重要发展关口，"走出去"战略是影响对外开放型经济发展的重要因素之一，实施"走出去"战略对于我国转移过剩的生产能力，调整产业结构，获取先进技术，突破贸易壁垒等具有重要意义，因此企业的对外投资活动需要选择科学的战略模式。我国企业应考虑东道国的整体投资环境、制度供给质量、金融发展水平、基础设施质量、投资成本、国内外市场的供求状况、产业发展状况等各方面的因素，选择适合自己的"走出去"模式，确定最优的投资区位，最终实现企业和国家经济的稳步发展。

本书研究有助于促进"一带一路"建设顺利开展和实施。中国政府于 2015 年 3 月 28 日正式发布了《推动共建丝绸之路经济带 21 世纪海上丝绸之路的愿景与行动》，积极推动"一带一路"建设，加快投资便利化进程，实现同周边国家（地区）的共同发展和繁荣。"一带一路"沿线共有 64 个国家（地区），随着"一带一路"倡议的深入开展，与我国签署共建"一带一路"合作协议的国家和国际组织不断增加。面对数量众多、特点不一的东道国，中国企业如何对外直接投资无疑是一大难题，因此，通过对东道国投资便利化测算体系的构建及投资便利化水平的测算，比较各国投资环境的优势和劣势，结合企业自身特点，选择最优的对外投资战略，促进国家经济的发展。

基于此，东道国投资便利化水平关系到"走出去"战略的贯彻实施，关系到"一带一路"倡议的深入开展，也关系到中国企业能否实现转型升级，进一步提高生产率和对国家经济发展的贡献。研究东道国投资环境及企业生产率在区位选择中发挥的作用及程度，将有助于中国明确对外投资的方向，制定有利于企业对外直接投资的政策措施。

第二节　相关范畴界定与厘清

一、投资便利化

（一）投资便利化

投资便利化作为一个独立的议题提出始于 2008 年亚太经合组织（Asia-

Paklratiofic Economic Cooperation，APEC）公布的《投资便利化行动计划》（*Investment Faklratiolitation Action Plan*，IFAP）。IFAP 指出"投资便利化是政府采取的一系列旨在吸引外国投资，并在投资周期的全部阶段上使其管理有效性和效率达到最大化的行动或做法。"① 在 APEC 定义的基础上，有学者进一步指出投资便利化是通过简化和协调投资者在国际投资周期全部阶段涉及的各种程序，强调为企业投资创造更加开放、透明、协调、便捷和可预见的投资环境（John Ure，2005；沈铭辉，2009②；王海燕，2012），卢进勇、冯涌（2006）指出国际直接投资便利化是通过程序和手续的简化、适用法律和法规的协调、基础设施的标准化和改善，为国际直接投资创造一个协调、透明、可预见的经贸合作环境，其本质是简化和协调对外直接投资程序，加速资本等要素实现跨境的流通配置③。从定义上看，投资便利化所涉及的范畴十分广泛。首先，从东道国角度来看，包括为投资者提供投资促进措施、减少投资者权利限制、提高政府管理执行能力减少与行政效率和腐败行为等有关的"紊乱成本"等；其次，从母国角度来看，包括母国为便利资本输出所采取的措施、提供信息服务与技术支持、融资便利措施、建立海外投资保证制度等；最后，从国际投资协定来看，包括双边层次、区域层次、多边层次协定中的投资便利化措施等。可以看到，明确界定投资便利化的范围较为困难，本书主要选取东道国投资便利化这一角度，探讨企业对外直接投资的区位选择，以及事后效益，即对企业生产率的影响。

（二）投资便利化与相关概念厘清

1. 投资便利化与投资自由化

投资自由化是经济全球化的一个更高级的阶段，联合国贸易和发展会议（United Nations Conference on Trade and Development，UNCTAD）在《1998 年世界投资报告》中对投资自由化进行了界定，认为投资自由化是减少或消除政府对跨国公司实行的限制或鼓励措施，为企业提供平等待遇，废除歧视性、造成市场扭曲的做法，确保市场的正常运行。据此，投资自由化是东道国政府采

---

① APEC. Investment Faklratiolitation Action Plan，2008.
② 沈铭辉. APEC 投资便利化进程——基于投资便利化行动计划［J］. 国际经济合作，2009（4）：41-45.
③ 卢进勇，冯涌. 国际直接投资便利化的动因、形式与效益分析［J］. 国际贸易，2006（9）.

取的政策措施，是对来自其他国家的国际投资实行国民待遇和最惠国待遇，保障国际投资在东道国享受与东道国企业或第三国企业相同的待遇①。一般是为了促进国际间的直接投资，实现资源在全球最合理有效的配置，通过双边或多边的努力，从而实现投资的流动最大化和利润最大化。

可以看到，投资便利化与投资自由化二者之间既有区别又相互联系。完全的投资自由化是相对理想化的概念，投资便利化作为其发展过程显得更为细化和务实。一方面，二者有所区别，侧重点不同，投资便利化内容上更为具体，包括审批效率的提高、腐败的减少或消除、资金结算便利化等多可操作性规则，最终实现双边资本交易成本最低化和投资者效益最大化；投资自由化关注的问题更宏观，包括外资的准入问题、有关履行要求的禁止、投资的待遇方面，比如国民待遇、最惠国待遇、征收与国有化的标准问题等，发生投资争端时的解决方式等内容。另一方面，二者相互补充，相互促进，最终在区域或全球范围内合理配置各类资源。因此，投资便利化是必要性措施，是最终实现投资自由化过程的必经之路。

2. 投资便利化与贸易便利化

贸易便利化与投资便利化两者既有区别又有联系。贸易便利化一般是指通过简化程序、协调标准、使用新技术和其他方法来降低或减少程序和管理上阻碍贸易的各种措施，为国际贸易活动创造一个协调的、简化的、可预见的、透明的环境，包括技术条件与设施、程序性规定和政策等。与投资便利化相比，二者的不同之处体现在基本目标、原则及具体执行环节方面。例如在企业运营方面，对外投资是在东道国设立企业，其商业环境与外贸企业的母国商业环境有极大的差异；在保险方面，二者保险险别也不相同，贸易便利化涉及的险种是出口信用保险，投资便利化所涉及的险种是海外投资保险；在人员流动方面，直接投资劳务人员流动的附加条件要明显多于贸易业务员。二者的共同点为都是通过相关程序和手续的精简，使贸易和投资环境更为透明，提高效率并降低交易成本。且二者之间存在关联效应，投资便利化有助于带动贸易额的提升，贸易便利化的推进也会促进直接投资需求的放大，两者在理念及发展过程中相互协调，都是在国际贸易发展中衍生出来的重要课题，相辅相成互相促进。

---

① 邵海燕，卢进勇，陈青萍. 投资自由化经济影响研究述评 [J]. 财贸研究，2016 (3)：55-63.

（三）投资便利化的框架性原则

IFAP 提出投资便利化的框架性原则如下：一是提高与投资有关的政策制定和管理中的开放性和透明度，以提高工商业企业信心帮助其商业决策。二是提高投资环境的稳定性、财产安全性以及对投资的保护，以期降低投资的非商业风险，提振工商业界对国内法律体系的信心，提高中小企业的融资能力并提供公正的争端解决渠道。三是提高与投资有关的政策的可预测性和一致性。APEC 期望减少商业成本并提高竞争力，简化商业交易环节并树立商业信心，同时缩小腐败范围。四是提高投资相关手续的效率和有效性，即通过简化投资规章制度，加速投资审批过程，减少商业成本以建立更具吸引力的投资环境。五是建立建设性的利益攸关者关系，通过建立政府与投资方咨询和对话机制及其他措施，以加强公、私部门间的伙伴关系，并确保争端的迅速解决。六是利用新科技改善投资环境，通过新科技改善投资过程中软、硬件服务，以提高电子商务的安全性，降低商业成本并鼓励工商界对新科技及相关人员培训等方面进行投资。七是对投资政策实施监督和评估机制。八是加强国际合作包括通过双/多边自由贸易协定的形式鼓励投资便利化等内容①。

（四）投资便利化的动因

对外直接投资活动涉及东道国、母国和跨国公司，这三大主体的意愿反映了投资便利化的必要性：首先跨国公司是投资便利化的最大受益者，通过便利化措施，跨国公司可有效降低自身成本，提高生产效率，更为便利地在全球范围内合理配置其资源。因此，跨国公司会积极提倡投资便利化。其次，投资便利化可以为东道国带来显而易见的效益，一国吸引 FDI 的决定因素中通常包括外资政策框架、经济因素、商业便利措施及基础设施的完善度，为了达到有效吸引 FDI 的目的，以上因素需均衡发展。因此，东道国必然希望加强便利化从而增强自身的区位优势。最后，对母国来说，通过便利化措施促进本国海外投资对母国经济发展具有积极作用，企业可获得先进专利技术以产生规模经济效益，或获得廉价的劳动力及自然资源，或通过对外直接投资实现产业结构转换升级，加强垄断优势等。因此，母国积极为本国企业的海外投资提供便利以提

---

① 沈铭辉. APEC 投资便利化进程——基于投资便利化行动计划 [J]. 国际经济合作, 2009（4）：41-45.

升本国的经济发展空间①。

二、异质性企业对外直接投资的内涵

对外直接投资（Outward Foreign Direct Investment，OFDI），多位学者将其称为国际直接投资、海外直接投资或跨国直接投资，是指一国的投资者（自然人或法人）在所在国（母国）之外进行的，以获取持续利润或稀缺生产要素为目的，通过参与企业管理并取得某种程度的控制权的资本投资，并伴随着经营能力、技术知识等资源组合（package）的跨国界转移②。

国际货币基金组织（International Monetary Fund，IMF）对国际直接投资下的定义在学术界也颇具影响力。具体如下："国际直接投资是指一个国家（或地区）的居民或实体（国际直接投资者或母公司）与在另一国的企业（国外直接投资企业、分支企业或国外分支机构）建有长期关系，具有长期利益，并对之进行控制的投资。"③

三、企业生产率的内涵

（一）生产率

生产率（Production Rate）是指生产过程人力、物力、财力等各种生产要素投入与产出的比例，用来反映生产要素有效利用的程度。在微观层面，生产率是依据投入产出原理，对企业资源配置和利用情况的客观评价。在宏观层面，生产率是一个国家或地区某一时间段内国民经济投入与产出的比值。生产率能够反映一定时期内生产要素的配置情况、劳动者生产的积极性及生产管理水平，还可以反映生产活动受经济、社会因素影响的程度和技术进步对经济发展的综合作用。

（二）劳动生产率

劳动生产率（Labor Productivity）是指劳动者在一定时期内创造的劳动成

---

① 卢进勇，冯涌．国际直接投资便利化的动因、形式与效益分析 [J]．国际贸易，2006．

② 毛蕴诗．跨国公司在华投资策略 [M]．北京：中国财政经济出版社，2005．

③ 《国际直接投资基本定义》经济合作与发展组织，《国际收支指南》国际货币基金组织。

果与其相适应的劳动消耗量的比值。劳动生产率水平可以用同一劳动在单位时间内生产某种产品的数量来表示，单位时间内生产的产品数量越多，劳动生产率就越高；也可以用生产单位产品所耗费的劳动时间来表示，生产单位产品所需要的劳动时间越少，劳动生产率就越高。

（三）全要素生产率

全要素生产率（Total Factor Productivity，TFP）是新古典学派内生经济增长理论中用来衡量技术进步的一个指标，是推动经济增长的重要因素。1957年索罗（Solow）在其论文 *Technical Change and the Aggregate Production* 中基于规模报酬不变的假设构建了生产函数与增长方程，提出全要素生产率是扣除劳动、资本等要素投入的贡献之后，由其他所有生产要素带来的产出增长率①，因此全要素生产率又为被称为"索罗剩余"（Solow Residual）。

全要素生产率可全面分析经济系统的综合生产效率。结合各学者的研究成果，TFP 的要素资源包括技术进步、效率提升、规模经济、组织创新、生产创新等。具体而言：技术进步，即假设其他条件既定，技术水平的提高可以增加产出，使得生产可能性曲线向上移动；效率提升，即在现有技术水平一定时，提高各项投入的使用效率，以较少的投入获得最大化的产出；规模经济，是一定时期内随着资源的不断积累，专业化水平的提升，创造更多的效益②。TFP 的大小反映了企业利用资本、劳动等投入要素的能力（叶彬、任佩瑜，2010）。作为衡量公司投入产出能力的一项指标，TFP 具有客观性高、综合性强等特点，并且能够进行进一步分解（邹怿等，2009）。

第三节　研究内容和方法

一、研究内容

本书基于异质性企业的一般均衡分析框架，主要研究投资便利化、企业生产率对区位选择的影响。通过理论与经验分析，试图回答以下几个问题：第一，东道国投资便利化如何影响区位选择；第二，企业生产率对外直接投资时

①　Solow R. Technical change and the aggregate production function［J］. Reading in Macroeconomics edited by MG Mueller, Hinsdale, 1957（111）.
②　裴蓉花. 制造业上市公司全要素生产率及影响因素分析［D］. 山西大学，2015.

所需要跨过的生产率门槛以及其对区位选择的影响；第三，综合考虑投资便利化、企业生产率两个因素时，投资便利化环境下，生产率对区位选择产生何种影响；第四，企业在特定区位投资后，会产生何种生产率效应。为了解决上述问题，本书的主要内容分为四个部分，具体如下：

第一部分为文献综述。将国内外研究成果划分为四个分支进行阐述：其一是投资便利化研究现状的文献综述；其二为企业对外直接投资的区位选择的研究；其三为投资便利化水平下特定区位投资影响企业对外投资的文献综述；其四是对外直接投资与企业生产率关系的文献综述。通过对现有研究归纳和梳理，本书加以了客观评述。

第二部分是机理分析。本章刻画投资便利化对企业对外直接投资区位选择的影响机理，在新新贸易理论的经典假设中，基于 Chen 和 Moore（2010）的模型探讨了异质性企业 OFDI 的区位选择，并嵌入投资便利化这一因素，对模型进行拓展，刻画了投资便利化对中国对外直接投资的影响。

第三部分为本书的经验研究。此部分分为三个层次。

第一层次为东道国投资便利化测度及分析，本章首先在已有文献的基础上，构建了东道国投资便利化指标体系，并对东道国的各项指标进行测度并排名，最后对各国投资便利化水平进行了比较分析。第二层次为中国企业对外直接投资区位选择的实证研究。分别从宏观、微观视角出发考察对外直接投资区位选择。首先从国家层面出发，选取了 2008—2016 年中国对外直接投资数据，采用 Heckman 两阶段回归模型，考察东道国宏观层面因素对区位选择的影响作用。其次考虑到企业层面微观因素，选取 2008—2016 年国泰安数据库中的企业数据，采用最小二乘法回归对企业对外直接投资区位选择的影响。第三层次在前一层次的基础上进行拓展研究，综合考虑东道国宏观因素和企业微观因素对区位选择的影响。综合考虑宏观和微观这两个因素，考察投资便利化环境下生产率会对对外直接投资区位选择产生何种影响，在 Probit 回归模型的基础上引入投资便利化与企业生产率交互项进行回归分析。另外，为确定企业异质性与东道国异质性对企业对外直接投资的影响，分别进行了分组回归。最后为降低估计偏误，分别通过引入工具变量克服内生性问题，改变因变量及改变样本结构的方法进行稳健性检验，并对实证结果进行分析说明。

第四部分是投资便利化下中国 OFDI 企业东道国选择的政策建议。根据前文内容进行总结归纳，并结合中国国情，提出政策建议，并对未来可能的扩展性研究进行展望。

二、研究方法

本书以东道国的投资便利化作为衡量投资环境的工具，试图考察东道国投资环境对我国企业对外直接投资区位选择的影响以及产生的生产率效应，探讨为了使研究结论更具有稳健性和可靠性，本书力求从多维度、多方法和多层次上进行分析。具体而言，本书所采用的研究方法可归纳如下：

（一）文献解析法

在本书第二章，运用文献解析法，按照投资便利化、对外直接投资与企业生产率、企业对外直接投资区位选择、投资便利化下区位选择影响对外直接投资的文献梳理逻辑，并在此基础上进行简要述评，以期为后文的数理建模和计量分析奠定文献基础，也初步从现有文献总结中分析本书研究的可能创新与不足。

（二）数理建模法

数理建模法主要在本书第三章运用，在这一章中，在新新贸易理论的经典假设中，基于 Chen 和 Moore（2010）的模型探讨了异质性企业 OFDI 的区位选择，并嵌入投资便利化这一因素，对模型进行拓展，刻画了投资便利化对中国对外直接投资的影响。

（三）计量分析法

本书第四至第六章采用计量分析法。首先利用全球竞争力报告及全球治理指标报告所提供的东道国各项数据，采用主成分分析法测算各国投资便利化水平。随后在考察投资便利化、企业生产率与区位选择的关系时，将宏观数据与国泰安微观企业数据库合并，并主要采用了 Probit 回归进行估计，进一步采用泊松估计等多种方式进行稳健性检验。通过定性分析和定量分析相结合，使议题更为具体化，使结论更丰富准确，具有说服力。

第四节　创新与不足

一、创新之处

本书对东道国投资便利化、企业生产率异质性及中国对外直接投资区位选择的关系进行了系统的研究，可能的创新点如下：

现有的关于母国企业生产率与贸易的研究较为丰富，Bernard 和 Jensen 利用 Melitz 模型检验了出口状态与企业绩效之间的关系，认为企业绩效即生产率决定了出口状态，但是出口状态对企业绩效的影响不明显。直到 Helpman 等（2004）将企业异质性引入 FDI 模型框架中，才逐渐丰富了企业生产率与对外直接投资的关系的研究。但是大多研究为企业进行对外直接投资的门槛问题，认为只有生产率很高的企业会参与到国际化经营中；而在这些企业中，生产率最高的企业会倾向于以 FDI 的方式进行国际化；在部门的总体层面，异质性程度越大的部门，其对外直接投资总额就越大于出口的总额（王方方，2012）。而本书将企业生产率纳入投资区位选择的研究中，考察生产率异质性在东道国对投资区位选择影响中的调节作用，得出相关结论。希望在此基础上提出的投资区位选择的政策建议更有针对性、操作性和有效性。

二、不足之处

本书主要研究了投资便利化在中国企业对外直接投资中发挥的作用，存在的主要不足之处有以下几个方面。

（一）数理模型的完善和改进

本书的数理模型是在 Melitz（2003）、Chen 和 Moore（2010）、Peter Egger 和 Valeria Merlo（2012）及新新经济地理学的理论模型的基础上将投资便利化纳入进来，扩展后的模型能够在一定程度上解释投资便利化对投资区位选择的影响，但是由于作者自身的数理能力有限，模型拓展尚有不足之处。

（二）研究时效性的增强

本书的数据主要来自国泰安数据库、全球竞争力报告、世界银行数据库及中国对外直接投资统计公报，在数据库匹配中会导致部分样本遗失，影响研究结果的普适性，导致计量方法使用中具有局限性，也会给研究结果带来一定的偏差。

（三）研究内容的进一步丰富

本书的研究只涉及了东道国投资便利化对中国对外直接投资的影响的关系研究。东道国投资便利化、生产率对海外市场进入模式，母国的投资便利化环境、政策对投资区位选择的影响及对母国效应的影响等都具有重要的研究价值和现实意义，也是需要进一步研究的方向。

第二章　文　献　综　述

在经济全球一体化的过程中，随着全球投资贸易规则的深刻重构，以投资规则、产权保护、资本流动和竞争政策等为主要内容的投资便利化作用逐渐显现（卢进勇，2006；崔凡，2013）。投资便利化主要通过政府行为的改善便利投资者的投资活动，国家间竞争性不高（田丰，2018），能够有效改善营商环境、降低投资风险、缩减投资成本和提升投资绩效，并且对外商直接投资区位选择产生重要影响。另外，新新贸易理论把企业异质性纳入国际贸易投资的分析中，将研究视角从国家、产业层面延伸到企业层面。研究企业的对外直接投资强调生产要素的跨国差异、市场规模及经济规模在生产区位选择中的重要作用（薛新红，2017）。

鉴于此，本书研究的核心问题为东道国投资便利化、中国 OFDI 企业生产率与区位选择之间的关系。本章文献综述从四个方面的研究成果展开：投资便利化的相关研究、投资便利化与企业生产率关系研究、企业对外直接投资区位选择的研究、对外直接投资与生产率的关系研究。通过文献综述梳理相关研究成果，发现其不足之处，从而在本书补充和扩展相关研究。本章最后做出了相关评述，并提出本书研究方向。

第一节　投资便利化相关研究的文献综述

作为全球经贸领域谈判的焦点与热点，目前学者从投资便利化的概念界定、相关理论研究、评价框架的发展历程、指标体系构建、对国家经济发展、企业绩效的影响等方面进行探讨研究分析。本节回顾了投资便利化相关理论及建立在此理论基础上的投资便利化效应研究，梳理了投资便利化评价框架的发展历程，构成了本书核心研究的理论和实证背景。

一、投资便利化相关理论文献

（一）区域经济理论中投资便利化的相关理论

区域经济理论是投资便利化理论的重要基础，通常包括国际经济合作的相关理论和区域经济一体化的相关理论。区域经济一体化理论最早于 1950 年美国经济学家瓦伊纳（J. Viner）的《关税同盟问题》中提到①，其后美国经济学家贝拉·巴拉萨（B. A. Balassa）在其名著《经济一体化的理论》（1961）一书中提出"我们建议将经济一体化定义为既是一个过程，又是一种状态。就过程而言，它包括采取种种措施消除各国经济单位之间的歧视；就状态而言，则表现为各国间各种形式的差别的消失"②。该理论强调以市场理论为基础，实现各国经济向一体化迈进。关于经济一体化理论的另一分支为以丁伯根为代表国家调节论，认为"如果不对必要的要素实行有意识的协调和统一，要实现完全的一体化是不可能的"。国家调节论曾在发展中国家十分流行。此外，如诺思（D. North）、科斯（R. H. Coase）、弗农（R. Vernon）等人为代表的区域经济合作制度理论认为，制度确立合作和竞争关系，这些体系构成一个社会或者说一种经济秩序③。

（二）交易成本理论中投资便利化的相关理论

交易成本理论的代表人物为科斯，早在 1937 年在《企业的性质》一文中提出"交易成本是获得准确市场信息所需要的费用，以及谈判和经常性契约的费用"④。其基本思路是将交易作为分析单位，围绕节约交易费用的重心，分析不同交易的特征因素，继而探讨根据交易类型采用相应的体制组织进行协调。威廉姆森（O. E. Williamson，1985）从机会主义动机出发分析交易成本，将交易成本分为包括事先的交易费用，即为签订契约、规定交易双方的权利、责任所花的费用；签订契约后，为解决契约本身所存在的问题、从改变条款到退出契约所花费的费用⑤。阿罗（K. J. Arrow，1969）认为交易成本是经济制

① 于光远. 经济大词典［M］. 上海辞书出版社，1992.

② 陈同仇，薛荣久. 国际贸易［M］. 对外经济贸易大学出版社，1994.

③ 秦放鸣. 中国与中亚国家区域经济合作研究［M］. 科学出版社，2010（3）.

④ Coase R. H. The Nature of the Firm［J］. Economica，1937，16（4）：386-405.

⑤ 威廉姆森. O. E. 企业的性质：起源和演变［M］. 商务印书馆，2007.

度的运行费用，包括信息搜集成本、排他性成本及公共政策设计与执行成本①。张五常（1987）提出更为宽泛的交易成本定义，把所有非生产过程中产生的成本都称为交易成本，可以看作一系列制度成本，包括信息获取成本、拟定契约成本、合同谈判成本、产权界定成本、监督成本等。North（1990）则从社会分工的角度，把执行交易过程和物质转换过程中产生的成本称为交易成本。交易成本的概念引入经济学以后，新制度经济学的研究领域开始扩展到资源配置以外，从此制度便成为经济学的重要研究对象。在购买一个单位商品时，最后实际得到的却只有 k 个单位该产品，则 $1-k$ 个单位就可以称为交易成本（杨小凯，1998）。

　　国际市场上生产经营产生的交易成本比国内市场普遍要高，具体有以下几个方面的成因：

　　一是地理距离。国际贸易涉及不同国家或地区之间的交易，这种空间上的分隔将会产生交通、通信等方面的交易成本。古典经济学家亚当·斯密（Adam Smith，1776）在《国富论》中论述了运输成本对国际贸易发展的影响，较高的运输成本将影响区域贸易量，甚至导致贸易的不可能，因此运输成本成为"斯密定理"的重要限制条件。区位理论的开创者杜能（Thunen，1862）以农产品贸易为例对运输成本进行分析，萨缪尔森（Samuelson）提出"冰山运输成本"，运输一单位价值的产品，但最后只有 a（$a<1$）个单位价值运送到目的地，其他 $1-a$ 个单位像冰山一样融化掉了。这种因空间分隔而产生的交通、通信等方面的交易成本普遍存在，交易成本的大小直接影响总成本。

　　二是制度差异造成的。制度对交易成本有重要影响（North，1994），高效的制度可以为企业的生产经营提供便利条件，为交易方提供公平竞争的平台，降低交易成本（Wolfgan Kasper，1994）。但制度质量较低的国家或地区信息不对称现象较为普遍，市场交易面临更大的风险和不确定性，交易成本较高（Meyer，2001）。如果交易双方拥有更为相近的政治制度、经济制度、法律制度、文化传统、风俗习惯等，沟通障碍较少交易更易达成。而制度距离较大的国家间所存在的制度差异导致交易成本增大。

　　三是政策差异。贸易壁垒、投资壁垒等也会产生交易成本。关税和非关税壁垒是交易成本产生的主要原因，不同国家对相同产品设置的关税税率存在差异，关税的高低直接影响交易成本的大小。一般来说发展中国家关税壁垒较高，发达国家非关税壁垒更多，交易主体为了获得更多收益往往进行非生产性

---

①　Arrow K. J. General Competitive Analysis［M］. North-Holland，1983，23-237.

的"寻租"活动，"寻租"活动增加了交易成本。区域贸易一体化和经济全球化的发展使各种壁垒进一步降低，对交易成本的减少有积极作用，从而促进贸易和投资的发展。

拓展到企业范畴，可知追求市场交易成本最小化是企业以内部市场取代外部市场的基本动机，也是企业这种生产组织形式产生的原因与实质。因此跨国公司交易成本理论应运而生，其理论基础是自然性市场结构不完全。这种不完全性起因于新古典经济学关于完全知识和完全履约假定的不现实性。威廉姆森的交易成本理论认为，市场交易的参与者是有限理性的，并具有机会主义倾向。在有限理性下，产品的市场价格因难以反映其全部价值而是一个有缺陷的信号，并由此产生正的交易成本。由机会主义引起的正的测定成本还会使参与者产生欺骗行为。此外，信息不对称的存在也会使市场发生分割，并造成价格的内生化和讨价还价的收益。如果这种交易成本很高，那么可采用割断产出和绩效联系的等级机制（公司）来替代市场机制以降低交易成本。跨国公司使组织市场无法组织的交易活动成为可能，并给相关参与者带来交易收益，并最终导致社会的净收益①。

在经济全球化的背景下，任何一个国家的发展都不可能脱离其他国家，通过国际间合作建立区域经济一体化组织，可以使得世界范围内的资源配置更加高效，达到降低交易成本的目的。国际上的合作形式主要依靠经贸合作，对于对外直接投资而言即减少投资壁垒，因此推进投资便利化的实施，加强基础设施建设，完善投资环境，加强政策法规透明度以及区域经济合作，都能降低投资过程中的交易成本，增强投资积极性，对投资双方都具有重要的积极意义②。

（三）投资诱发要素组合理论中投资便利化的相关理论

以往的国际直接投资理论都是从微观（厂商）和宏观（国家）的内部因素角度对国际直接投资进行研究和分析，20世纪80年代末，许多学者对国际直接投资的分析从内部因素转向外部因素，提出了投资诱发要素组合理论（Theory of Investment-Induced Factors Portfolio），也称为综合动因理论。该理论对以往的国际直接投资理论进行补充，弥补了单纯从内部因素分析的片面性和

---

① 顾乃康. 中国企业对外直接投资的交易成本理论分析 [J]. 学术研究，1996（5）：35-39.

② 张小蒂，王焕祥. 国际投资与跨国公司 [M]. 浙江大学出版社，2004.

局限性。该理论认为，任何形式的国际直接投资都是在直接诱发要素和间接诱发要素的组合作用下发生的。其中直接诱发要素是指各种生产要素，包括自然资源、劳动力、资本、生产技术、知识信息以及管理技能要素等。直接诱发要素既可以存在于投资母国，也可以存在于东道国，只要这种直接诱发要素存在就会诱发投资国对外直接投资。间接的诱发要素则是指直接诱发要素以外的因素，主要包括三方面：一是母国影响对外直接投资的因素，包括鼓励对外直接投资的政策、与东道国的协议协定；二是东道国影响对外直接投资的因素，包括东道国良好的政治环境、完善的基础设施状况、营商环境状况、金融服务状况、优惠的吸引外资政策、健全的法律法规等；三是全球性影响对外直接投资的因素，诸如区域经济一体化、科技革命、国际协议及法规、国际金融市场的利率与汇率波动等①。也就是说，当母国具有某种诱发要素时，可以利用其要素优势对外直接投资，将这种要素优势转移到东道国；当东道国具有某种诱发要素时，母国为了获取东道国的要素优势也会对其进行直接投资。例如发达国家在资本、生产技术、管理技能等方面具有要素优势，因此其对外直接投资主要是投资国直接诱发要素起作用，同时还可以利用东道国的自然资源、劳动力、知识信息等东道国直接诱发要素为其服务。另外，发展中国家受发达国家的直接诱发要素的诱使对其进行直接投资，发展中国家到发达国家建立生产和研发基地，将发达国家作为其引进新技术、新工艺和进行研发的基地，从而获得在投资母国所不具备的要素优势。

在投资要素诱发组合理论中，通常情况下认为直接诱发要素是对外直接投资的主要诱因，但因为很多发展中国家在资本、技术等方面不存在比较优势，且对外直接投资本身就是资本与技术等生产要素的国际流动，故该理论重点指出了间接因素对于对外直接投资的影响，并指出东道国与国际环境对对外直接投资的决策作用。随着经济全球化的发展，世界市场竞争日益加剧，各国纷纷改善国内投资环境，出台优惠政策争相吸引外资，使间接诱发要素在对外直接投资中的作用日益重要。另外，通过投资诱发要素组合理论可知：对于中国的跨国公司来说，东道国具有较好的区位优势时引致中国对其直接投资行为的发生；通过与东道国经贸合作可以降低交易成本，东道国的基础设施、政治环境、营商环境状况和金融服务状况对母国对外直接投资具有重要的决定性作用。

---

① 高薇．国际直接投资理论的演变及其对中国的启示［D］．吉林大学，2011.

二、投资便利化评价体系

为了更加准确地度量各国的投资便利化水平，各组织和机构选取了不同的指标构建评价体系。具体而言，APEC 对于 IFAP 的评估主要是通过对成员下发投资便利化行动和测度菜单模板，制定评估的关键衡量指标（KPIS），成员上交报告书，从而进行总体评估和内部指标评估，并通过第三方国际组织 PSU 对 IFAP 进展进行外部评估。截止到 2013 年 3 月，PSU 共收到 16 份自愿报告书，报告显示，所报告的经济体在多项 IFAP 原则的实施上取得了卓有成效的进展，同时，也有部分原则实施还未得到有效实施①。联合国贸发会议（UNCTAD）主要关注 FDI 的发展趋势及其对发展的影响、收集整理 FDI 数据、为国际投资提供相关咨询、培训、帮助发展中国家了解、改善与 FDI 相关的政策法规并协助发展中国家参与投资议题的国际谈判。UNCTAD 的世界经济论坛（World Economic Forum，WEF）每年发布《世界投资报告》（*World Investment Report*，WIR）中提供了关于投资便利化的指标：外商投资吸引力指数、投资潜力指数、外商投资的贡献指数和外商直接投资绩效指数（Inward FDI Attraction Index，Inward FDI Potential Index，Inward FDI Contribution Index，Inward FDI Performance Index），通过这些指数可以在一定程度上反映一个国家或地区的投资便利化水平。经济合作与发展组织（Organization for Economic Cooperation and Development，OECD）建立了"FDI 管理限制指数"，主要用于说明外资进入面临的主要障碍和限制：对外资所有权比例的限制、通报程序限制和管理、运营限制。世界银行（The World Bank，WB）于 2003 年发布了第一份《营商环境报告》（*Doing Business Report*），营商环境报告从企业视角出发，构建了一套比较完整的企业营商环境指标评价体系。经过不断的发展和完善，报告已经从 2003 年的 5 个指标、涉及 133 个经济体发展为目前的 11 个指标、涉及 183 个经济体。目前，《营商环境报告》将企业投资经营分为开办企业、办理执照、获得电力、登记财产、缴纳税款、跨境贸易、获得信贷、保护中小投资者、执行合同、办理破产、劳动市场监管等 11 个一级指标，并分别下设 3 至 4 个二级指标，共计 43 个二级指标，成为衡量一国投资便利化水平的主流评价指标体系②。中国上海自贸区在借鉴世界银行和世界经济论坛设立

---

① 刘重力，杨宏. APEC 贸易投资便利化最新进展及中国的策略选择 [J]. 亚太经济，2014（2）：26-32.

② 营商环境报告 [EB/OL]. http：//www. doingbusiness. org/.

"市场准入""商贸环境""基础设施"等关于一系列投资便利化指标的基础上，考虑到自身自上而下建设的特殊性，认为政府执行力在提升自贸区投资便利化水平中占有重要角色，便同时设立"政府效率"作为一级指标①。另外，目前各国投资协定中对投资便利化的相关内容的规定较少，全球现有的 3300 多个国际投资协定中，80%以上都缺少投资促进与便利化条款，各国外资政策也重投资优惠、轻投资便利化。因此，《G20 全球投资政策指导原则》②中第七项为投资促进与便利化原则，该原则强调投资促进政策应"具备效用和效率"，这要求各国避免在投资促进方面过度竞争，甚至为吸引投资降低监管标准，这代表了新一代投资政策及投资协定的发展方向。在主要通过欧美签订的自贸协定中的 WTO-X 条款中，体现了规则重心从"关境间转变到关境内的重要趋势（WTO，2011）"，代表了全球贸易投资新规则的发展趋势，这些条款都涉及了国内规制（包括国内监管制度及相关法律法规）的问题，例如投资、竞争政策等，对协定参与国国内投资监管的公正、透明甚至投资争端解决等都提出了很高的要求③，对发展中国家对外投资提供了一定的保障。UNCTAD 在 2016 年达成了《投资便利化全球行动清单》，鼓励各国调整和采纳 40 多个行动项目以填补国家和国际投资政策制定方面的系统性空白。金砖五国在 2017 年 9 月厦门会晤时通过的《金砖国家投资便利化合作纲要》，首次在多边层面确立投资便利化的核心要素。此次便利化文件主要涉及了三个方面内容：一是提高法律法规和政策措施透明度；二是要求金砖五国提高投资的行政效率，及时向投资者告知审批结果；三是提出要提高金砖国家投资合作水平，建立公司对话机制，以提高金砖各国对外投资和吸引外资的能力。在 2017 年新签订的一些双边或区域协定中，例如东盟—中国香港自由贸易协定、《太平洋更紧密经济关系协定》等，明确包含了投资便利化能力建设条款，要求母国帮助东道国加强投资便利化能力建设，设立投资保险项目，推进技术转让。WTO 在 2017 年 12 月的第十一届部长级会议中通过了《关于投资便利化的联合部长声明》，强调投资与贸易和发展密切相关，应推动在全球层面加强国际合作，支持开展深入讨论以建立投资便利化多边框架。具体参照表 2-1。

---

① 指标设立来源于《中国（上海）自由贸易试验区总体方案》相关内容。

② 2016 年杭州 G20 峰会通过《G20 全球投资政策指导原则》，这是国际社会首次在多边机制下就全球投资规则的制订达成共识。

③ 彭羽，沈玉良."一带一路"沿线自由贸易协定与中国 FTA 网络构建 [J]. 世界经济研究，2017，282（8）：28-39，137.

表 2-1　　　　　　　　　　　投资便利化指标体系及发展

组织或机构文献	指标体系及发展
亚太经合组织（APEC）《投资便利化行动计划》	对成员下发投资便利化行动和测度菜单模板，制定评估的关键衡量指标（KPIS），成员上交报告书，从而进行总体评估和内部指标评估，并通过第三方国际组织 PSU 进行外部评估
联合国贸发会议（UNCTAD）世界经济论坛（WEF）*World Investment Report*	提供了外商投资吸引力指数、投资潜力指数、外商投资的贡献指数和外商直接投资绩效指数
世界银行（WB）*Doing Business*	将企业营商环境细分为多个指标：企业在东道国发展的各个阶段的基础上设立了较为完整的投资便利化评价体系
经济合作与发展组织（OECD）	建立了"FDI 管理限制指数"，主要用于说明外资进入面临的主要障碍和限制：对外资所有权比例的限制、通报程序限制和管理、运营限制
上海自贸区	借鉴 WB、WEF 设立"政府效率"作为一级指标
《G20 全球投资政策指导原则》	提出投资促进与便利化原则，强调投资促进政策应"具备效用和效率"
自贸协定中的 WTO-X 条款	制定国内规制如投资、竞争政策等，对协定参与国国内投资监管的公正、透明甚至投资争端解决
UNCTAD《投资便利化全球行动清单》	调整 40 多个投资行动项目
《金砖国家投资便利化合作纲要》	提高法律法规和政策措施透明度；提高行政效率；建立公司对话机制
WTO《关于投资便利化的联合部长声明》	推动投资便利化多边框架建立

资料来源：根据文章内容自行整理。

三、投资便利化效应

国内外学者从定性和定量两个维度对投资便利化效应进行了研究分析。

从定性角度而言，国内学界基本沿用并拓展了世界银行和世界经济论坛的评价框架，通常采用市场准入、信贷融资、投资保护等指标对各国投资便利化水平进行测度。郭力（2010）从定性角度探讨中俄直接投资便利化的实施路径。郭力（2010b）对中俄投资便利化的经济效应进行分析，主要涵盖了贸易效应、技术进步效应、产业结构调整效应、资源优化效应、就业效应五个方面的内容，认为中俄直接投资便利化的实现不仅可以优化配置生产要素，同时可以带动中俄贸易快速发展，促进中俄技术进步，增加双方就业，为中俄经济增长增添新动力。樊莹（2011）分析了后金融危机时期多个组织内的贸易投资便利化合作，贸易便利化表现为享受有效的优惠关税，投资便利化则更多地表现在区域内的投资协定。虽然给出了推进东亚贸易投资便利化合作面临的障碍与挑战，但仍未能梳理出实施便利化的路径选择。

　　从推进投资便利化的实施路径而言，提高制度质量、投资保护、完善交通设施、改善金融环境等均能有效改善投资环境。具体而言，徐雅雯（2012）对上海合作组织投资便利化问题进行研究，选取交通运输、能源、通信、农业等主要投资领域进行分析，提出加快国际大通道和大通关建设以及加快人民币国际化进程等建议。徐佳宁（2013）对中国—东盟投资便利化促进问题进行研究，从东道国、母国及区域三个层面，分别就投资准入、投资保护、交通运输便利化、资金结算等问题提出政策建议。包淑娴（2017）从宏观和微观两个层面构建中澳自贸区投资便利化水平指标体系并进行测算，并在此基础上对提升投资便利化遇到的障碍进行 PEST 分析。邹辉文等（2017）则从促进福建自贸区的投资便利化角度进行研究，讨论目前自贸区所面临的投资便利化障碍问题。李昕泽（2017）全面梳理对比中韩贸易与投资便利化的差异并分析原因，借鉴韩国经验，加快我国贸易与投资便利化发展。

　　部分学者重点关注东道国的投资便利化水平测度，如黄光灿等（2016）从定量角度出发，选取了六个丝路国家作为样本，构建了投资便利化的指标评价框架，并运用灰色关联法分析了基础设施、金融环境、规制环境及科教环境与直接投资便利化均存在正向关联。其中，基础设施的关联度始终最大，规制环境的关联度排名逐步上升，但四大影响因素的关联度在下降，寻求国际产能合作平台是持续推进直接投资便利化的重要途径。并以此探讨中国推进直接投资便利化的实施路径需有所侧重。朱明侠、左思明（2019）将劳动力市场纳入投资便利化测度体系，研究"一带一路"沿线国家投资便利化水平基本呈现缓慢增长。其中新加坡、马来西亚等少数国家的投资便利化水平达到非常便利的等级。

　　另外，部分学者在投资便利化水平测度的基础上，通过引力模型、灰色关联分析等方法对出口贸易、东道国投资潜力、对外直接投资规模、经济效应的影响等方面进行研究，投资便利化对经济效应具有正向影响。张智彪（2016）从定性和定量两个维度分析中国—东盟投资便利化水平东盟总体经济规模，表明东盟各国的投资风险系数和东盟各国营商环境得分均长期在一定程度下影响中国—东盟投资。张亚斌（2016）基于跨国面板数据及投资引力模型的实证研究了"一带一路"沿线国家的投资便利化水平，系统考察了投资便利化指数对中国 OFDI 投资影响，表明投资便利化水平对中国对外直接投资产生了显著正向效应。乔敏健（2017）运用灰色关联分析法得到一致的结论。崔日明、黄英婉（2017）在崔日明等（2016）测度的贸易投资便利化水平基础上，采用拓展引力模型实证分析沿线国家贸易投资便利化水平对中国出口贸易流量的影响。研究表明，与 GDP、人口、对外投资和区域经济一体化组织等因素相比，贸易投资便利化对中国出口贸易的促进作用更大。同时贸易投资便利化各分项指标对中国出口均产生显著正向影响，其中运输和基础设施指标影响程度最大。党营营（2018）运用世界经济论坛、联合国贸发会议等国际组织的数据，通过主成分分析法实际测算了非洲十个典型国家的投资便利化水平，发现非洲大多数国家的投资便利化水平较低，并建立多元线性回归模型来分析投资便利化与中国对非直接投资规模的关系。研究表明非洲投资便利化的改善有助于吸引中国对非直接投资。

第二节　企业对外直接投资的区位选择文献综述

当前，学术界关于企业对外直接投资区位选择研究成果已十分丰富，现有文献包括：区位选择的理论（Dunning，1980；Dixit、Stiglitz，1997；Baldwin、Okubo，2006 等）、投资动因与区位选择（Cai，1999；Wang，2007；Cheung、Qian，2009；Holtbrügge、Kreppel，2012；李猛、于津平，2011 等）、投资区位的内生选择（Ottaviano et al，2002；Okubo、Tomiura，2012；Foster et al，2008等）、东道国关联因素（Lucas，1990；Meyer、Nguyen，2005；Eaton、Tamura，1994；蒋冠宏、蒋殿春，2012 等）、区位选择效应（Combes et al，2012；Okubo、Forslid，2010；梁琦，2009 等）。聚焦本书议题，主要考察投资便利化、企业生产率对区位选择的影响，因此本节主要梳理了投资动因对区位选择的影响、东道国区位因素对区位选择影响及企业异质性因素对区位选择的影响三个方面的文献。企业对外投资区位选择因素如图 2-1 所示。

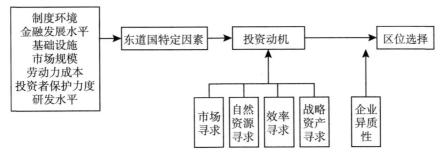

图 2-1　企业对外投资区位选择因素

一、投资动因与区位选择

无论是垄断优势理论，产品周期理论，内部化理论还是边际产业扩张理论，它们研究的初衷都是企业对外投资的动因，区位问题只是隐含其中，真正将区位因素和对外直接投资结合起来并明确提出对外投资区位选择问题的是国际生产折中理论（金中坤，2017）。Dunning（1980）[1] 提出企业对外直接投资的 OIL 范式后，企业对外直接投资的区位选择便得到了国内外学术界的广泛关注，有较多文献从区位选择动因的角度展开了研究。联合国贸易和发展会议（UNCTAD）在 2006 年曾以"发展中与转型经济体的对外直接投资"为主题发表了当年的《世界投资报告》，指出发展中跨国公司的区位选择在很大程度上取决于它们的动机，并将其划分为四类：市场寻求型、效率寻求型、资源寻求型和战略资产寻求型。Helpman（1984）[2] 则指出企业对外投资和生产转移的动机是为了获取更低的劳动成本或者自然资源，劳动成本更低的东道国对这种动机的对外直接投资更具有吸引（Hanson et al，2003[3]）。Markusen 和 Maskus（2002）[4] 融合了 Markusen（1984）和 Helpman（1984）的模型，构

---

[1]　Dunning J. Toward an Eclectic Theory of International Production：Some Empirical Tests [J]. Journal of International Business Studies，1980（1）.

[2]　Helpman E. A Simple Theory of International Trade with Multinational Corporations [J]. Journal of Political Economy，1984（92）.

[3]　Hanson G，Mataloni R，Slaughter M. Expansion Aboard and the Domestic Operations of U. S. Multinational Firms [R]. Mimeo，Dartmouth College，2003.

[4]　Markusen J，Maskus K. Discriminating among Alternative Theories of the Multinational Enterprise [J]. Review of International Economics，2002（10）.

建知识—资本模型（KK 模型），指出企业对外直接投资的资源寻求与效率寻求动机可以同时存在。寻求市场是企业跨国经营最普遍的动机之一，我国81%的企业进行对外直接投资活动时具有这一动机（UNCTAD，2006）。邓宁（1977，1981，1988）的国际生产折衷理论也将市场规模作为决定企业对外直接投资活动的重要区位决定因素。

从中国对外直接投资区位选择层面看，中国对外直接投资具有既基于比较优势又违背比较优势基础的二元特征。在发达国家市场上，中国企业既有建立在竞争力优势基础上的市场寻求型，又有违背比较优势基础的战略资产寻求型（廖利兵，2014）。如徐波（2001）以欧洲国家为研究样本，认为国内市场的饱和压力是我国开展对西欧国家直接投资的主要动因。李金珊、张默含（2011）认为，中国对比利时投资的主要动因为国内市场饱和及寻求战略资产。刘再起、王阳（2016）从经济资源整合及制度环境视角系统地考察了中国对欧盟直接投资的区位选择，研究表明中国对欧盟的直接投资具有显著的资源寻求和战略资产寻求动因，欧盟的商业自由度及贸易自由度对我国对欧盟直接投资的区位选择具有积极作用，市场规模及政府规制品质则具有显著的抑制作用。

在发展中国家市场上存在类似的现象，并以市场寻求型和资源寻求型为主（Buckley，2007；Cheung，Qian，2008；Cheng，Ma，2008；李猛，于津平，2011；陈恩，陈博，2015）。蒋冠宏、蒋殿春（2012）基于投资引力模型考察了中国 OFDI 的区位选择，研究发现中国 OFDI 有市场、资源和战略资产寻求动机。谢娟娟、梁莹莹（2013）[1] 研究发现中国企业通过对外直接投资寻求技术和管理经验的动机并不显著，而寻求自然资源的动机比较显著，并且能够充分利用东道国的自然资源优势。Buckley 等（2009），肖文和周君芝（2014）指出政治风险较高的国家往往拥有较丰富的自然资源，自然资源寻求型的中国企业表现出更高的政治风险承受能力。张慧、黄建忠（2014）基于 Martin 和 Roger 的自由资本模型，研究发现我国对外直接投资区位分布表现出明显的市场寻求、技术寻求、资源寻求和出口拉动的特征。受企业战略寻求的影响，吴先明、胡翠平（2015）从后发企业视角研究发现我国企业对外直接投资具有显著的市场寻求、自然资源寻求和效率寻求动因，但战略资产寻求动因表现不显著；东道国制度环境对市场寻求型对外直接投资有积极的促进作用，而对效

[1] 谢娟娟，梁莹莹，张加恩. 中国对外直接投资模式与决定因素——基于 2000—2010 年面板数据的实证研究 [J]. 经济问题探索，2013（10）.

率寻求型对外直接投资有反向调节作用。邱立成等（2015）实证分析了国有企业和民营企业在对外直接投资区位选择上的不同，研究结果表明：国有企业OFDI 倾向于进入自然资源丰富的国家，尤其是发展中国家。而民营企业 OFDI 区位选择则主要受东道国市场规模和战略资产影响。陆亚东和罗莎丽·董（Rosalie L. Tung）在分析新兴市场企业的国际扩张后提出了"跳板论"，认为来自新兴市场国家的企业为了弥补竞争力及所有权上的劣势而大量投资于购买战略资产，中国企业尤其被购买海外战略资产所驱使。芮怀川和乔治·伊普（George S. Yip）通过分析联想集团、华为技术有限公司、南京汽车集团有限公司国外收购案例，说明了寻求战略资产在中国跨国公司区位选择中的重要性。综上所述，企业对外直接投资的动机包括市场寻求、自然资源寻求、效率寻求及战略资产寻求几个方面，这一发现有助于作为发展中大国的中国在对外投资时，提供实践参考经验。

二、东道国因素与区位选择

投资区位的选择一般分为三个视角：东道国视角、母国视角及兼顾母国和东道国影响因素。投资环境作为企业非可控的外部因素，会给企业的跨国经营带来更多的风险和不确定性。结合本书研究的核心，主要报告东道国因素对区位选择影响的相关文献。

首先，东道国的制度环境会对 OFDI 区位选择产生影响。一类文献认为对外投资与东道国的制度质量正相关，这种正相关关系在发达国家投资的区位选择中尤其显著。卢卡斯（Robert E. Lucas，1990）较早地关注了东道国制度因素及政治风险，提出"资本为什么不从富国流向穷国"的卢卡斯悖论（Lucas Paradox），对此主导性的解释是穷国的低制度质量[①]。东道国税制、准入限制放宽、本地资源自由转让等开放的制度环境能够为外资企业解除限制、提供便利和降低成本（Meyer、Nguyen，2005）。稳定的东道国政治经济环境能够为企业经营提供一个安全稳定的发展环境，使企业的资产免于遭到动荡的政局和战乱以及大幅波动的经济的影响和破坏，是企业生存的基本保障（Henisz、Delios，2001；Delios、Henisz，2003；García Canal、Guillén，2008）。以中国为例，东道国制度越成熟、产权保护制度越健全，企业的运营环境也越规范，企业的产权越能得到有效保护（Buckley、Casson，1998；Wei，2000；张建红、

---

① Robert E. Lucas. Why Doesn't Capital Flow from Rich to Poor Countries [J]. The American Economic Review, 1990 (80): 2.

周朝鸿，2010；杨全发、韩樱，2006）。成熟的制度环境还意味着政府政务和立法透明、腐败程度低，能够减少企业成本，为企业投资的增长提供良好环境（Globerman、Shapiro，2003）。

制度质量指标中，东道国或地区的政府效能、监管质量、商业自由度、贸易自由度、产权保护和法治完善度对我国对外直接投资的影响很大。东道国政府工作效率越高、国家对市场的监管越严越能为我国对外直接投资提供政治保证，对我国资本的引力越大，资本自由流动的经济政策有利于降低交易成本，能促进我国资本的输出和汇入，良好的法制环境能有效保护海外经营者的利益（鲁明泓，1999；韦军亮、陈漓高，2009；谢孟军、郭艳茹，2013；祁春凌、邹超，2013；谢孟军，2014）。罗伟、葛顺奇（2013）、宗芳宇等（2012）、张艳辉等（2016）的实证结果则显示我国的 OFDI 规模与东道国的制度风险负相关，我国 OFDI 是风险规避型。尹美群等（2019）将东道国要素禀赋和制度环境纳入对区位选择的影响研究中，认为对外商限制程度越低、产权法制保护越宽松、政府腐败程度越高的地区对要素禀赋和经贸合作方式越具有显著的正向调节效应。东道国的法律体系越健全，由于政府管制的低效、寻租、腐败及知识产权保护不足等一系列问题所带来的投资沉没成本就会大大降低，企业跨国经营的交易成本及风险也随之降低。从这个意义上讲，东道国良好的政治法律制度会对我国企业的对外直接投资活动产生正向促进作用（杨娇辉、王伟、王曦等，2015）。

另一类文献则认为，对外直接投资流量与东道国制度质量负相关，一些制度质量较差、政治风险较高的东道国对吸引发展中国家投资更具吸引力，因为能够有效应对这种制度的不完善（Buckley et al.，2007；Kolstad、Wiig，2012；蒋冠宏、蒋殿春，2012；Cuervo-Cazurra、Genc，2008）。例如，与发达国家企业相比，中国公司在不透明的制度环境中更善于利用复杂的私人关系进行寻租（Yeung、Liu，2008；Mocketal，2008）。王建和张宏（2011）研究发现，我国 OFDI 与东道国政府的施政有效性正相关，而与东道国政府的贪腐控制负相关，表明我国 OFDI 倾向于流向制度较弱的国家或地区。邓明（2012）研究表明，经济和法治制度对发展中国家吸收 OFDI 有显著的正影响，而对发达国家的影响不显著。岳中志、付竹、袁泽波（2011）在企业进入方式的选择上进行研究，发现总体文化距离越大、东道国国家风险越高、企业多元化经营程度越高、企业所有权优势越明显，中国企业 OFDI 选择合资进入模式的几率越高；东道国市场规模、企业规模越大，中国企业 OFDI 选择全资进入模式的几率越高。王永钦等（2014）将制度性因素分为东道国的话语权与问责制、政治稳定与杜绝暴力/恐怖主义、政府效率、监管质量、法治水平、腐败控制这六类，分别研究这些因素对中国 OFDI 区位选择的影响，研究表明中国的 OFDI 不太关心对方国家（地区）的政治制度（话语权与问责制）和政治稳定度，而更关心政府效率、监管质量和腐败控制，并倾向于避开法律体系严格的国家；同时，中国的 ODI 存在明显的避税和获取资源的动机。杜江和宋跃刚（2014）认为中国企业未必以利润最大化为导向，原因在于中国 OFDI 以国有企业为主导，政府对国有企业的人事任命拥有较强控制力。因此，目前也有部分学者认为制度质量不同维度的指标对中国 OFDI 的影响出现了异质性，如方英和池建宇（2015）研究发现我国企业对外直接投资倾向于政治不稳定的发展中国家，但规模增长却更易出现在政治稳定的国家。余官胜（2017）通过实证研究发现，在规模扩大的集约增长维度，我国横向动机企业对外直接投资倾向于选择宏观稳定风险较低的东道国，纵向动机企业对外直接投资倾向于选择经济增长风险较低的东道国；在新设项目的扩张增长维度，我国横向动机企业对外直接投资倾向于选择经济增长风险和宏观稳定风险均较高的东道国，而纵向动机企业对外直接投资不受东道国经济风险的影响。

其次，东道国金融发展水平逐渐成为影响 OFDI 区位选择的重要因素（余官胜、袁东阳，2014）。景红桥、王伟（2013）实证分析得出东道国的金融体系和法律起源对我国对外直接投资具有显著影响，而且我国更加倾向于投资市场主导型金融体系和普通法律起源的国家。余官胜、都斌（2016）从微观层面研究融资约束如何影响企业对外直接投资国别区位选择，认为我国生产率相对较低的对外直接投资企业，较大融资约束使其倾向于选择金融发展程度较高的东道国，该过程说明了融资约束和生产率共同构成了企业对外直接投资的竞争力因素。蒋冠宏、张馨月（2016）推论高生产率企业对外直接投资国别区位选择倾向于低金融发展程度东道国；低生产率企业对外直接投资国别区位选择倾向于高金融发展程度东道国。

最后，东道国市场规模、要素禀赋特征、工资水平、进入成本、政治风险、基础设施条件、技术水平与创新能力、伦理文化等因素对企业海外投资区位决策也十分重要。何本芳等（2009）借助引力模型对中国对外直接投资数据进行了实证检验，结果发现东道国劳动力成本、贸易量及同中国的地理距离是影响中国 OFDI 的主要因素。项本武（2009）发现东道国市场规模抑制中国对该国的直接投资，同时东道国工资水平对中国 OFDI 影响不显著。宋维佳等（2012）的研究发现，东道国资源禀赋、技术禀赋、基础设施及开放程度等对中国 OFDI 区位选择具有重要影响，而东道国汇率水平、市场规模、工资水平等因素的影响不显著。协天紫光、张亚斌、赵景峰（2017）则考察了投资者保护强度和双边投资协定在防范与化解投资风险、保护中国 OFDI 方面的决定性作用，并在不同条件下与政治风险异质性产生不同强度的交互作用。赵蓓文（2015）分析了影响中国企业对外直接投资区位选择的东道国环境因素，通过在对非洲国家、拉美国家、欧美发达国家、韩国及俄罗斯等新兴经济体典型案例进行剖析的基础上指出，中国企业对外直接投资的区位选择在很大程度上取决于企业投资动机和东道国环境。近年来，国内学者利用"一带一路"沿线国家（地区）数据进行了大量的研究，彭继增、柳媛、范艺君（2017）研究表明东道国的市场规模和产业结构高级化程度对我国对其直接投资具有显著负影响，表明我国倾向于向市场规模较小的沿线国家进行投资。部分学者认为中国企业对外直接投资时，综合考虑了资源、市场及东道国的法律政策稳定性因素，同时需要加强与沿线组织或国家如东盟、俄罗斯、印度等的经济交往并建立合作双边机制（熊彬、马世杰，2015；李婧，2015；张纪凤、宣昌勇，2015；朱雅妮，2015；李晓，2015；贾少学，2016）。陈伟光、郭晴（2016）则针对中国对"一带一路"沿线国家的投资潜力和区位选择进行了实证分析。东道国的产业集群及其拥有的特殊产业技术优势、东道国丰富的研发人才（Kumar，2001），东道国的技术外溢机会，竞争情况和跨国企业利用知识溢出的能力（Feinberg、Gupta，2004；祝影、杜德斌，2005；赵囡囡、卢进勇，2011），母国与东道国知识的互补性（Leiponen、Helfa，2010；Buckley et al.，2007；Beule，2012）、知识产权保护水平（喻世友等，2004）是影响区位选择的重要决定因素。祝影、路光耀（2015）通过因子分析得出东道国的研发实力和市场潜力在中国企业外海研发区位选择中的地位进一步上升。陈衍泰等（2016）通过实证检验发现东道国的市场需求和技术水平对中国企业海外研发投资区位选择存在显著的积极影响，而研发人员成本有着显著的消极影响。吴亮、吕鸿江（2015）利用中国在沪市上市的 836 家共投资于 56 个国家或地区的样本企业数据，实证分析表明网络外部性与中国企业海外投资区位选择之间呈现出倒 U 型关系。陈瑛、马斌、来娇娇（2016）定量分析了 2000—2013 年中国民营企业对美国直接投资的州空间分布特征。运用灰色关联法，探讨了影响投资区位选择的因子，分析结论为：中国民营企业在美投资的空间格局呈现出集中于一点两带的特征。投资动因具有明显的市场导向性和技术创新导向性。

三、企业异质性因素与区位选择

从异质性企业对外直接投资区位选择研究的理论基础来看，直到 Melitz（2003）等提出异质性贸易理论，学术界才逐渐关注到企业异质性对其区位选择活动的影响（梁琦，2016）。企业异质性对于认知和解释企业投资区位行为至关重要，高效率企业和低效率企业的区位选择策略是截然不同的，传统的区位理论无法解释这一点。

具体而言，其理论发展经历了以下阶段。自从 1991 年 Krugman 的奠基性论文《规模经济与经济地理》诞生 20 年以来，新经济地理一直致力于解释宏观异质性（macro-heterogeneity），而忽视了各地区间的企业与人力资本本身可能具有的差异。新新经济地理充分考虑企业和劳动者的微观异质性（micro-heterogeneity），使对地区间经济差异的研究从量的层面深入到质（微观效率）的层面，为观察空间经济提供了崭新的视角。微观企业的层面的研究也促进的经济地理的进一步发展，形成了新新经济地理学说。新新经济地理虽然基于新经济地理，但模型更多元化。从文献来看，当前有两种主流的模型框架，即垄断竞争 DS 框架以及拟线性函数 OTT 框架。

DS 框架源于 Dixit-Stiglitz（1977）的常替代弹性模型，一直是经济地理分析的最常用模型。Krugman 和 Fujita 指出新经济地理及新新经济地理的部分文献均以冰山交易成本、垄断竞争 DS 模型、计算机模拟及演化分析为基础。而 Baldwin 与 Okubo（2006）开创性在经济地理的分析中引入企业异质性，运用垄断竞争 DS 模型基于企业效率异质性解释中心—外围结构：由于选择效应和集聚效应，生产率高的企业选择市场中心区域，低生产率企业则倾向于分布于市场外围。Okubo（2008）等以及 Combes（2009）等人运用 DS 模型得出企业效率与市场规模正相关。因 DS 模型通常假设工业品的消费需求弹性是常数，以致企业的产品定价与市场规模不相关。为解决这个问题，需要建立更具解释力的模型。Ottaviano（2002）等基于准线性，建立了一个二次函数的框架（OTT 框架）。Melitz 与 Ottaviano（2008）运用该框架证明市场规模及贸易会改变竞争程度，从而影响企业境外直接投资的区位选择，且生产率高的企业才生存于规模较大的市场。Okubo（2008）等的研究也支持了以上结论。除以上的分析框架外，还存在 BEJK 框架。Holmes（2010）等在 BEJK 的分析中，加入企业异质性得到了新新经济地理的 BEJK 模型下。但目前在新新经济地理的文献中，基于 BEJK 模型的研究较少，并非新新经济地理的主流方向。

从实证研究来看，大多是在 Melitz、Ottaviano（2008），以及 Combes 等

（2009）研究的基础上，对企业对外直接投资的区位选择进行实证检验。在他们的企业异质性模型中，企业的生产率门槛值（firm's productivity threshold levels）会受到国家特征尤其是市场规模特征的影响。将企业异质性标示为不同的生产率，大量的实证研究发现分类效应存在于企业的对外直接投资中（Tomiura，2007；Yeaple，2009；Chen、Moore，2010；Aw、Lee，2014）。企业的对外直接投资行为倾向于根据东道国进行分类：生产率更高的企业投资更多的东道国，且更有可能投资于吸引力更小的东道国，例如市场规模更小、固定成本更高及进口税更低的东道国（Yeaple，2009；Chen、Moore，2010）。Forslid 和 Okubo（2015）发现中等生产率水平的企业选择发达地区，生产率分布两端的企业则留在落后地区。Au 和 Henderson（2006）通过实证研究证明，发达地区不一定吸引高效率企业。Chen 和 Moore（2010）他们通过拓展 Helpman 等（2004）、Yeaple（2009）的理论模型研究发现，异质性企业在进行对外直接投资的区位选择时有着不同的偏好，市场条件较差如市场潜力较小、投资固定成本更高、进口关税更低的国家临界生产率更高。并且，与生产率较低的企业相比，生产率更高的企业更有可能在市场条件较差的东道国进行投资，即异质性企业的对外直接投资区位存在"自我选择"，基于法国跨国企业的研究验证了这一效应的存在。近年来，部分研究关注于中国企业微观层面的投资区位选择，肖慧敏、刘辉煌（2012）考察企业异质性与东道国特征如何影响企业进入的生产率门槛值，进而影响企业对外投资的区位选择。研究发现中国境外投资企业间存在较大程度的异质性，地理距离与企业生产率门槛值正相关，中国企业对外直接投资存在分类效应，生产率较低的企业选择进入邻近市场，生产率较高的企业更有可能投资于距离较远，市场需求较小的东道国。王钢、张朝国（2013）以温州民营企业为例实证分析对外直接投资的区位选择，研究结果显示，制度环境、企业市场营销渠道、技术创新资源、市场信息资源是区位选择的重要因素。陶攀、荆逢春（2013）以企业异质性理论为研究框架，探讨了中国企业对外直接投资的扩展边际，并对企业 OFDI 区位选择进行了实证检验。研究表明，中国企业 OFDI 行为中存在自我选择效应，同时企业生产率越高，其所投资的东道国个数越多；东道国市场规模越大、生产成本越低（企业进入成本的降低、政治环境的改善、与中国文化及地理距离的缩减）或者贸易成本越高，其生产率阈值越低，能够吸引更多中国企业对其进行对外直接投资。余官胜和林俐（2015）利用浙江省微观企业数据发现我国在东道国的企业集群也构成了该东道国吸引我国企业对外直接投资的区位优势。朱荃等（2017）考察了具有生产率异质性的中国跨国企业如何在具有不同市场条件的东道国进行对外直接投资的区位选择。研究发现相比生产率较低的企业，生产率更高的中国企业更有可能在一些市场条件较差的国家进行投资，因为市场规模较小、进入成本更高的国家对中国企业而言有着更高的临界生产率，由此吸引更多生产率较高的中国企业在该国投资。

第三节　投资便利化对对外直接投资影响的文献综述

目前，关于影响对外直接投资的宏观因素的研究众多，包括受到经济因素 GDP（Stein、Daude，2001；Buckley et al.，2007）、资源因素（Caves，1983；Cohen，1990；Foss，1997；陈岩，2012；李路，2012）、汇率风险（Klein、Rosengren，2005；于津平，2007）、政治法律因素（Buckley et al.，2007；Kolstad、Wiig，2012；Hajzler，2014；郑展鹏、刘云海，2012；阎大颖，2009；Wang et al.，2012；杨娇辉等，2015；谢孟军、郭艳茹，2013）、社会文化因素（李阳等，2013；乔晶、胡兵，2014）多种因素共同作用的结果。而本书关注的核心问题为东道国的投资便利化水平（制度供给质量、基础设施质量、商业投资环境、金融服务效率、技术创新能力五个指标）究竟会对中国企业对外直接投资产生怎样的影响，因此，我们从这四个方面梳理相关研究。中国企业开展 OFDI 受到两个市场（即国内和国外市场）多种因素的影响，这里主要探讨东道国的各种因素如何影响中国 OFDI。

一、基础设施质量影响

基础设施是为国家、城市或其他地区服务的基础设备和系统，包括为其经济运行所必需的服务和设施（Berman F.、Fox G.、Hey T.，2003），可见其在经济中所发挥的巨大作用。

从现有东道国基础设施质量与对外直接投资关系研究来看，学者们尚未形成一致意见，部分学者通过实证检验表明，基础设施质量与对外直接投资之间存在正相关关系。Root 和 Ahmed（1979）以 1966—1970 年 70 个发展中国家作为样本，开创性地研究基础设施在吸引外商直接投资过程中扮演的重要角色，研究发现基础设施便利化会增加东道国制造业外资的流入。Loree 和 Gusinger（1995）在探讨美国对外直接投资的区位因素时，东道国的通信基础设施、交通基础设施与美国直接投资的流入呈现正相关关系。Mody 和 Srinivisan（1998）对比研究 1981—1990 年美国、日本跨国公司海外投资的推动因素时，发现东道国良好的基础设施对吸引美国、日本的投资都具有积极影响，但日本投资者对基础设施的便利性更为敏感。Hoang 和 Huyen（2015）采用调查问卷分析越南清化省吸引外商直接投资的主要因素，结果表明基础设施的质量以及运输、物流的低成本对外国投资者的决策有显著影响。董艳等（2011）基于2005—2007 年中国在 90 个国家和地区对外投资的数据，通过极限边界分析法找到了中国对外直接投资的显著影响因素，并专门针对中国在非洲国家的投资行为进行了实证检验，结果发现基础设施与中国对非洲国家直接投资存在显著正向效应。陈岩等（2012）从资源与制度的视角研究了中国对非洲投资的决定因素，实证结果显示航空基础设施与通信基础设施显著正向影响中国对非洲的投资。胡翠平（2015）对比分析中国在两类国家投资影响因素的异同，结果发现无论是对发达国家还是发展中国家，中国均偏好于基础设施良好的国家，邵明璇（2017）也得出同样的结论。

交通、能源、通信等基础设施对企业生产成本、交易成本、运输成本都产生影响，因而东道国基础设施完善程度与我国 OFDI 具有显著的正向影响，相关实证也证明了这点（张娟，2007；宋维佳、许宏伟，2012；阎大颖，2013；刘伟，2014）。部分学者从"一带一路"国家基础设施的角度出发，研究发现"一带一路"国家基础设施质量的改善能够促进中国 OFDI（张亚斌，2016；崔岩，于津平，2017）。

尽管有不少文献证实了基础设施在吸引外资中起到的积极作用，但也有些研究表明东道国基础设施的改善并不影响外资的流入。Mudambi（1995）选用1985—1990 年 44 个国家的面板数据分析了跨国公司开展对外直接投资的区位决定因素，实证结果显示东道国基础设施不是显著影响跨国公司进行海外直接投资的决定因素。Asiedu（2002）使用 1988—1997 年非洲地区面板数据检验了撒哈拉以南非洲地区吸引外商直接投资的因素与发展中国家是否相同。结果显示良好的基础设施对非撒哈拉以南非洲地区吸引外商直接投资具有积极影响，但对撒哈拉以南非洲地区吸引外商直接投资影响不显著。Quazi（2005）基于 1995—2000 年东亚 7 国的面板数据研究国内投资环境对吸引外资的作用，结果显示当地基础设施质量对外商直接投资的影响不显著，Chan 等（2014），李猛、于建平（2011）的研究也得出了类似结论。陈后祥（2016）将基础设施划分为经济性基础设施与社会性基础设施，指出东道国经济性基础设施水平的提高对中国跨国企业进行跨国投资区位具有吸引力，而东道国社会性基础设施影响不显著。

通过现有研究成果可见，目前学者们对两者关系并未形成统一意见，在以下方面有待进一步深入研究：第一，基础设施涉及面较广，包括交通基础设施、电力基础设施以及电信基础设施等方面。单以公路密度、铁路密度或电话使用人数作为基础设施的代理变量，无法客观准确地评价基础设施的发展水平，进而可能带来研究结果的偏误。第二，现有研究未把企业异质性、地区差异等因素纳入考虑范畴，仅从宏观层面考察基础设施与对外直接投资的关系，需要我们进一步研究。

二、金融发展水平影响

对外直接投资对资金的需求巨大，除企业自身因素决定的融资能力外，母国和东道国的外部融资条件也会影响企业的投资决策（Desbordes、Wei，2017；Bilir et al.，2017）。目前还缺乏文献从理论机制上分析金融发展和融资约束对企业 OFDI 的影响。从经验研究来看，多数学者主要从母国金融条件的角度出发考察金融发展水平对企业对外直接投资的影响，而考察东道国金融发展水平与企业对外直接投资两者关系的文献较少。

基于投资母国国内的视角与企业层面融资约束来看，一个国家的金融发展水平的高低决定了企业从本国的金融市场里获得金融支持的便利性，以及获得这些金融融资的成本的高低，从而影响这些企业学习吸收这些逆向技术溢出的能力（陈广居，2016），因此研究金融发展水平对企业具有重大意义。投资母国金融发展水平对 OFDI 具有正效应（沈红波等，2010；张树林等，2012；王伟等，2013；黄志勇等，2015；王碧珺等，2015；杜思正等，2016；Todo，2011；Buch et al.，2014）。姜浩（2014）将中国的金融发展划分为金融深化和金融结构优化两个方面，其中金融结构优化对中国的对外直接投资具有促进作用，而金融深化则具有抑制作用。余官胜和袁东阳（2014）研究发现，在不同的经济发展水平下，投资母国（中国）的量维度和质维度的金融发展对我国企业对外投资具有不同的影响。当经济发展水平较低时，量维度的金融发展和质维度的金融发展对我国企业的对外直接投资活动分别具有阻碍和促进作用；而当经济发展水平较高时，量维度的金融发展和质维度的金融发展则对我国企业的对外直接投资活动分别具有促进和阻碍作用。王昱和成力为（2014）将制度质量作为经济发展对对外直接投资影响的门槛并结合金融因素研究了世界 73 个经济体的对外投资特征，发现制度质量对对外直接投资具有双门槛效应，金融发展促进不同经济体的对外直接投资的机理不同，制度质量与金融发展的相互作用对发达经济体具有正向影响，对发达新兴经济体却具有负向影响。

部分学者从企业异质性的角度出发，考察企业生产率在金融发展水平与

FDI 中所发挥的调节作用。如李梅（2014）研究发现无论是金融发展规模还是金融发展效率均对的母国生产率溢出存在明显的门槛效应，只有部分地区的金融发展水平跨过了促使产生生产率溢出效应的门槛相当一部分地区的金融发展仍停留在门槛值之下，致使这部分地区的对外投资对生产率的促进作用不明显。余官胜（2015）认为我国民间金融发展是否能促进我国民营企业对外直接投资取决于企业生产率，民营企业的生产率越高，民间金融发展对企业进行对外直接投资的促进作用越大。严兵等（2016）研究发现生产率和融资约束只对企业是否进行国际直接投资以及海外投资项目数量产生影响，对企业投资规模的影响并不显著。

目前中国金融体系存在许多问题，金融资源配置扭曲，一方面导致低效率的过度投资，另一方面却出现企业融资不足、错失投资良机。而东道国良好的融资环境，较高的金融发展水平有利于企业根据需求利用外部和内部资本市场来最小化投资成本，吸引企业选择在当地融资（Buch et al.，2014；Bilir et al.，2017），弥补母国融资的不足，增加对外直接投资的可行性。而从东道国金融发展角度对中国企业对外直接投资活动进行的研究尚不多。多数研究指出东道国金融发展水平对不同类型的对外直接投资活动均具有显著的促进作用（Desbordes、Wei，2017）。Bilir 等（2017）对美国进行研究，发现东道国金融发展水平提升可以增加美国子公司的总销售，同时会降低单个子公司在东道国的销售规模。因此，东道国的金融发展水平对跨国企业的投资概率以及海外子公司的经营规模都具有重要影响，主要是通过融资效应和竞争效应两种渠道对跨国企业的投资决策和经营活动产生影响（Bilir et al.，2017）。Guan Sheng（2015）从金融市场的规模和结构两个方面度量了东道主国的金融发展程度，并指出两者都能吸引中国企业对其投资，但是从投资动机来看，只有东道主国金融市场的规模会对中国企业的投资行为产生影响。整体来看，金融发展带来的融资效应仍发挥着重要作用（Antras et al.，2009）。

李辉（2008）较早地意识到金融发展的重要性，在对中国对外投资的决定因素以及投资发展周期理论进行研究时，将金融发展的因素考虑在内，确认了金融发展是东道国（尤其是发展中国家）最为重要的特征。沈军和包小玲（2013）在考察金融发展与国家风险两大因素在中国对非洲投资的基础上发现：金融发展对中国在非洲投资具有门槛效应，当东道国的金融发展水平较高时（以有无股票市场作为分类标准），中国的对外直接投资便更加偏重市场动机。裴长洪等（2013）提出了中国海外投资促进体系，认为中国金融发展以及相关的金融支持体系是促进中国对外投资的关键。余官胜（2015）基于动机异质性的视角研究了我国企业的对外直接投资受东道国金融发展水平的影响，结果表明总体上东道国的金融发展在规模层面上能对我国企业的对外直接投资产生正向影响，而东道国的金融发展在结构层面上则并未产生直接的影响。周德才等（2018）实证检验表明"一带一路"国家金融发展程度对我国对其直接投资存在积极的门限效应。张政（2016）从银行角度出发，东道国银行发展深度更高、银行稳定性更强，对中国对外直接投资拥有更强的吸引力；从金融市场角度而言，金融市场规模更大、金融市场服务可及性更好、金融市场稳定性更强，中国对外直接投资更青睐于拥有此类金融市场的国家或地区。徐清（2015）从金融规模扩张、金融结构调整及金融效率提升三个方面来研究金融发展对企业对外直接投资的影响，研究表明中国金融规模扩张、金融结构调整以及金融效率提升都能显著地促进企业 OFDI，金融规模扩张、金融结构调整以及金融效率提升之间的交互项对企业对外直接投资的影响都为正，说明中国金融发展需要三个指标的协调发展，才能更有效地促进中国企业的对外直接投资。蒋冠宏、张馨月（2016）指出从 OFDI 存量来看，金融发展显著促进了海外直接投资，但发达国家和发展中国家存在一些差异。如发达国家的金融市场效率高，反而降低了海外直接投资规模，但证券市场规模有助于海外直接投资，而发展中国家没有上述特征。王忠诚等（2018）研究分析东道国金融发展在扩展边际和集约边际上对企业对外直接投资决策以及投资所需生产率水平的影响。研究发现，在不同生产率的企业中东道国金融发展的影响是异质性的。较高的金融发展水平会系统性地降低投资所需的生产率水平，进而促进中国企业对外直接投资的概率、次数和规模。

将东道国和母国金融市场环境同时纳入研究时，发现东道主国和投资国的金融市场对双边 OFDI 有积极作用，而且东道主国和投资国的金融市场发展对 OFDI 的作用存在互补关系（Julian、Eric、Peter，2016）。吴心弘（2016）在将中国对"一带一路"沿线国和 OECD 成员国的 OFDI 进行比较分析的基础上，研究指出，金融发展水平和基础设施状况对中国对外投资均具有重要影响，中国本身的金融发展水平和基础设施状况的作用最为显著，但不存在门槛效应；而东道国的金融发展水平和基础设施状况具有一定程度的影响，并存在门槛效应。

综上所述，已有研究主要集中在母国金融发展以及企业层面融资约束对对外直接投资的影响，基于东道国金融发展及企业微观层面对 OFDI 的影响的相关研究较少。

三、制度质量水平影响

东道国制度质量与中国对外直接投资的关系研究已经非常丰富，归纳起来主要有以下方面。一是国家层面对对外直接投资的影响；二是企业层面的影响，包括对企业投资规模、企业绩效和利润等方面（Meyer、Nguyen，2005；Wei，2000；Aizenman、Spiegel，2006）。

Blonigen（2005）从东道国制度影响 OFDI 的机制出发进行研究，指出：第一，制度环境恶劣增加了投资者资产被剥夺的风险，如产权制度缺陷或散失导致有机会主义动机的当地政府非法侵占投资者资产；第二，规范市场运行的制度缺陷将增加投资成本，如寻租和腐败等问题增加了企业投资成本；第三，制度缺陷往往导致政府提供的公共产品（如司法体制、政府效率和监管等）质量低下，因而影响投资的预期收益。

从东道国制度质量与中国 OFDI 宏观影响的角度来看，Buckley 等（2007）、Kolstad 和 Wiig（2010）和 Cheung 等（2011）研究了东道国制度与中国海外投资的关系，指出中国企业的海外投资可能利用东道国制度缺陷（如腐败和法制缺陷）而谋求利益，因而东道国制度风险并没有阻止中国资本的进入，尤其是中国资源寻求型投资。蒋冠宏和蒋殿春（2012）研究指出中国 OFDI 有其"特殊性"，一方面，中国 OFDI 具有"制度风险规避"动机，这与传统理论预期一致；另一方面，中国 OFDI 对东道国制度的"特殊偏好"，具体表现在以下几方面：一是东道国法制对中国 OFDI 规模有负向影响；二是中国 OFDI 偏好制度恶劣的资源丰富国家；三是中国 OFDI 的"制度接近性"不明显。

部分学者在考察东道国制度环境与中国 OFDI 关系时将双边投资协定这一因素纳入考量范畴，宗芳宇等（2012）、李平等（2014）、冯华（2016）强调双边投资协定的重要性，研究发现双边投资协定对投资母国的企业到东道国进行对外直接投资具有正向的促进作用，并能弥补东道国制度环境的不足。同时，当投资母国的制度环境对本国企业进行对外直接投资的支持不均衡时，双边投资协定能够显著促进非国有企业在东道国进行对外直接投资。张中元（2013）研究发现在分别以东道国的人均 GDP（代表东道国的经济发展水平）和各东道国中的中国 OFDI 存量作为门槛变量时，制度质量和双边投资协定对中国对外直接投资的影响具有较为复杂但显著的区制差异。周建等（2010）的研究认为完善的制度环境有利于减少社会的不公平、保障信息披露的质量，从而保障投资者的利益，增强投资者的信心，最终促进 OFDI 的流入。Habib 和 Zurawicki（2002）研究发现，双边制度的绝对差异与 OFDI 负相关。即 FDI

不仅取决于东道国制度的绝对水平，也取决于制度的相对差异。邱立成和赵成真（2012）也得出了相同的结论。邓明（2012）研究的制度因素则包含了文化制度、经济制度和法治制度，研究表明发展中国家如果具备较好的经济和法治制度，就可以很好地吸引来自中国企业 OFDI。

王建等（2011）、王永钦等（2014）均引入东道国政府治理的各项指标检验了东道国制度质量对中国 OFDI 的影响，但研究结论并不一致。王建等（2011）研究发现：政府施政有效性与中国 OFDI 流量显著正相关，贪腐控制与中国 OFDI 流量显著负相关，公民参政与政治人权、政治稳定程度、市场经济限制程度、司法有效性与中国 OFDI 关系不显著。王永钦等（2014）研究发现，中国的对外直接投资更关心政府效率、监管质量和腐败控制，而不太关心东道国的政治制度（话语权与问责制）和政治稳定度，并倾向于避开法律体系严格的国家；东道国的制度质量与东道国对投资母国企业所产生的避税功能之间具有替代作用。郑磊（2015）指出，无论是传统经济因素还是制度因素对跨国企业开展海外投资活动均产生影响，而制度因素在决定对外直接投资区位方面呈现出比经济因素更为重要和复杂的特点。王恕立等（2015）采用 Heckman 两阶段模型和引力模型，综合分析了制度质量对中国 OFDI 的影响，研究表明：东道国的制度质量越高，那么中国企业的 OFDI 在这个国家的投资规模也就越大。但不同的投资动机和东道国制度因素导致中国企业在不同国家的 OFDI 规模存在较大的差异，但并不是所有的研究都支持这一观点，如 Hines（1995）和 Henisz（2000）的研究并没有发现东道国制度和 FDI 的显著关系。

此外，东道国制度环境可能对 OFDI 微观绩效产生影响。相关文献研究发现东道国制度环境也是影响企业对外直接投资绩效的关键因素。东道国的制度环境通过多个方面影响了跨国公司在东道国进行投资时的成本，进而影响了跨国公司的投资规模。比如说，通过一些税率优惠政策，海外投资准入时的放宽限制，允许跨国公司也可以使用本地的资源，提供其他的一些便利条件，从而降低了跨国公司在东道国进行投资时的成本（Meyer 和 Nguyen，2005），进而影响跨国公司的投资规模。Wei（2000）及 Aizenman 和 Spiegel（2006）的实证分析表明，东道国较差的制度质量相当于对企业征税，给企业 OFDI 带来额外成本，使企业绩效下降。Shapiro（2003）认为制度质量较好的国家，政府效率较高，法制较透明，腐败程度较低，为企业提供良好的经营环境，降低企业风险并节约成本。Globerman 等（2006）发现投资到治理水平较高的国家，企业利润相对较高。Sakakibara 和 Yamawaki（2008）以日本大型 OFDI 企业的海外子企业为样本，研究了东道国经济水平和制度环境与海外子企业绩效的关系，结果发现经济与制度因素通过影响子公司在东道国的活动进而影响其绩效。刘晓丹（2016）指出异质东道国的制度环境对母国投资企业绩效有很大的影响，企业投资到制度环境较差的国家或地区时，微观绩效较低。

综上所述，目前学界关于东道国制度质量与对外直接投资的关系研究尚未达成一致观点，另外关于制度质量对 OFDI 微观绩效的影响这一问题，并未将企业生产率差异这一重要影响因素纳入研究范围，这需要我们进一步研究。

四、商业投资环境影响

东道国商业投资环境是投资者进行对外直接投资决策的基本依据，营造有竞争力的商业投资环境是各国成功吸引和持续扩大外国直接投资的必要保障。在研究影响对外直接投资的市场环境因素时，现有文献主要从经济制度、政治制度、金融制度等层面切入。营商环境作为影响经济发展的重要因素，能够反映各地区政治制度、经济制度等的综合水平（董志强等，2012）。而专门针对企业创立时间、程序、投资者保护等因素的商业投资环境与 OFDI 的研究较少。具体来看，东道国较低的税率、投资促进措施以及更加市场化的制度等因素，都极大地促进了外资的流入（Globerman 和 Shapiro，2003；Bevanetal et al.，2004）。Jan Strasky（2007）通过分析俄罗斯 1995—2011 年地区 FDI 流入数据，研究发现营商环境评级及营商潜力对 FDI 流入总体有利但并不显著。2013 年由世界银行和国际金融公司（IFC）联合发布的《全球营商环境 2013》报告第一次关注了营商环境指数与外资流入量之间的相关性，报告指出：宽松的营商环境与 FDI 有统计上的相关性，但不一定有因果关系。其中大部分国内企业营商环境的改善增加了对海外投资者的吸引力，但印度和尼日利亚的情况则相反，尽管其营商环境排名落后，但其 FDI 流入量在 2010—2011 年分别增长 31% 和 47%。

徐昱东等（2015）考察了俄罗斯各地区营商环境的变化对地区 FDI 流入的影响，研究发现，劳动力潜力和制度潜力对俄地区 FDI 流入会产生积极影响且较为显著，经济风险、社会风险和治安风险则显著不利于 FDI 流入①。刘再起等（2016）从经济资源及制度环境视角系统地考察了中国对欧盟直接投资

---

① 徐昱东，崔日明，包艳. 俄罗斯地区营商环境的哪些因素提升了 FDI 流入水平——基于系统 GMM 估计的动态面板分析 [J]. 国际商务（对外经济贸易大学学报），2015（6）：57-66，113.

的区位选择，研究表明，欧盟的商业自由度及贸易自由度对我国对欧盟直接投资的区位选择具有积极作用，市场规模及政府规制品质则具有显著的抑制作用①。周超等（2017）基于2007—2014年中国对62个代表性国家（地区）的对外直接投资数据，从投资动机的视角分析了营商环境对中国对外直接投资的影响，东道国营商环境总体上对促进中国对外直接投资具有正向影响，其中开办企业、建筑许可等五个方面有利于促进中国对外直接投资，获得信贷则起到负向作用，而保护少数投资者、纳税和登记财产则不具有影响。协天紫光（2017）考察了投资者保护强度和双边投资协定在防范与化解投资风险、保护中国OFDI方面的作用，研究表明中国OFDI整体以政治风险规避型为主，更关心其政府稳定性和投资环境；投资者保护也是中国OFDI的决定性因素，并在不同条件下与政治风险异质性产生不同强度的交互作用②。

五、技术与创新能力影响

从投资动机来看，新兴经济体的跨国公司可能不会拥有发达国家公司那样强大的技术资源（Dunning等，2008），因此促使像中国这样的新兴国家通过海外研发投资获取发达国家的先进技术资源，来缩小技术差距和弥补后发劣势，增强在国际市场上的竞争能力（Deng，2009），以获取企业的战略资产及逆向技术溢出。因此，一国的科技创新水平越高，则越能吸引外资。东道国的研发水平衡量了一国的科技水平，一般说来，在相关领域研发投入较高的国家，其潜在研发技术转化为市场生产力的能力就越强，会拥有更先进的专利技术、更成熟的研发经验和更有效的产品创新。

现有关于东道国技术创新能力对对外直接投资的影响研究较少，并且尚未得出一致结论。国内部分学者研究发现东道国技术水平与我国对外直接投资正相关（王胜，田涛，2013；李青，2017），祁春凌等（2013）发现发达国家以专利为代表的技术资源吸引中国OFDI。欧阳乐（2016）采用2007—2013年九个科技发达国家的混合面板数据，对东道国科研水平和人力资本对中国对外投资区位选择的影响进行了实证分析，东道国研发费用的投入及专利发明的授权量对中国企业到本地投资的吸引力较小，而东道国每百万居民中研究人员数量

---

① 刘再起，王阳. 经济资源、制度环境与我国对欧盟直接投资的区位选择 [J]. 经济管理，2016 (2)：1-13.

② 协天紫光，张亚斌，赵景峰. 政治风险、投资者保护与中国OFDI选择——基于"一带一路"沿线国家数据的实证研究 [J]. 经济问题探索，2017 (7)：103-115.

的影响却比较显著。蒋冠宏、蒋殿春（2012）发现东道国技术成熟度与中国OFDI正相关。孟丹（2019）则选取东道国国内专利申请数量衡量科技创新能力，研究表明东道国科技创新能力与中国对沿线国家的投资时正向关系，但影响程度不高，即技术逆向溢出效应对中国对外直接投资没有显著的正向促进作用。

而部分学者研究发现东道国技术禀赋对中国对外直接投资并没有显著影响，李猛和于津平（2011）发现东道国研发投入与中国OFDI之间没有显著的关系，认为不能充分证明中国企业的OFDI是为了获得逆向技术溢出效应。Buckley等（2007）、张宏和王建（2009）以东道国专利指标来测量东道国技术水平，得出了相似的结论。王颖等（2018）基于"一带一路"沿线30个国家2007—2015年数据，研究表明东道国技术禀赋对中国OFDI无显著影响。

第四节　对外直接投资区位选择与生产率关系的文献综述

在中国企业"走出去"步伐不断加快的背景下，针对中国企业"走出去"诸多问题的研究，正成为理论和实践部门关注的热点。关于对外直接投资与生产率关系的研究较为丰富，主要是从对外直接投资的生产率门槛方面、跨国公司对外直接投资的事后生产率效应两个方面综合考察两者之间的关系。

一、关于 OFDI 生产率门槛的文献综述

（一）发达国家 OFDI 中有关生产率影响的文献研究

关于对外直接投资和企业异质性的研究属于新新贸易理论的范畴。Melitz（2003）开创了企业异质性理论，奠定了新新贸易理论的基础。该理论认为，企业异质性是影响企业国际化行为选择的关键因素。Helpman、Melitz 和Yeaple（2004）建立了关于生产率对企业国际化行为（出口或对外直接投资）选择的基本理论框架，并进行了实证检验，研究证明生产率最高的企业对外直接投资，生产率次之的企业通过出口服务国外市场，生产率低的企业只能服务国内市场，生产率最低的部分企业退出国内产品市场竞争。

基于以上理论研究，对发达国家企业的实证研究逐渐增加。国外学者（如 Girma et al.，2005；Bernard、Jensen，2007；Mayer、Ottaviano，2007；Chen、Moore，2010）在这一领域进行了一系列研究得出了一致结论。另外，Eaton 等（2004）对法国企业的出口与直接投资决策进行了实证分析，发现对外投资目

的国越多的企业其生产率越高。Yeaple（2009）利用美国跨国企业，发现生产率最高的企业投资更多目的国和在目的国销售额越多；目的国特征如发展水平、距离因素以及文化因素等对美国企业的投资有显著影响。

与欧美国家相比，日本是后发型经济体。因此，日本企业的国际化特征与欧美发达国家有所差异。这主要表现在日本包括大量水平型对外投资和垂直型对外投资。日本企业对外直接投资的动机很大程度在于寻求市场与降低中间投入的成本，如 Helpmam（2004）所预测，企业对外投资的生产率门槛取决于目的国市场规模、工资水平和发展程度等因素。因此，投资发展中国家的企业生产率门槛值可能相对低一些。Head 和 Ries（2003）对日本企业进行实证研究，发现生产率是企业是否进行对外直接投资的重要影响因素，其中对外投资的企业生产率最高，出口的企业其次。但他们还发现东道国收入水平的差异对日本对外投资企业的生产率有显著影响。Tomiura（2007）也利用日本企业研究发现，企业生产率与其国际化方式有直接联系①。Ryubei 等（2008）比较了日本企业和欧洲企业国际化特征的异同②。发现两者共同特征为只有少数企业实行国际化战略。不同之处在于，与只在本国生产的企业相比，出口或对外投资的日本企业在生产率上的优势要小于欧洲类似企业，这说明与欧洲企业相比，实施国际化战略的日本企业生产率优势较低。同样，Ryubei 和 Tanaka（2009）比较了日本企业投资欧美和东亚国家的生产率差异。他们发现同时投资美国和欧洲的企业要比只投资美国或欧洲的企业有更高生产率，而投资东亚国家的企业，其生产率不一定比出口或国内生产的企业高③。这说明目的国投资边际成本和固定成本的下降，降低了企业投资的门槛值。

（二）发展中国家企业 OFDI 中对生产率影响的文献研究

随着全球经济发展，发展中国家对外投资日趋增加。然而与发达国家的跨国企业相比，发展中国家企业的可转移"特定优势"并不明显。不少学者利

①　Tomiura E. Foreign Outsourcing, Exporting, and FDI: A Productivity Comparison at the Firm Level [J]. Journal of International Economics, 2007 (71): 113-127.

②　Ryuhei W., Y. Todo, H. Sato, S. Nishioka, H. Matsuura, B. Ito, A. Tanaka. The Internationalization of Japanese Firms: New Findings Based on Firm-Level Data [J]. RIETI Discussion Paper Series, 2008 (8): 36.

③　Ryuhei W., A. Tanaka. Firm Heterogeneity and the Choice of Internationalization Modes: Statistical Evidence from Japanese Firm-Level Data [J]. RIETI Discussion Paper Series, 2009 (9): 24.

用发展中国家企业进行研究，考察发展中国家企业生产率与对外直接投资特征之间的关系。

Damijan 等（2007）对斯洛文尼亚的企业进行了实证检验。他们认为：企业对外投资、出口和只服务本国市场，其生产率依次降低①，这与 Helpman 等（2004）的预测一致。Aw 和 Lee（2008）对中国台湾地区企业进行研究，呈现与传统理论预期一致的结论。同样 Ryuhei 等（2012）也对中国台湾地区企业进行研究发现：投资高工资国家的企业要比投资低工资国家的企业生产率高，但不一定比非对外投资的企业高；投资目的地越多的企业要比目的地少的企业生产率高②。

目前关于中国 OFDI 企业与生产率的关系研究较少，田巍和余淼杰（2012）利用浙江省制造业企业，研究了企业生产率与企业对外投资的相互关系，结论与 Helpman 等的（2004）预测一致。王方方和赵永亮（2012）利用广东省的企业进行了类似研究，结论基本一致。陶攀等（2013）以企业异质性理论为研究框架，发现中国企业 OFDI 行为中存在自我选择效应，企业生产率的提高能够促进企业的对外直接投资，同时企业生产率越高，其所投资的东道国数量越多。汤晓军和张进铭（2013）分析了中国对外直接投资的主要影响因素，研究发现无论是劳动生产率还是全要素生产率都能促进中国企业的对外直接投资，但是与生产率相比，企业的所有制性质的差异在中国企业对外直接投资的决策中起着更为重要的作用。李磊等（2017）从中国服务业企业 OFDI 出发，检验了中国服务业企业对外直接投资的决定因素，研究表明企业生产率、人力资本、资本密集度和企业年龄与服务业企业"走出去"具有显著正向关系。

但并不是所有实证结论与 Helpman 等的（2004）预测一致。刘淑琳和黄静波（2011）对中国制造业上市公司的研究发现，生产率对中国企业对外直接投资并没有明显的促进作用。宫旭红等（2015）从微观角度研究中国企业生产率及国际化模式选择是否符合新新贸易理论，研究发现对外投资企业、出口企业和非出口企业间的生产率关系并不完全符合新新贸易理论，企业生产率有效地促进了企业对外投资，但出口企业存在"生产率悖论"。Wei 等

① Damijian J. , S. Polane, J. Prasnikar. Outward FDI and Productivity：Micro-evidence from Slovenia ［J］. World Economy, 2007, 30（1）：135-155.

② Ryuhei W. , N. Takashi. Productivity and FDI of Taiwan Firms：A Review from a Nonparametric Approach ［J］. RIETI Discussion Paper Series, 2012（12）：33.

（2014）实证发现了对于中国出口企业而言，越是生产率低的企业国际化路径反而越是倾向于由出口模式向 OFDI 转换。文中给出的解释是中国企业不具备所有权优势，其走出去的目的主要是获取战略性资产以提高生产率，意味着低生产率企业可以通过走出去提高自身生产率从而弥补自身的这种不足，因而低生产率的中国企业更有动机走出去。这种解释实质上类似于过去文献提出的 OFDI 效率寻求型动机（Dunning、Lundan，2008）。

二、关于 OFDI 影响企业生产率的文献综述

基于 Wei 等（2014）的研究可知，企业一旦跨越生产率门槛"走出去"后，希望可以获得战略性资产，不断培育自身竞争优势，因此，我们也需要关注企业对外直接投资后的生产率效应。如果企业"走出去"确实能够产生诸如技术学习等效应，那么必然为母国企业的生产率带来相应变化。如果说考察企业的生产率门槛是对外直接投资的条件，那么考察生产率变化便是企业对外直接投资后的结果。基于此，国内外学者也进行了一系列理论与实证研究。

（一）理论研究

经济学文献开始注意到企业开展对外直接投资与生产率之间的内生性问题，即开展对外直接投资的企业具有较高生产率，这既有可能是"自我选择"的结果，但也有可能是企业在"走出去"过程中受益从而带来生产率提升的结果，二者之间具有相互决定的关系。

现有理论研究表明，企业开展对外直接投资后可能会产生多种作用机制，从而促进企业生产率的提高：一是资源再配置效应的作用机制，即企业通过"走出去"将原本相对效率较低的生产环节配置到生产效率更高的国家或地区进行生产，从而使留于国内的资源"专业化"生产更为有效的生产环节和阶段（Bernard，2006；Crespo、Fontoura，2007），并最终表现为企业在母国的生产率更高的现象；二是规模经济效应的作用机制，即企业通过"走出去"在国外设立附属分支机构，可以产生工厂层面的规模经济和公司层面的规模经济，从而带来母国企业生产率的相应提高（Stevens et al.，1992；Desai et al.，2005；Herzer，2008）；三是中间投入品的作用机制，即 OFDI 企业往往能够通过其海外附属分支机构而获取生产过程中使用中间投入品的不同方法，不同的"因地制宜"的中间投入品使用方法能够对生产率水平提升具有促进作用（Barba et al.，2009；Cuyvers，2011）；四是学习和竞争效应，即"走出去"的企业可能面临着更为激烈的市场竞争，能够接触到更多的技术扩散和知识外

溢渠道（Desai 等，2005；Syverson，2010），从而促进企业技术进步和创新能力的提升，这必然带动母国企业生产率水平的提高；五是外包机会窗口效应的作用机制，即"走出去"的企业面临着与国际上其他企业更多合作的机会，包括承接技术和研发外包或者进行技术和研发发包，这两种形式的外包机会窗口效应最终都会作用于母国企业的生产率效应上（Chung et al.，2008；Herzer et al.，2008）。显然，上述五种作用机制均对母国企业生产率提升具有积极的促进作用。

（二）实证研究

在上述研究理论的影响下，学者们逐渐开始从实证的角度研究企业开展对外直接投资后的生产率效应，并形成了一些研究成果。尽管理论层面的研究揭示了对外直接投资对企业生产率产生积极影响的各种作用机制，但是实证层面的研究尚未得到一致结论。

囿于企业微观层面数据企业的可获得性，早期文献都是从宏观层面来考察外向 FDI 对母国生产率进步的影响。严格来讲，这属于外向 FDI 的"逆向技术溢出"范畴。Kogut 和 Chang（1991）研究了日本对美国的直接投资问题，发现日本对美国的直接投资主要集中在技术研发密集型行业，并由此提出了逆向技术溢出的假设。从欧美等发达国家的研究经验来看，多位学者均发现外向 FDI 的逆向技术溢出效应显著存在（Head et al.，1999；Branstetter，2000；Potterie、Lichtenberg，2001；Braconier，2001；Driffield、Love，2003）。Pradham 和 Singh（2009）采用印度汽车行业数据研究发现印度汽车企业 OFDI 使其母公司能够获得国外技术和市场信息，引致研发密集度提高。Navaretti 等（2010）使用意大利跨国公司的数据，发现 OFDI 提高了意大利企业国内的生产率。Chen 和 Yang（2013）使用中国台湾地区制造业的面板数据，发现中国台湾制造业企业的 OFDI 与其地区内的研发支出显著相关，且在研发密集型行业中尤为明显。金明玉等（2009）通过定量分析发现韩国对外直接投资促进该国产业结构优化升级。

赵伟等（2006）、王英等（2008）、常玉春（2011）、叶娇等（2016）等学者研究发现 OFDI 对我国技术进步存在正向影响。张海波等（2012）研究分析新兴经济体各国 OFDI 逆向技术溢出效应，发现东亚新兴经济体各国 OFDI 逆向技术溢出效应存在显著差异。衣长军等（2015）运用新兴经济体中国的省际面板数据和非线性门槛模型实证表明 OFDI 逆向技术溢出效应可促进母国技术进步，且存在地区差异。李梅和柳士昌（2012）、沙文兵（2012）、陈菲琼等（2013）等同样证实 OFDI 企业绩效的经济效应存在地区差异。

随着研究的深入，学者逐渐从微观企业样本探讨对外直接投资对生产率的影响。Kleinert 和 Toubal（2007）、Kimura 和 Kiyota（2007）、Hijzen et al.（2007）、Imbriani（2011）①、Singla 和 George（2013）② 以及 Jeenanunta（2013）③ 分别利用不同国家跨国企业 OFDI 的数据进行实证检验，发现 OFDI 均不同程度地促进了企业生产率的提升。蒋冠宏和蒋殿春（2013，2014）、肖慧敏等（2014）、袁东等（2015）、刘晓丹（2017）利用中国企业数据得到了一致结论。从不同的研究视角出发，戴翔（2016）采用 PSM-DID 估计方法，实证研究了我国企业"走出去"开展对外直接投资的事后生产率效应。研究发现企业"走出去"开展对外直接投资对生产率提升的促进具有滞后作用，但作用不大；生产率提升的促进作用主要体现在民营企业上，国有企业事后生产率提升效应不明显；到发展中国家开展对外直接投资对生产率提升的促进作用要优于到发达国家 OFDI。杨德彬（2016）研究表明跨国并购显著提升工业企业生产率，而且这种提升作用随着时间的推移越来越明显；企业自身的吸收能力对其并购后的生产率效应有很大影响，吸收能力较强的企业其跨国并购的生产率效应也较强。张仁骞等（2016）构建了本土企业、出口企业和对外直接投资企业三类不同企业的生产率分布函数关系模型，将"学习效应"参数和"自选择效应"参数引入模型之中，研究结果表明，整体而言，中国制造业存在显著的"学习效应"，但是"自选择效应"不明确。在"学习效应"中，较高生产率的企业获得较多的"学习效应"，生产率提升较大。张海波（2017）从投资广度和投资深度视角研究 ODI 对我国制造业跨国企业生产率的影响效果，研究结果表明：总体来说，我国制造业跨国企业 ODI 投资区域越广泛，对企业生产率的提升效果越明显，增加 ODI 投资深度对企业生产率无显著影响。

与上述实证研究文献所得结论相异，Hijzen 等（2007）研究指出对外直接

---

① Imbriani, Pittiglio, Reganati, Outward Foreign Direct Investment and Domestic Performance: The Italian Manufacturing and ServicesSectors ［J］. Atl Econ, 2011（39）: 369-381.

② Singlaand Georg, Internationalization and Performance: A Contextual Analysis of Indian Firms ［J］. Journal of Business Research, 2013（66）: 2500-2506.

③ Jeenanunta, Rittippant, Chongphaisal, Thumsamisorn. Knowledge Transfer of Outward Foreign Direct Investment By Thai Multinational Enterprises ［J］. Asian Journal of Technology Innovation, 2013.

投资并未促进母国企业全要素生产率的提高；Dhyne 等（2012）运用比利时数据进行实证研究表明，制造业企业开展对外直接投资后，不仅没有带来生产率的相应提升，反而对生产率产生了负向影响效应，并导致企业创造附加值的能力下降。不论上述实证研究所得结论的差异性是由于样本选择的不同还是由于研究方法的不同所致，但至少在经验层面上关于企业开展对外直接投资的事后生产率效应问题，尚未形成统一的共识。

第五节　研究现状评述

通过对已有文献的回顾，可知对外直接投资区位选择这一领域已经积累了大量的研究成果。上述文献构成了本书的文献基础。一方面，在理论上，为本书模型的构建提供了基准框架与设定依据。另一方面，在经验上，为本书投资便利化测度体系的构建和测度提供方法借鉴。目前，投资便利化对中国对外直接投资的影响研究逐渐增多，留下了很大的研究空间。

首先，目前学术界尚未形成关于投资便利化的统一公认的定义。西方学者的定义基本上是基于贸易便利化的定义衍变产生。另外，中国学者对投资便利化的研究较少，理论研究不够深入，对投资便利化定义的把握不够精准，导致研究具有局限性。

其次，学者从不同的东道国因素出发研究跨国公司 OFDI 的区位选择，囊括了东道国禀赋要素、市场规模、法律政策稳定性、科学技术发展水平、基础设施水平、税负水平、资金充足程度、投资者保护、政治风险等各个方面，但目前尚未形成一致结论。同时，学界对区位问题的研究分析其出发点依然是考察东道国条件中单个因素，忽略了投资便利化这一整合因素对投资区位决策的影响，理论上和经验分析上缺乏细致的研究，这将构成本书研究的一大内容。

再次，国内关于中国对外直接投资区位选择的研究多是基于宏观（国家）层面或是中观（产业）层面的分析，微观视角的系统深入研究较少，尤其缺乏微观异质性如何影响企业 OFDI 区位选择的研究。为了简化模型，这些研究大多假设企业是同质的，关注于国家层面的宏观异质性如何内生的影响企业的行为，缺乏对中国企业对外投资的行为的微观研究。因此，本书从宏观和微观两个视角出发，考察异质性企业因素在投资便利化条件下区位选择的调节作用，即投资便利化与生产率如何共同影响企业对外投资区位选择。

最后，投资便利化条件下特定区位投资产生的生产率效应研究较少。已有文献主要考察对外直接投资的企业生产率效应，东道国投资便利化水平在其中的作用往往被忽略。因此，这构成了本书研究的又一重要内容。

本书的研究具有重要的现实意义，投资便利化主要通过政府行为的改善便利投资者的投资活动，国家间竞争性较小且成本较低，属于"容易采摘的低处果实"。对于中国而言，东道国东道国投资便利化对中国对外直接投资的影响对于构建开放型视角经济体系与深入开展实施中国"走出去"战略的重要性是十分显著的，因此，关于这些问题的深入分析有利于充分了解参与全球化的优势与劣势所在，制定最优的对外直接投资策略和目标。

第三章 投资便利化、企业生产率与 OFDI 区位选择的机理分析

本章的机理分析分为两个部分，第一部分的机理刻画了投资便利化、企业生产率对中国企业投资区位选择的影响，第二部分为投资便利化环境下区位选择对中国 OFDI 企业生产率的影响机理。

第一节 投资便利化、企业生产率对区位选择的影响机理分析

本节主要刻画投资便利化对企业对外直接投资区位选择的影响机理。主要分为三个部分：第一部分以 Dixit-Stiglitz 模型为基础，分析东道国投资便利化对区位选择的影响；第二部分在新新贸易理论的经典假设中，基于 Chen 和 Moore（2010）的模型探讨了异质性企业 OFDI 的区位选择；第三部分在第一、第二部分的分析基础上，将投资便利化这一因素纳入考量，进一步分析投资便利化条件下企业投资区位选择的影响机理。

一、投资便利化对区位选择的影响机理

模型假定一个国家分为本地和外地两个地区，这两个地区具有相同的偏好和技术，都使用劳动（L）和资本（K）两种生产要素，生产并消费 A 和 B 两种产品。其中 A 产品是完全竞争条件下仅使用劳动力生产的同质产品，由本地企业生产。在完全竞争市场和规模报酬不变的假设下，单位劳动可以生产 1 单位 A 产品，单位劳动的工资为 1。B 产品是垄断竞争条件下一系列差异化产品，且遵循规模报酬递增的假设，本地企业和外地企业都可以生产。假设消费者同时消费 A 产品和 B 产品，效用函数为柯布—道格拉斯形式，消费者消费 B 产品的效用函数为 CES 形式，则：

$$U = C_A^\mu C_A^{1-\mu} \tag{3-1}$$

$$C_B = \left[\sum_{i=1}^{n} C_{B_i}^{\frac{\sigma-1}{\sigma}} + \sum_{j=1}^{m} C_{B_j}^{\frac{\sigma-1}{\sigma}} \right]^{\frac{\sigma}{1-\sigma}}, \quad (\mu > 0, \ \sigma > 1) \tag{3-2}$$

C_{B_i} 表示消费者对本地的外地企业生产的 B 产品组合中的 i 产品的消费量，C_{B_j} 表示消费者对外地的外地企业生产的 B 产品组合中的 j 产品的消费量，n 表示本地的外地企业生产的 B 产品的产品种类，m 表示外地的外地企业生产的 B 产品的产品种类，σ 表示 B 产品组合内部产品之间的替代弹性。消费者为了实现效用最大化，首先对 A 产品和 B 产品进行消费组合的决策，假设其预算约束为 I，

则：

$$\max U = C_A^{\mu} C_B^{1-\mu}, \ s.t. \ C_A + P C_B = I \tag{3-3}$$

根据效用最大化的一阶条件可以求出 A 产品和 B 产品的间接需求函数：

$$C_A = (1 - \mu)I, \ C_B = \frac{\mu}{P}I \tag{3-4}$$

消费者消费 B 产品时遵循支出最小化的原则，其预算约束为：

$$\sum_{i=1}^{n} p(i)c(i) = \mu I \tag{3-5}$$

为了对效用最大化进行求解，构建拉格朗日方程：

$$L = \left[\sum_{i=1}^{n} C_{B_i}^{\frac{\sigma-1}{\sigma}} + \sum_{j=1}^{m} C_{B_j}^{\frac{\sigma-1}{\sigma}} \right]^{\frac{\sigma}{1-\sigma}} + \lambda \left[\sum_{i=1}^{n} p(i)c(i) - \mu I \right] \tag{3-6}$$

由 (3-6) 式可以求出产品组合中每一种产品的需求量：

$$C_{B_i} = \mu I \times \frac{p_i^{-\sigma}}{P^{1-\sigma}}, \ C_{B_j} = \mu I \times \frac{\left[f^*(T)p_j^* \right]^{-\sigma}}{P^{1-\sigma}} \tag{3-7}$$

其中，p_i 和 p_j^* 分别表示本地和外地的外地企业产品的价格，因 B 产品的运输存在"冰山成本"，"冰山成本"的大小与生产地和消费地之间的距离有关，假设 B 产品的出厂价为 p，本地的外地企业生产的产品运输到外地的运输成本系数为 $f(T)$，外地的外地产品运输到本地的运输成本系数为 $f^*(T)$，则：

$$p_i^* = p_i f(T) \tag{3-8}$$

定义本地的价格指数为如下形式：

$$P = \left[n p_i^{1-\sigma} + m \left(f^*(T)^* p_j \right)^{1-\sigma} \right]^{\frac{1}{1-\sigma}} \tag{3-9}$$

消费者对 B 产品的总需求 D 可以表述为：

$$D = \mu I \frac{p_i^{-\sigma}}{P^{1-\sigma}} + \mu I \frac{\left[p_j f(T) \right]^{-\sigma}}{P^{1-\sigma}} \tag{3-10}$$

当地政府对 B 产品征收的税收为 t，东道国投资便利化水平 Z 较高时能降

低生产成本，则 B 产品的成本函数可以表述为：

$$Z = r + (t^\theta w^{1-\theta} e^{-Z}) C_B \tag{3-11}$$

容易求出边际成本函数形式为：

$$MZ = t^\theta w^{1-\theta} e^{-Z}(0 < \theta < 1) \tag{3-12}$$

在垄断竞争条件下，厂商为了实现利润最大化其产品的定价原则为：

$$p_i = \frac{\sigma}{1-\sigma} t^\theta w^{1-\theta} e^{-Z} \tag{3-13}$$

假设企业根据利润最大化原则对投资区位进行选择，B 产品使用成本加成定价法，企业投资的利润函数可以表述为：

$$
\begin{aligned}
\pi &= pQ - C = PQ/\sigma \\
&= \frac{\sigma}{1-\sigma} t^\theta w^{1-\theta} e^{-H} \left\{ \mu I \frac{p_i^{-\sigma}}{P^{1-\sigma}} + \mu I \frac{[p_i f(T)]^{-\sigma}}{P^{1-\sigma}} \right\}/\sigma \\
&= \left[\frac{\sigma}{1-\sigma}\right]^{-\sigma} [\mu I t^\theta w^{1-\theta} e^{-Z}]^{1-\sigma} [1 + f(T)^{-\sigma}]/P^{1-\sigma}(\sigma - 1) \tag{3-14}
\end{aligned}
$$

(3-14) 式对 GDP 求偏导可得：

$$\frac{\partial \pi}{\partial \mathrm{GDP}} = \left[\frac{\sigma}{\sigma-1}\right]^{-\sigma} \mu I [1 + f(T)^{-\sigma}] (t^\theta w^{1-\theta})^{1-\sigma} e^{-Z(1-\sigma)} \frac{H}{\mathrm{GDP}} (1-\sigma)/P^{1-\sigma}(\sigma - 1) \tag{3-15}$$

易知：

$$\frac{\partial \pi}{\partial \mathrm{GDP}} > 0 \tag{3-16}$$

(3-16) 式表明投资者的利润和投资东道国经济发展状况呈正相关关系，投资地区的经济规模越大投资者越可能获得利润。

同理可得出以下表达式：

$$\frac{\partial \pi}{\partial H} = \left[\frac{\sigma}{\sigma-1}\right]^{-\theta} [\mu I t^\theta w^{1-\theta} e^{-Z}]^{1-\sigma} [1 + f(T)^{-\sigma}]/P^{1-\sigma} > 0 \tag{3-17}$$

(3-17) 式表明企业利润和投资东道国的投资便利化水平呈正相关关系，较高的投资便利化水平能降低投资者在东道国的交易成本，提高利润。

(3-14) 式对工资 W 求偏导可得：

$$\frac{\partial \pi}{\partial \omega} = (1-\theta)(1-\sigma)\left[\frac{\sigma}{\sigma-1}\right]^{-\sigma} [\mu I t^\theta e^{-z}]^{1-\sigma} [1 + f(T)^{-\sigma}] w^{(1-\theta)(1-\sigma)-1}/P^{-\sigma}(\sigma - 1) \tag{3-18}$$

$$\frac{\partial \pi}{\partial \omega} < 0 \tag{3-19}$$

由（3-19）式可知，企业利润和投资东道国的工资水平呈负相关关系，即较低的工资水平有利于降低生产成本提高利润。

（3-14）式对运输成本 $f(T)$ 求偏导可得：

$$\frac{\partial \pi}{\partial f(T)} = -\sigma \left[\frac{\sigma}{\sigma-1}\right]^{-\sigma} [\mu I t^{\theta} w^{1-\sigma} e^{-z}]^{1-\sigma} f(T)^{-\sigma-1} / P^{1-\sigma}(\sigma-1) \quad (3-20)$$

由式（3-20）可知：

$$\frac{\partial \pi}{\partial f(T)} < 0 \quad (3-21)$$

（3-21）式表明外商投资者的利润和跨区域的运输成本呈负相关关系，即在其他条件相同时，外商更倾向于选择运输成本较低的地区进行投资，地区交通网络的发达程度是运输成本的重要决定因素，因此一个地区的交通运输等基础设施越完善越能吸引外资。

因此，根据以上分析提出假设。

假设1：东道国投资便利化水平对对外直接投资区位选择具有正向影响。投资便利化作为东道国为外国资本所提供的条件和服务，包含了制度质量、金融服务效率、营商环境、基础设施质量等方面的内容。

假设1a：东道国制度质量对对外直接投资区位选择具有正向影响。如果一国政治稳定、政府治理水平高，则会降低外国资本的交易成本。制度因素很大程度上影响企业优势的发挥进而影响企业的投资区位选择。

假设1b：东道国基础设施质量对对外直接投资区位选择具有正向影响。一国交通和通信的发展水平，不仅会影响企业的运输成本、信息沟通成本、时间成本等，还会制约企业在一国区域内贸易投资活动基础设施质量较高，利于生产活动的顺利进行及企业利润的增加。

假设1c：东道国金融服务效率对对外直接投资区位选择具有正向影响。东道国良好的融资环境，较高的金融发展水平有利于企业根据需求利用外部和内部资本市场来最小化投资成本，吸引企业选择在当地融资，弥补母国融资的不足，增加对外直接投资的可行性。

假设1d：东道国营商环境对对外直接投资区位选择具有正向影响。外资企业的设立和经营要面临烦琐的手续，时间和手续耗费较多，缺乏投资促进机构的服务和支持均会加重企业的经营负担。

假设1e：东道国技术创新效率对外直接投资区位选择具有正效应。作为新兴国家的企业其技术禀赋寻求的动机较大，部分企业通过对技术创新能力较强的国家进行投资，获取东道国先进的技术及专利，最终产生逆向技术溢出效应。

假设 2：东道国经济发展状况对区位选择具有正向影响。

假设 3：东道国工资水平对区位选择具有负向影响。由于目前中国转移到其他发展中国家的产业主要是劳动密集型制造业，那么东道国低廉的劳动力价格是主要寻求的区位优势。

二、企业异质性理论框架下区位选择机理

（一）基本模型设定

由上文可知，在新新贸易理论发展之前，对对外直接投资区位选择的影响因素研究主要是宏观层面的。随着企业异质性理论的发展，对区位选择的研究开始关注到异质性企业作为投资主体在国际市场上的自我选择行为。因此，该部分主要刻画企业异质性理论框架下投资区位选择的机理，主要基于 Helpman 等（2004）、Yeaple（2009）的基本模型，以及 Chen 和 Moore（2010）对模型所做的扩展来探讨异质性企业 OFDI 的区位选择。

模型假设世界包含两个部门和 $N+1$ 个国家。一个部门生产同质性产品，视为记账单位（numeraire），另一个部门生产差异性产品。$N+1$ 个国家中包含一个母国（用国家 0 表示），和 N 个东道国（用 $j=1, \cdots, N$ 表示）。给定效应函数为 CES 形式：

$$U = (\int_{\omega \in \Omega} x(\omega)^{\alpha} d\omega)^{\frac{1}{\alpha}} \quad \text{s. t.} \quad p_i(\omega) x_i(\omega) = E \qquad (3-22)$$

其中，$x(\omega)$ 表示产品 ω 消费的数量，Ω 是所有产品的集合。任意两种产品之间都是可替代的，即 $0 < \alpha < 1$。通过（3-22）式中的效用函数和消费约束方程，得到企业 i 在国家 j 的需求函数为：

$$x_{ij}(\omega) = \frac{E_j}{P_j} \left(\frac{p_{ij}(\omega)}{P_j} \right)^{-\varepsilon} \qquad (3-23)$$

其中，$x_{ij}(\omega)$ 是 i 企业在国家 j 的产品销售量，E_j 是国家 j 的国民支出，P_j 是 j 国家的价格指数，p_{ij} 是 i 企业在国家 j 销售产品 ω 的价格，$\varepsilon \equiv 1/(1-\alpha) > 1$ 是差异化产品间的需求弹性。令 $A_j = E_j(a_{ij} p_j^{1-\varepsilon})$，（2-22）式简化为：

$$x_{ij}(\omega) = a_{ij} A_j p_{ij}(\omega)^{-\varepsilon} \qquad (3-24)$$

首先，我们关注国家 0 的企业。如果国家 0 的 i 企业选择在国内生产并出售，则会产生可变生产成本 c_0/θ 和固定生产成本 f_0^D。此时，其利润函数为：

$$\pi_{i0}^{D} = a_{i0} B_0 \left(\frac{c_0}{\theta_i} \right) - f_0^{D} \tag{3-25}$$

其中，$B_0 = (1 - \alpha) \alpha^{\varepsilon-1} A_0$。

其次，面对海外市场，企业会对其国际化行为进行权衡，选择出口或者进行对外直接投资。如果 i 企业选择把产品从国家 0 出口到国家 j，则每单位产品会产生冰山成本 $\tau_{ij} > 1$，以及额外的固定成本 f_j^{X}。冰山成本反映运输成本和国家 j 对企业 i 征收的关税等，固定成本包括在国家 j 进行配送与销售的网络成本等。此时，企业 i 的出口利润函数为：

$$\pi_{ij}^{X} = a_{ij} B_j \left(\frac{c_0 \tau_{ij}}{\theta_i} \right)^{(1-\varepsilon)} - f_j^{X} \tag{3-26}$$

其中，$B_j \equiv (1 - \alpha) \alpha^{(1-\varepsilon)} A_j$。

如果企业 i 选择在国家 j 当地生产，则企业需要支付在国家 j 开设子公司的固定成本 f_j^{I}，这包括了在当地新建子公司的成本以及建立销售网络、进行市场宣传等成本，因此 $f_j^{I} > f_j^{X}$。此时，企业 i 通过投资东道国所得利润函数为：

$$\pi_{ij}^{I} = a_{ij} B_j \left(\frac{c_j}{\theta_j} \right)^{1-\varepsilon} - f_j^{I} \tag{3-27}$$

遵循 Helpman 等（2004）的研究，我们假设对所在的东道国 j 有：

$$f_0^{D} < (\tau_{ij})^{\varepsilon-1} f_j^{X} < \left(\frac{c_j}{c_0} \right) f_j^{I} \tag{3-28}$$

显然，只有当 $\pi_{ij}^{I} > \pi_{ij}^{X}$ 时，企业才会以对外直接投资的方式服务国际市场。通过（3-26）式、（3-27）式两式，如果企业以在东道国直接投资的方式进行区位选择，则在给定任何 a_{ij} 的情况下，生产率水平应当满足：

$$\theta_i > \theta_j^{I} \equiv \left[\frac{f_j^{I} - f_j^{X}}{a B_j (c_j^{1-\varepsilon} - (c_0 \tau_{ij})^{1-\varepsilon})} \right]^{\frac{1}{\varepsilon-1}} \tag{3-29}$$

（二）东道国生产率阈值与东道国特征

给定需求参数 a_{ij} 的分布函数为 $H(a)$，结合（2-29）式，得到：

$$\theta_j^{c} = \left[\frac{f_j^{I} - f_j^{X}}{B_j (c_j^{1-\varepsilon} - (c_0 \tau_{ij})^{1-\varepsilon})} \right]^{\frac{1}{\varepsilon-1}} \mu_1 \tag{3-30}$$

其中，$\mu_1 \equiv \int_0^{\infty} a^{-1/(\varepsilon-1)} \mathrm{d}H(a)$。

对（3-30）式取对数得：

$$\ln\theta_j^c = \frac{1}{\varepsilon - 1}\left[-\ln B_j - \ln(c_j^{1-\varepsilon} - (c_0\tau_{ij})^{1-\varepsilon}) + \ln(f_j^I - f_j^X)\right] + \ln\mu_1 \quad (3\text{-}31)$$

由（3-31）式可知，东道国生产率阈值（cut-off produc-tivity）是"东道国吸引力"的减函数。市场需求（B_j）越低、生产成本（可变成本 c_j 和固定成本 f_j^I）越高或者贸易成本（τ_{ij}）越低的东道国，生产率阈值越高。

（三）异质性企业的区位选择

考虑企业 i 对外直接投资的区位选择 y_{ij}。y_{ij} 取值为 i 表示企业在国家 j 进行了对外直接投资，0 表示没有。根据上文有：

$$y_{ij} = \begin{cases} 1 \text{ if } \pi_{ij}^I > \pi_{ij}^X \\ 0 \text{ if } \pi_{ij}^I \leqslant \pi_{ij}^X \end{cases} \quad (3\text{-}32)$$

因此，$y_{ij} = 1$ 的概率方程为：

$$pr(y_{ij} = 1) = pr\left\{\theta_i > \theta_j^I \equiv \left[\frac{f_j^I - f_j^X}{a_i B_j(c_j^{1-\varepsilon} - (c_0\tau_{ij})^{1-\varepsilon})}\right]^{\frac{1}{\varepsilon-1}}\right\} \quad (3\text{-}33)$$

（3-34）式直观地给出了企业生产率与东道国生产率阈值之间的关系，并由此建立了企业生产率与东道国特定因素的关系。企业生产率 i 的提高，或者东道国 j 生产率阈值的降低（无论来自市场需求（B_j）的提高、生产成本（可变成本 c_j 和固定成本 f_j）的下降还是贸易成本（τ_{ij}）的提高），都将提高企业 i 对国家 j 进行对外直接投资的概率。

假设 4：企业生产率的提高或东道国生产率阈值的降低对企业对外直接投资的概率产生正向影响。

三、投资便利化、企业生产率对区位选择的影响机理

可以看到，当我们仅考虑宏观层面对投资区位的影响时，借鉴 Dixit-Stiglitz 模型进行分析，将东道国投资便利化水平减少交易成本这一因素纳入模型，描述投资便利化对投资区位的影响作用。随着新新贸易理论的发展，企业微观层面生产率差异作为一个全新视角成为研究重点。因此，上一部分基于 Helpman 等（2004）的基本模型，Yeaple（2009）以及 Chen 和 Moore（2010）对模型所做的扩展来描述不同生产率水平的企业是如何自我选择到不同东道国的。

当我们在考虑宏观层面的投资便利化对投资区位选择时，将异质性企业本身作为 OFDI 的主体在国际市场上的自我选择行为纳入考量，那么在投资区位

选择时，除企业自身因素外，决定企业对外直接投资所面临的投资者保护、投资争端解决、制度质量、融资成本、营商环境等更多不确定因素，需要企业根据投资便利化程度适时调整决策。因此我们借鉴张亚斌（2016）对投资便利化的设定，构建投资便利化、企业生产率影响区位选择的模型。

假定企业生产产品每种属性需要对应一种特定的经济环境 S_j，$j \in \{1, 2, \cdots, m\}$，企业的最优决策是在经济环境为 S_j 时进行生产。有限理性和不确定性会使事前签订的契约不完全，因此在经济环境发生变化时，对外直接投资的契约将面临投资决策风险。

假定每种经济环境发生的概率为 $1 - \nu$，$0 < \nu < 1$。事前和事后状态一致的概率为 ν^m，表示企业面临的风险概率为 $1 - \nu^m$。为了尽可能履约，企业对生产要素短期调整将耗费一定成本 $S(\gamma)q$。其中，γ 表示一国投资便利化水平，那么一国投资便利化水平越高，则企业耗费在投资争端解决、基础设施、融资等各方面的成本越低，企业能够通过快速调整要素投入达到最优状态并尽可能降低调整成本（Moreno，2002；Shirley，2004）。因此，$S(\varphi)$ 是一国投资便利化水平的减函数，即 $S'(\varphi) < 0$。

根据预期收益最大化原则，企业对外直接投资目标函数为：

$$\mathrm{E}(\pi_e(x)) = \nu^m \left[p_1(x)q_1(x) - \frac{\rho q_1(x)}{x} \right] + (1 - \nu^m)$$

$$\left[p_2(x)q_2(x) - S(\gamma)\frac{\rho q_2(x)}{x} \right] - f_e \qquad (3\text{-}34)$$

其中，x 为每单位投入可获得 x 单位产出，即表示企业生产率；ρ 为跨国投资所需要的谈判成本，$p_i(x)$ 和 $q_i(x)$ 分别表示企业在第 i 期每个项目平均对外直接投资额和投资项目数量，$i = 1, 2$；f_e 表示对外直接投资企业进入国际市场时所承担的如东道国市场营销、公共品提供等沉没成本。

对（3-34）式一阶求导，可知企业预期投资的项目数为：

$$\mathrm{E}[q_e(x)] = [\nu^m + (1 - \nu^m)S(\gamma)^{-\sigma}]q(x) \qquad (3\text{-}35)$$

那么，在东道国投资便利化水平极高的情形下，企业对外投资数目为：

$$q(x) = \mu L^* \left[\frac{\sigma}{\sigma - 1} \frac{\rho}{x\rho^*} \right]^{-\sigma} \qquad (3\text{-}36)$$

其中，$*$ 表示与东道国市场相关的变量，μ 表示消费者异质性产品支出比重，σ 表示替代弹性，对（3-35）式求二阶偏导可得：

$$\frac{\partial \mathrm{E}(q_e(x))}{\partial \gamma} > 0 \qquad (3\text{-}37)$$

$$\frac{\partial^2 \mathrm{E}(q_e(x))}{\partial \gamma \partial_m} > 0 \tag{3-38}$$

从（3-37）式、（3-38）式可知，当一国投资便利化水平越高，企业对其投资的越多。

将企业预期投资项目数代入预期收益函数，经整理可得：

$$\mathrm{E}(\pi_e(x)) = \lambda \frac{r_e(x)}{\sigma} - f_e \tag{3-39}$$

$$r_e(x) = \mu L^* \left[\frac{\sigma}{\sigma - 1} \frac{\rho}{x p^*} \right]^{1-\sigma} \tag{3-40}$$

$$\lambda = [\nu^m + (1 - \nu^m)\phi] \tag{3-41}$$

$$\phi = S(\gamma)^{1-\sigma} \tag{3-42}$$

由于 $S'(\phi) < 0$，因此 ϕ 与投资便利化 γ 为正相关关系。L^* 与 P^* 分别表示东道国市场规模和价格指数。由于企业进入国际市场的劳动生产率必然存在临界点 x_e，使得 $\mathrm{E}(\pi_e(x_e)) = 0$，企业生产率只有高于 x_e 时才会选择对外投资，因此可得：

$$\nu = x_e^{\sigma-1} = \frac{\sigma}{\sigma^*}(f_e + \frac{1}{\lambda}) = \frac{\sigma}{\sigma^*}\left[f_e + \frac{1}{\nu^m + (1 - \nu^m)\gamma} \right] \tag{3-43}$$

对（3-44）式求偏导可得：

$$\frac{\partial \nu}{\partial \phi} < 0 \tag{3-44}$$

（3-44）式表明，改善基础设施、进入服务效率、制度质量、营商环境等投资便利化水平的提升，能够通过降低企业对外投资门槛，促进企业对外直接投资水平。

假设 5：在投资便利化条件下，企业生产率对对外直接投资具有正向调节作用。一国投资便利化水平越高，则降低东道国生产率阈值，企业越倾向于选择该国进行投资。

第二节　本章小结

本章刻画了投资便利化、企业生产率对中国企业对外直接投资区位选择的影响机理，另外，考虑到企业在特定区位进行直接投资的事后效应，分析了投资便利化条件下区位选择影响企业生产率的机理。

在新新贸易理论的经典假设中，基于 Chen 和 Moore（2010）的模型探讨了异质性企业 OFDI 的区位选择。机理分析表明，企业生产率越高，或东道国生产率阈值越低，则企业对该国的投资概率越高，对区位决策产生显著影响。并在此分析基础上，将投资便利化这一因素纳入考量，进一步分析投资便利化条件下企业投资区位选择的影响机理。投资便利化作为东道国为外国资本所提供的条件和服务，包含了制度质量、金融服务效率、营商环境、基础设施质量等方面的内容，均会对交易成本产生影响，进而影响企业投资的决策。研究表明，投资便利化条件下，生产率对投资区位的选择具有调节作用。

总体而言，东道国投资便利化水平对我国 OFDI 企业投资区位选择及事后效益均会产生正向影响。因此，进一步构建开放型的世界经济，坚持"走出去"发展战略的同时，需密切关注各国投资环境、投资促进政策、交通通信设施质量、金融支持手段等方面的问题，选择合适的地区进行投资，有利于开拓市场潜力，通过构建自由竞争环境提升本国技术创新效率，促进本国产业结构转型升级。

第四章　东道国投资便利化测度及分析

随着中国"走出去"战略及"一带一路"倡议的深入开展，中国企业积极对外直接投资成为实现经济增长的新路径。为准确客观地反映东道国投资经营便利化的实际状况，特别是跨国企业对外直接投资时遇到的行业市场准入、金融质量、制度限制等方面的问题和障碍，为我国企业"走出去"提供指导性政策建议，本章首先构建东道国投资便利化测度体系，然后采用2008—2016年126个国家（地区）的宏观数据，采用主成分分析法计算东道国投资便利化综合得分及四个分指标得分，最后结合各投资得分值横向分析比较各国投资便利化水平。

第一节　投资便利化指标体系的构建

一、指标体系构建

有效的投资便利化是成功吸引外资的关键因素之一（田丰，2018）。因此，近年来全球范围内，特别是发展中国家对投资便利化的关注大幅增加，诸多国际组织纷纷出台投资便利化国际合作纲要或行动指南，致力于营造更加公平、透明、便利的外商投资环境，推动形成利用外资的新亮点和新引擎。

国内外学者也针对投资便利化的测度进行了一系列的研究。目前，对投资便利化的测度首先表现为对贸易便利化的测度。世界银行首席经济学家 John S. Wilson、Catherine L. Mann、Tsunehiro Otsuki（2003）曾在分析亚太地区贸易便利化与贸易流通关系时提出一种贸易便利化测评体系，基于国别数据涉及港口效率、海关环境、规制环境和电子商务四大一级指标来测度贸易便利化程度①。随后很多学者基于 Wilson 的研究范式对投资便利化问题展开探讨。黄

---

① Wilson J. S., Mann L., Otsuki T. Trade Facilitation and Economic Development：A New Approach to Quantifying the Impact［J］. The World Bank Economic Review, 2003（3）：369-387.

光灿、王珏（2016）将投资便利化评价指标体系分为投资硬环境和投资软环境两大类，其中投资硬环境包括基础设施这一指标，投资软环境包括金融环境、规制环境及科教环境三个一级指标。张亚斌（2016）构建了基础设施质量、商业投资环境、信息技术应用、金融服务效率、制度供给质量等五个一级指标和 24 个二级指标的投资便利化测评体系。乔敏健（2017）构建了包括基础设施、营商环境状况、制度环境和金融服务等 4 个一级指标和 21 个二级指标的投资便利化测评体系，另外 Peter J. Buckley（2007）、李星明和吴国蔚（2007）、徐莉（2012）、黎柯（2014）、王丛丛（2015）、林芝（2010）、张建平和樊子嫣（2016）、梁莹莹（2014）、朱明侠等（2019）等国内外学者对投资便利化指标构建提供了经验。

　　因此，本书结合上述组织或机构及相关文献，基于基础设施质量、制度供给质量、金融服务效率、商业投资环境、创新技术利用五大方面系统构建了投资便利化测度体系，并将指标体系细化为 25 个二级指标，基本涵盖了企业跨国投资周期所有阶段中投资便利化涉及的全部内容，使其测度更具系统性和科学性。具体各指标见表 4-1。

表 4-1　　　　　　　　　　　投资便利化指标体系构建

投资便利化分指标	基础指标	数值范围	数据来源	指标属性
制度供给质量 R	腐败控制 R_1	$-0.25 \sim 0.25$	WGI	正指标
	政府效率 R_2	$-0.25 \sim 0.25$	WGI	正指标
	政策稳定 R_3	$-0.25 \sim 0.25$	WGI	正指标
	治理水平 R_4	$-0.25 \sim 0.25$	WGI	正指标
	法治水平 R_5	$-0.25 \sim 0.25$	WGI	正指标
	民主问责 R_6	$-0.25 \sim 0.25$	WGI	正指标
基础设施质量 Q	公路基础设施质量 Q_1	$1 \sim 7$	GCR	正指标
	铁路基础设施质量 Q_2	$1 \sim 7$	GCR	正指标
	港口基础设施质量 Q_3	$1 \sim 7$	GCR	正指标
	航空基础设施质量 Q_4	$1 \sim 7$	GCR	正指标
	电力基础设施质量 Q_5	$1 \sim 7$	GCR	正指标
	移动电话线路 Q_6	$0 \sim 100$	GCR	正指标

续表

投资便利化分指标	基础指标	数值范围	数据来源	指标属性
金融服务效率 F	银行稳健性 F_1	1~7	GCR	正指标
	金融服务可供性 F_2	1~7	GCR	正指标
	资本市场的融资能力 F_3	1~7	GCR	正指标
	风险投资的可获得性 F_4	1~7	GCR	正指标
商业投资环境 B	投资创业所需审批程序 B_1	1~100	GCR	逆指标
	投资创业所需审批时间 B_2	1~200	GCR	逆指标
	市场开放度 B_3	1~7	GCR	正指标
	FDI 规制对企业投资的影响 B_4	1~7	GCR	正指标
	劳动市场效率 B_5	1~7	GCR	正指标
技术创新能力 T	最新技术可获得性 T_1	1~7	GCR	正指标
	FDI 与技术转化效率 T_2	1~7	GCR	正指标
	创新能力 T_3	1~7	GCR	正指标
	科研技术人员可用度 T_4	1~7	GCR	正指标

资料来源：根据文章内容自行整理。

二、数据来源与说明

1. 数据来源

囿于数据的可得性与完整性，本书的制度供给质量指标数据来源于世界银行发布的全球治理指标报告（World Governance Indicator，WGI），基础设施质量、金融发展水平、商业投资环境指标数据来源于全球竞争力报告（Global Competitiveness Report，GCR），选取了 2008—2016 年 126 个国家（地区）数据。

2. 数据说明

东道国制度供给质量：该指标用来衡量一国国内规章制度的透明度、稳定性、政府的管理能力等，反映了对外直接投资时国内制度环境。参考宗芳宇（2012）的方法，选取全球治理指标报告（World Governance Indicator，WGI）。

该指标从腐败控制、政府效率、政策稳定、治理水平、法制水平及民主责问责这六个方面衡量国家制度。每个指标数值在-2.5到2.5之间，数值越大表示相关指标越好。

东道国基础设施质量：该指标用来衡量一国海陆空等交通基础设施和交通运输服务的质量以及通信技术的可用性和质量。完善的基础设施使得产品和服务及时、安全地推向市场，同时也为劳动力获得最适宜的岗位提供便利。除此之外，经济运行也离不开电力供应，保持持续和足量的电力供应，企业和工厂的生产运营才不会被迫中断。同时，覆盖率广而又稳定的通信网络为信息的快速和自由流动提供了通道，帮助企业进行有效沟通和决定，提高信息利用率从而提高整体经济效率。参照张亚斌（2016）的方法，本书选取公路基础设施质量、铁路基础设施质量、港口基础设施质量、航空运输基础设施质量、电力基础设施质量、移动电话线路这六个二级指标衡量基础设施质量。指标数值范围为1~7，分数越高代表一国基础设施建设越完善，保证生产经营活动更高效。

东道国金融发展水平：该指标用来衡量金融市场管理的规范性、稳定性及融资的易得与否。上述指标在一定程度上有利于OFDI企业的跨境资本流动，利于投资的持续发展。参照张亚斌（2016）的方法，本书主要选取金融服务的可供性、资本市场的融资能力、风险投资的可获得性、银行稳健性这四个二级指标衡量东道国的金融发展水平。分数越高意味着企业OFDI时东道国金融环境优越度越高，越有利于投资便利化发展。

东道国商业投资环境：该指标用来衡量东道国市场机制的完善程度及管理环境质量。参照张亚斌（2016）的方法，选取投资创业所需的程序数、审批时间、市场开放度、FDI规则对企业投资的影响、劳动市场效率这五个二级指标衡量东道国的商业投资环境。其中投资创业所需的程序数、审批时间两项指标为逆指标，数值越大，则所需审批程序越复杂、耗时越多，越不利于投资便利化的发展。

东道国技术创新能力：该指标用来衡量东道国技术水平与科研创新能力。参照张亚斌（2016）的方法，选取最新技术可获得性、FDI与技术转化率、创新能力及科研技术人员可用度这五个指标衡量东道国技术与创新能力，指标数值范围为1~7，分值越高代表一国技术与创新能力越强，有助于企业产生逆向技术溢出效应。

第二节　投资便利化计量模型构建

一、主成分特征值的提取

关于投资便利化指标体系的构建，本书使用主成分分析方法。该方法在进行多指标综合评价时，能够将多指标中的信息集中为若干主成分，然后通过加权求和，得到综合评价指数。在进行主成分分析之前，为了消除基础指标由于量纲和取值范围不同带来的影响，对所有逆指标均采用倒数形式使其作用力与正指标趋同，对各个二级指标数据进行线性变换，即将数据的原始值除以该指标中的最大值，通过该变换，将所有二级指标标准化为 0~1 的数值，使指标之间具有可比性。为克服既往研究对指标权重赋值的主观性，避免传统方法中主成分过分偏重于方差或数量级较大指标的缺陷，并保留各指标在相对离散程度上的特性，本书使用 SPSS20.0 软件进行主成分分析，采用均值化后的协方差矩阵作为主成分分析的输入。使方差最大化旋转，最终得到主因子得分和每个主因子的方程贡献率。如果有多个主成分因子，我们根据主成分表达式，分别用每个主成分各指标的系数乘以相应贡献率，再除以所提取两个主成分的累积贡献率，然后相加求和得到综合评价模型。

首先以因子分析法提取主成分。对 2008—2016 年均提取四个主成分 $Comp_1$、$Comp_2$、$Comp_3$、$Comp_4$，其方差累计贡献达 70% 以上，这说明适合进行主成分分析。结果见表 4-2。在指标系数归一化处理后，将二级指标的权重相加可以得到与之对应的一级指标的权重，即制度质量水平（R）、基础设施质量（Q）、商业投资环境（B）和金融服务效率（F）的权重。

表4-2　　　　　　　　各指标主成分累积贡献率（单位:%）

	$Comp_1$	$Comp_2$	$Comp_3$	$Comp_4$	Cumulative[*]
2008 年	58.4	10.0	5.2	4.8	78.4
2009 年	53.0	14.0	6.2	5.3	78.6
2010 年	51.0	14.7	6.6	5.4	77.8
2011 年	53.3	10.0	6.0	5.7	75.0
2012 年	59.1	8.1	5.8	4.6	77.5

	Comp$_1$	Comp$_2$	Comp$_3$	Comp$_4$	Cumulative*
2013 年	58.8	8.8	5.9	4.2	77.7
2014 年	59.8	8.0	5.8	4.2	77.8
2015 年	59.8	8.0	5.8	4.2	77.8
2016 年	63.7	6.5	4.8	4.3	79.3

二、投资便利化水平指标模型

分别对制度供给质量、基础设施质量、商业投资环境、金融服务效率及技术创新能力的二级指标经过线性变换后的数据进行因子分析，通过提取主成分降低数据的维度，由此得到综合评价模型，记做模型（4-1）：

$$\mathrm{Comp} = R_1 * x_1 + R_2 * x_2 + R_3 * x_3 + R_4 * x_4 + R_5 * x_5 + R_6 * x_6 + Q_1 * y_1 + Q_2 * y_2 + Q_3 * y_3 + Q_4 * y_4 + Q_5 * y_5 + Q_6 * y_6 + B_1 * z_1 + B_2 * z_2 + B_3 * z_3 + B_4 * z_4 + B_5 * z_5 + F_1 * w_1 + F_2 * w_2 + F_3 * w_3 + F_4 * w_4 + T_1 * c_1 + T_2 * c_2 + T_3 * c_3 + T_4 * c_4$$

$$(4\text{-}1)$$

其中，每个二级指标所对应的系数由提取的主成分值乘以该系数对应的贡献率，再除以主成分特征值累积占总方差的比重，最后相加得到 2008—2016 年模型中各系数的构成如表 4-3 所示。

表 4-3　　　　　　　　　　二级指标系数

	2008 年	2009 年	2010 年	2011 年	2012 年	2013 年	2014 年	2015 年	2016 年
B_1	-0.35	-0.27	-0.21	-0.18	-0.22	-0.18	-0.19	-0.23	-0.24
B_2	-0.23	-0.20	-0.15	-0.14	-0.16	-0.14	-0.19	-0.25	-0.25
B_3	0.64	0.56	0.53	0.58	0.60	0.58	0.58	0.64	0.63
B_4	0.47	0.45	0.46	0.47	0.49	0.47	0.46	0.51	0.52
B_5	0.50	0.44	0.42	0.45	0.49	0.53	0.50	0.56	0.56
F_1	0.60	0.44	0.37	0.40	0.44	0.46	0.49	0.51	0.54
F_2	0.67	0.64	0.62	0.64	0.69	0.70	0.72	0.72	0.68

续表

	2008 年	2009 年	2010 年	2011 年	2012 年	2013 年	2014 年	2015 年	2016 年
F_3	0.55	0.48	0.47	0.51	0.54	0.56	0.60	0.64	0.63
F_4	0.68	0.60	0.58	0.60	0.62	0.61	0.61	0.65	0.65
Q_1	0.65	0.59	0.57	0.60	0.64	0.63	0.64	0.66	0.69
Q_2	0.46	0.51	0.49	0.53	0.42	0.40	0.38	0.50	0.47
Q_3	0.64	0.58	0.56	0.60	0.63	0.62	0.64	0.65	0.66
Q_4	0.66	0.61	0.59	0.62	0.66	0.66	0.68	0.70	0.72
Q_5	0.65	0.59	0.56	0.59	0.62	0.62	0.65	0.65	0.70
Q_6	0.56	0.44	0.41	0.39	0.45	0.42	0.42	0.35	0.38
T_1	0.72	0.66	0.64	0.68	0.72	0.70	0.71	0.74	0.77
T_2	0.57	0.53	0.51	0.54	0.55	0.54	0.54	0.62	0.66
T_3	0.62	0.54	0.55	0.60	0.62	0.65	0.65	0.69	0.69
T_4	0.53	0.51	0.49	0.50	0.48	0.48	0.51	0.61	0.62
R_1	0.66	0.40	0.39	0.41	0.69	0.68	0.70	0.74	0.77
R_2	0.47	0.41	0.39	0.64	0.70	0.68	0.71	0.74	0.76
R_3	0.47	0.41	0.39	0.46	0.69	0.68	0.70	0.74	0.77
R_4	0.47	0.41	0.39	0.64	0.70	0.68	0.71	0.74	0.72
R_5	0.67	0.40	0.39	0.41	0.69	0.68	0.70	0.74	0.77
R_6	0.47	0.41	0.39	0.42	0.69	0.68	0.70	0.74	0.77

将模型（4-1）中的各系数除以各对应的所有系数之和（即归一化处理），得到投资便利化测度指标体系模型，记做模型（4-2）：

$$Z = R_1' x_1 + R_2' x_2 + R_3' x_3 + R_4' x_4 + R_5' x_5 + R_6' x_6 + Q_1' y_1 + Q_2' y_2 + Q_3' y_3 + Q_4' y_4 + Q_5' y_5 + Q_6' y_6 +$$
$$B_1' z_1 + B_2' z_2 + B_3' z_3 + B_4' z_4 + B_5' z_5 + F_1' w_1 + F_2' w_2 + F_3' w_3 + F_4' w_4 + F_5' w_5 + T_1' * C_1 + T_2' *$$
$$C_2 + T_3' * C_3 + T_4' * C_4 \tag{4-2}$$

其中，Z 表示投资便利化综合值。另外，模型（4-2）中各指标系数如表 4-4 所示。

表 4-4 投资便利化综合值指标系数

	2008 年	2009 年	2010 年	2011 年	2012 年	2013 年	2014 年	2015 年	2016 年
B'_1	−0.0276	−0.0240	−0.0196	−0.0151	−0.0165	−0.0133	−0.0141	−0.0157	−0.0162
B'_2	−0.0183	−0.0183	−0.0142	−0.0113	−0.0120	−0.0101	−0.0139	−0.0173	−0.0174
B'_3	0.0501	0.0500	0.0494	0.0483	0.0444	0.0434	0.0428	0.0447	0.0430
B'_4	0.0369	0.0405	0.0422	0.0395	0.0366	0.0352	0.0335	0.0355	0.0353
B'_5	0.0391	0.0393	0.0388	0.0379	0.0368	0.0395	0.0363	0.0389	0.0383
F'_1	0.0466	0.0393	0.0339	0.0335	0.0329	0.0341	0.0359	0.0353	0.0369
F'_2	0.0520	0.0570	0.0571	0.0535	0.0514	0.0523	0.0530	0.0501	0.0468
F'_3	0.0427	0.0431	0.0437	0.0427	0.0400	0.0415	0.0439	0.0448	0.0434
F'_4	0.0534	0.0540	0.0542	0.0497	0.0458	0.0457	0.0450	0.0453	0.0448
Q'_1	0.0506	0.0531	0.0533	0.0501	0.0474	0.0468	0.0472	0.0460	0.0470
Q'_2	0.0361	0.0461	0.0456	0.0442	0.0311	0.0297	0.0282	0.0345	0.0318
Q'_3	0.0502	0.0521	0.0524	0.0498	0.0469	0.0464	0.0468	0.0453	0.0450
Q'_4	0.0516	0.0544	0.0543	0.0522	0.0491	0.0490	0.0499	0.0489	0.0489
Q'_5	0.0511	0.0525	0.0516	0.0492	0.0463	0.0459	0.0478	0.0455	0.0478
Q'_6	0.0433	0.0398	0.0378	0.0329	0.0332	0.0310	0.0310	0.0242	0.0263
T'_1	0.0559	0.0592	0.0593	0.0566	0.0534	0.0523	0.0521	0.0514	0.0524
T'_2	0.0444	0.0474	0.0475	0.0447	0.0411	0.0405	0.0396	0.0428	0.0454
T'_3	0.0481	0.0486	0.0509	0.0505	0.0464	0.0482	0.0476	0.0483	0.0473
T'_4	0.0417	0.0457	0.0455	0.0422	0.0357	0.0361	0.0374	0.0426	0.0424
R'_1	0.0515	0.0361	0.0361	0.0344	0.0515	0.0510	0.0515	0.0515	0.0524
R'_2	0.0369	0.0370	0.0360	0.0532	0.0520	0.0509	0.0521	0.0516	0.0521
R'_3	0.0369	0.0370	0.0360	0.0384	0.0515	0.0510	0.0515	0.0515	0.0524
R'_4	0.0369	0.0370	0.0360	0.0532	0.0520	0.0509	0.0521	0.0516	0.0492
R'_5	0.0527	0.0361	0.0361	0.0344	0.0515	0.0510	0.0515	0.0515	0.0524
R'_6	0.0369	0.0370	0.0360	0.0352	0.0515	0.0510	0.0515	0.0515	0.0524

在指标系数归一化处理后，将二级指标的权重相加可以得到与之对应的一级指标的权重，即制度质量水平（R）、基础设施质量（Q）、商业投资环境（B）和金融服务效率（F）、技术与创新能力（T）的权重，一级指标权重如表 4-5 所示。

表 4-5　　　　　　　　　　　　各一级指标权重

	2008 年	2009 年	2010 年	2011 年	2012 年	2013 年	2014 年	2015 年	2016 年
B	0.0802	0.0875	0.0966	0.0993	0.0892	0.0947	0.0846	0.0861	0.0831
F	0.1947	0.1934	0.1889	0.1795	0.1701	0.1736	0.1778	0.1755	0.1718
Q	0.2829	0.2980	0.2950	0.2783	0.2540	0.2490	0.2508	0.2443	0.2469
T	0.1902	0.2009	0.2032	0.1940	0.1767	0.1771	0.1768	0.1852	0.1874
R	0.2519	0.2202	0.2164	0.2489	0.3100	0.3057	0.3101	0.3090	0.3107

从表 4-5 中各一级指标所占的权重可知，对投资便利化的影响程度由大到小依次为基础设施质量、制度质量水平、技术与创新能力、金融服务效率、商业投资环境。

三、各国家（地区）投资便利化水平测算结果

将经过线性变换之后的值代入模型（4-2），求得各年度各国家投资便利化的测算结果及排名如表 4-6 所示。

四、各区域投资便利化水平

鉴于数据的可取性和连续性，本书选取了全球 126 个国家（地区），覆盖了亚洲、非洲、欧洲、拉丁美洲、北美洲和大洋洲，见表 4-7，能够更清晰地反映全球各地区投资便利化水平。由于向避税地的投资动机与一般的投资差别较大，所以本书没有将避税地（样本中为"开曼群岛"、"英属维尔京群岛"和"百慕大群岛"）纳入东道国集合中。

我们将各年度投资便利化水平测算与区域内国家的投资便利化水平的算数平均值作为对应区域的投资便利化水平，其水平值见表 4-8。

表 4-6

国家（地区）投资便利化综合值及排名

国家	2008 年		2009 年		2010 年		2011 年		2012 年		2013 年		2014 年		2015 年		2016 年	
	得分	排名	得分	排名	得分	排名	得分	排名	得分	排名	得分	排名	得分	排名	得分	排名	得分	排名
阿尔巴尼亚	0.357	94	0.449	80	0.477	67	0.441	73	0.371	82	0.350	92	0.360	89	0.396	81	0.405	78
阿尔及利亚	0.268	117	0.246	121	0.287	117	0.259	116	0.239	119	0.255	117	0.266	113	0.288	106	0.294	104
阿根廷	0.403	86	0.462	74	0.466	71	0.425	78	0.336	93	0.309	98	0.306	99	0.332	96	0.357	92
亚美尼亚	0.296	113	0.318	111	0.327	109	0.385	89	0.425	72	0.444	69	0.419	72	0.398	80	0.409	76
澳大利亚	0.875	14	0.852	13	0.847	13	0.804	15	0.790	16	0.786	16	0.787	17	0.784	18	0.777	19
奥地利	0.892	9	0.870	12	0.848	12	0.822	11	0.800	15	0.784	17	0.778	18	0.779	20	0.780	18
阿塞拜疆	0.308	107	0.352	102	0.331	108	0.350	100	0.358	84	0.382	80	0.403	79	0.424	72	0.447	67
巴林	0.518	53	0.520	58	0.512	63	0.540	51	0.633	34	0.624	34	0.619	37	0.609	37	0.584	40
孟加拉	0.300	112	0.363	100	0.391	95	0.322	109	0.267	114	0.267	115	0.271	109	0.277	111	0.275	109
比利时	0.874	15	0.879	9	0.859	9	0.835	9	0.818	12	0.800	14	0.791	16	0.781	19	0.795	16
贝宁	0.416	80	0.481	69	0.508	64	0.433	75	0.307	100	0.287	109	0.394	82	0.304	104	0.289	105
玻利维亚	0.305	108	0.362	101	0.388	97	0.358	97	0.315	96	0.334	94	0.308	98	0.282	109	0.287	107
波黑	0.345	99	0.373	98	0.375	101	0.306	110	0.279	108	0.338	93	0.400	80	0.268	112	0.270	110
博茨瓦纳	0.573	46	0.568	51	0.560	51	0.550	48	0.501	55	0.493	58	0.466	65	0.464	65	0.504	55
巴西	0.515	54	0.574	49	0.574	49	0.497	58	0.414	74	0.416	77	0.398	81	0.381	84	0.358	91
文莱	0.403	87	0.393	94	0.417	87	0.514	55	0.581	40	0.579	42	0.597	38	0.617	36	0.562	42
保加利亚	0.502	57	0.545	54	0.535	53	0.486	60	0.429	70	0.438	70	0.445	68	0.451	68	0.476	61
布基纳法索	0.361	93	0.377	97	0.363	103	0.326	107	0.274	110	0.253	118	0.247	118	0.384	83	0.395	81

续表

国家	2008年 得分	2008年 排名	2009年 得分	2009年 排名	2010年 得分	2010年 排名	2011年 得分	2011年 排名	2012年 得分	2012年 排名	2013年 得分	2013年 排名	2014年 得分	2014年 排名	2015年 得分	2015年 排名	2016年 得分	2016年 排名
布隆迪	0.207	122	0.272	118	0.238	121	0.166	125	0.121	125	0.122	125	0.146	125	0.145	125	0.147	124
柬埔寨	0.234	118	0.290	116	0.312	112	0.328	106	0.312	97	0.313	97	0.269	110	0.285	107	0.282	108
喀麦隆	0.225	120	0.252	120	0.270	118	0.272	112	0.270	112	0.276	113	0.267	112	0.278	110	0.258	113
加拿大	0.905	7	0.890	7	0.873	7	0.852	7	0.843	7	0.830	8	0.841	8	0.845	9	0.838	13
乍得	0.056	126	0.118	126	0.153	126	0.146	126	0.101	126	0.070	126	0.063	126	0.064	126	0.063	126
智利	0.749	24	0.757	26	0.756	20	0.714	22	0.708	25	0.703	25	0.693	27	0.678	30	0.674	30
中国内地	0.321	103	0.302	115	0.320	110	0.411	81	0.496	56	0.495	57	0.509	54	0.544	46	0.543	46
哥伦比亚	0.429	75	0.449	81	0.459	73	0.427	76	0.425	71	0.430	72	0.425	70	0.416	76	0.420	71
哥斯达黎加	0.593	43	0.638	42	0.633	41	0.562	45	0.495	57	0.526	50	0.521	51	0.511	53	0.514	50
科特迪瓦	0.276	116	0.314	112	0.312	113	0.267	114	0.249	117	0.268	114	0.316	95	0.367	86	0.381	84
克罗地亚	0.556	49	0.581	48	0.567	50	0.558	47	0.523	50	0.543	47	0.539	49	0.525	49	0.504	56
塞浦路斯	0.740	27	0.771	22	0.745	27	0.709	23	0.694	28	0.661	31	0.645	32	0.602	39	0.567	41
捷克	0.713	30	0.761	25	0.745	26	0.707	24	0.636	33	0.625	33	0.641	33	0.670	32	0.659	32
丹麦	0.965	1	0.919	4	0.887	5	0.884	4	0.859	6	0.825	9	0.834	9	0.835	13	0.847	10
多米尼加	0.422	77	0.482	67	0.472	69	0.419	79	0.344	87	0.364	85	0.352	91	0.355	90	0.362	90
厄瓜多尔	0.288	114	0.350	104	0.365	102	0.346	101	0.320	95	0.371	82	0.392	84	0.347	94	0.336	93
萨尔瓦多	0.464	63	0.527	56	0.516	60	0.461	68	0.414	75	0.419	76	0.437	69	0.408	77	0.364	88
爱沙尼亚	0.769	23	0.773	21	0.754	22	0.702	26	0.660	31	0.652	32	0.664	30	0.679	29	0.703	26

续表

国家	2008 年 得分	2008 年 排名	2009 年 得分	2009 年 排名	2010 年 得分	2010 年 排名	2011 年 得分	2011 年 排名	2012 年 得分	2012 年 排名	2013 年 得分	2013 年 排名	2014 年 得分	2014 年 排名	2015 年 得分	2015 年 排名	2016 年 得分	2016 年 排名
埃塞俄比亚	0.225	119	0.219	122	0.249	120	0.251	120	0.303	101	0.301	102	0.292	104	0.328	97	0.320	96
芬兰	0.957	2	0.929	3	0.910	3	0.912	2	0.940	2	0.942	2	0.933	1	0.903	3	0.894	3
法国	0.879	13	0.873	11	0.851	11	0.803	16	0.770	18	0.760	20	0.773	19	0.779	21	0.783	17
冈比亚	0.355	96	0.380	96	0.380	99	0.385	90	0.372	81	0.360	88	0.319	94	0.309	100	0.287	106
格鲁吉亚	0.431	74	0.453	78	0.449	76	0.460	69	0.517	52	0.522	52	0.514	52	0.501	56	0.508	52
德国	0.904	8	0.876	10	0.858	10	0.817	12	0.808	13	0.809	12	0.814	13	0.840	11	0.839	12
加纳	0.463	64	0.520	57	0.535	54	0.477	64	0.407	76	0.433	71	0.404	78	0.366	87	0.374	86
希腊	0.630	38	0.649	40	0.623	42	0.542	50	0.483	58	0.469	63	0.494	57	0.485	59	0.453	66
危地马拉	0.419	78	0.475	71	0.469	70	0.409	84	0.344	88	0.352	89	0.356	90	0.355	89	0.363	89
圭亚那	0.388	89	0.454	77	0.446	78	0.417	80	0.400	78	0.412	78	0.382	86	0.365	88	0.420	72
洪都拉斯	0.380	90	0.401	90	0.396	94	0.384	91	0.327	94	0.289	108	0.298	103	0.318	98	0.310	99
中国香港	0.730	28	0.746	27	0.745	25	0.704	25	0.680	29	0.694	27	0.686	28	0.690	27	0.685	28
匈牙利	0.653	34	0.672	35	0.659	37	0.625	38	0.550	45	0.534	49	0.539	48	0.527	48	0.511	51
冰岛	0.843	17	0.795	19	0.770	19	0.757	20	0.711	24	0.694	26	0.704	24	0.719	25	0.738	23
印度	0.563	47	0.620	44	0.607	44	0.503	56	0.471	65	0.459	66	0.412	75	0.435	70	0.491	58
印度尼西亚	0.447	68	0.515	60	0.525	59	0.456	70	0.417	73	0.449	68	0.468	64	0.457	67	0.440	69
伊朗	0.304	110	0.287	117	0.226	122	0.266	115	0.344	89	0.321	96	0.304	100	0.350	92	0.366	87
爱尔兰	0.843	18	0.796	18	0.756	21	0.740	21	0.741	20	0.752	21	0.769	21	0.795	16	0.772	20

续表

国家	2008年 得分	2008年 排名	2009年 得分	2009年 排名	2010年 得分	2010年 排名	2011年 得分	2011年 排名	2012年 得分	2012年 排名	2013年 得分	2013年 排名	2014年 得分	2014年 排名	2015年 得分	2015年 排名	2016年 得分	2016年 排名
以色列	0.740	26	0.706	31	0.697	29	0.669	30	0.725	23	0.705	24	0.702	25	0.722	24	0.757	22
意大利	0.639	36	0.677	34	0.670	34	0.605	42	0.521	51	0.524	51	0.526	50	0.534	47	0.535	48
牙买加	0.555	50	0.593	47	0.584	47	0.525	54	0.474	62	0.461	64	0.459	66	0.476	62	0.497	57
日本	0.806	19	0.808	17	0.803	17	0.802	17	0.784	17	0.795	15	0.830	11	0.860	5	0.855	7
约旦	0.503	56	0.460	75	0.438	81	0.453	71	0.504	54	0.504	55	0.498	55	0.510	54	0.537	47
哈萨克斯坦	0.304	109	0.313	113	0.305	114	0.338	104	0.363	83	0.376	81	0.389	85	0.439	69	0.417	74
肯尼亚	0.397	88	0.453	79	0.463	72	0.410	83	0.372	80	0.389	79	0.410	76	0.418	73	0.407	77
韩国	0.726	29	0.707	30	0.690	31	0.679	29	0.698	26	0.675	29	0.661	31	0.672	31	0.656	33
科威特	0.484	61	0.448	82	0.447	77	0.470	65	0.429	69	0.423	75	0.409	77	0.417	75	0.431	70
吉尔吉斯斯坦	0.199	123	0.215	123	0.225	123	0.238	122	0.232	120	0.243	120	0.252	117	0.240	118	0.225	120
拉脱维亚	0.624	39	0.633	43	0.616	43	0.586	44	0.567	43	0.597	38	0.625	36	0.643	34	0.621	34
莱索托	0.425	76	0.477	70	0.420	85	0.362	96	0.373	79	0.350	91	0.334	93	0.350	91	0.332	94
利比亚	0.340	101	0.394	93	0.379	100	0.343	102	0.290	105	0.293	105	0.284	106	0.264	114	0.237	117
立陶宛	0.667	33	0.677	33	0.663	36	0.632	37	0.592	38	0.610	37	0.628	35	0.661	33	0.665	31
卢森堡	0.891	10	0.902	6	0.890	4	0.861	6	0.837	8	0.831	7	0.832	10	0.840	12	0.845	11
马其顿	0.438	73	0.482	66	0.477	68	0.426	77	0.401	77	0.427	73	0.455	67	0.479	61	0.471	62
马达加斯加	0.351	97	0.326	110	0.302	116	0.259	117	0.210	122	0.226	121	0.200	122	0.176	122	0.184	122
马拉维	0.365	92	0.399	91	0.403	91	0.370	93	0.308	99	0.302	101	0.278	107	0.253	116	0.226	119

续表

国家	2008年 得分	2008年 排名	2009年 得分	2009年 排名	2010年 得分	2010年 排名	2011年 得分	2011年 排名	2012年 得分	2012年 排名	2013年 得分	2013年 排名	2014年 得分	2014年 排名	2015年 得分	2015年 排名	2016年 得分	2016年 排名
马来西亚	0.588	44	0.569	50	0.576	48	0.652	31	0.728	22	0.721	23	0.754	22	0.765	22	0.708	25
马里	0.412	82	0.425	85	0.418	86	0.355	99	0.284	107	0.278	110	0.260	115	0.242	117	0.256	114
毛里塔尼亚	0.216	121	0.268	119	0.256	119	0.206	123	0.225	121	0.202	123	0.177	123	0.172	123	0.142	125
毛里求斯	0.640	35	0.661	38	0.651	39	0.635	35	0.596	36	0.620	35	0.631	34	0.629	35	0.602	36
墨西哥	0.453	67	0.506	63	0.506	65	0.485	62	0.505	53	0.511	53	0.492	58	0.492	58	0.481	60
摩尔多瓦	0.442	71	0.473	72	0.389	96	0.356	98	0.278	109	0.294	104	0.313	96	0.306	102	0.265	111
蒙古	0.371	91	0.407	88	0.413	89	0.386	88	0.292	104	0.291	106	0.299	102	0.316	99	0.321	95
黑山	0.485	60	0.528	55	0.533	56	0.528	53	0.475	61	0.476	61	0.471	63	0.470	64	0.442	68
摩洛哥	0.417	79	0.415	87	0.428	83	0.441	74	0.472	63	0.486	60	0.488	60	0.473	63	0.468	63
莫桑比克	0.344	100	0.397	92	0.409	90	0.362	95	0.269	113	0.277	111	0.272	108	0.267	113	0.248	115
纳米比亚	0.574	45	0.599	46	0.597	46	0.558	46	0.472	64	0.492	59	0.490	59	0.494	57	0.504	54
尼泊尔	0.279	115	0.306	114	0.315	111	0.246	121	0.207	123	0.208	122	0.215	121	0.219	121	0.202	121
荷兰	0.933	5	0.905	5	0.882	6	0.870	5	0.867	5	0.854	5	0.860	4	0.873	4	0.878	4
新西兰	0.849	16	0.844	15	0.827	15	0.817	13	0.821	10	0.823	10	0.848	7	0.859	6	0.853	9
尼加拉瓜	0.300	111	0.344	107	0.353	105	0.306	111	0.263	115	0.290	107	0.265	114	0.256	115	0.259	112
尼日利亚	0.321	102	0.332	109	0.304	115	0.255	118	0.248	118	0.256	116	0.228	120	0.224	120	0.234	118
挪威	0.910	6	0.883	8	0.869	8	0.843	8	0.833	9	0.848	6	0.853	6	0.858	7	0.864	6
阿曼	0.458	65	0.435	84	0.458	74	0.538	52	0.572	41	0.583	40	0.550	45	0.512	52	0.505	53

续表

国家	2008年 得分	2008年 排名	2009年 得分	2009年 排名	2010年 得分	2010年 排名	2011年 得分	2011年 排名	2012年 得分	2012年 排名	2013年 得分	2013年 排名	2014年 得分	2014年 排名	2015年 得分	2015年 排名	2016年 得分	2016年 排名
巴基斯坦	0.318	104	0.346	105	0.356	104	0.271	113	0.301	102	0.308	99	0.300	101	0.304	103	0.303	101
巴拿马	0.612	40	0.671	36	0.683	32	0.622	40	0.593	37	0.619	36	0.594	39	0.591	42	0.589	38
巴拉圭	0.317	105	0.373	99	0.383	98	0.323	108	0.262	116	0.251	119	0.234	119	0.235	119	0.248	116
秘鲁	0.444	69	0.498	64	0.515	61	0.464	67	0.430	68	0.427	74	0.415	74	0.400	78	0.409	75
菲律宾	0.409	84	0.445	83	0.438	80	0.397	86	0.435	67	0.460	65	0.473	62	0.464	66	0.417	73
波兰	0.595	42	0.643	41	0.644	40	0.602	43	0.536	47	0.549	46	0.575	43	0.591	41	0.588	39
葡萄牙	0.770	22	0.771	23	0.752	24	0.699	27	0.652	32	0.662	30	0.694	26	0.684	28	0.690	27
卡塔尔	0.519	52	0.511	62	0.533	55	0.636	34	0.694	27	0.730	22	0.744	23	0.741	23	0.716	24
罗马尼亚	0.512	55	0.558	53	0.525	58	0.448	72	0.339	91	0.361	86	0.416	73	0.425	71	0.405	79
俄罗斯	0.348	98	0.345	106	0.340	107	0.339	103	0.338	92	0.365	84	0.393	83	0.418	74	0.394	82
沙特阿拉伯	0.410	83	0.351	103	0.398	92	0.491	59	0.561	44	0.564	44	0.553	44	0.560	43	0.543	45
塞内加尔	0.413	81	0.455	76	0.441	79	0.394	87	0.354	85	0.366	83	0.373	87	0.377	85	0.377	85
塞尔维亚	0.441	72	0.482	68	0.458	75	0.398	85	0.353	86	0.350	90	0.366	88	0.386	82	0.390	83
新加坡	0.779	20	0.712	29	0.715	28	0.830	10	0.957	1	0.951	1	0.931	2	0.974	1	0.974	1
斯洛伐克	0.675	32	0.705	32	0.675	33	0.636	33	0.584	39	0.576	43	0.581	40	0.606	38	0.590	37
斯洛文尼亚	0.684	31	0.723	28	0.693	30	0.632	36	0.601	35	0.587	39	0.581	41	0.597	40	0.611	35
南非	0.634	37	0.665	37	0.657	38	0.611	41	0.570	42	0.581	41	0.577	42	0.558	44	0.551	44
西班牙	0.774	21	0.766	24	0.753	23	0.692	28	0.674	30	0.676	28	0.678	29	0.695	26	0.682	29

续表

国家	2008年 得分	2008年 排名	2009年 得分	2009年 排名	2010年 得分	2010年 排名	2011年 得分	2011年 排名	2012年 得分	2012年 排名	2013年 得分	2013年 排名	2014年 得分	2014年 排名	2015年 得分	2015年 排名	2016年 得分	2016年 排名
斯里兰卡	0.478	62	0.482	65	0.493	66	0.485	61	0.482	60	0.473	62	0.487	61	0.509	55	0.463	64
瑞典	0.956	4	0.935	2	0.922	2	0.901	3	0.887	4	0.873	4	0.858	5	0.853	8	0.871	5
瑞士	0.956	3	0.946	1	0.935	1	0.920	1	0.897	3	0.883	3	0.895	3	0.930	2	0.924	2
中国台湾地区	0.746	25	0.783	20	0.784	18	0.767	19	0.761	19	0.762	18	0.770	20	0.792	17	0.766	21
塔吉克斯坦	0.170	124	0.199	124	0.218	124	0.255	119	0.270	111	0.330	95	0.256	116	0.303	105	0.308	100
坦桑尼亚	0.355	95	0.390	95	0.397	93	0.364	94	0.285	106	0.276	112	0.269	111	0.284	108	0.300	102
泰国	0.491	59	0.513	61	0.515	62	0.484	63	0.529	49	0.538	48	0.541	46	0.551	45	0.520	49
特立尼达和多巴哥	0.524	51	0.601	45	0.599	45	0.550	49	0.483	59	0.500	56	0.497	56	0.484	60	0.462	65
突尼斯	0.454	66	0.405	89	0.423	84	0.466	66	0.463	66	0.453	67	0.421	71	0.398	79	0.397	80
土耳其	0.502	58	0.517	59	0.531	57	0.498	57	0.545	46	0.554	45	0.540	47	0.524	50	0.487	59
乌干达	0.315	106	0.340	108	0.352	106	0.329	105	0.311	98	0.301	103	0.290	105	0.308	101	0.298	103
乌克兰	0.443	70	0.469	73	0.433	82	0.375	92	0.301	103	0.307	100	0.312	97	0.342	95	0.316	97
阿联酋	0.560	48	0.563	52	0.558	52	0.643	32	0.738	21	0.761	19	0.793	15	0.817	15	0.818	15
英国	0.880	12	0.837	16	0.830	14	0.811	14	0.821	11	0.803	13	0.806	14	0.841	10	0.854	8
美国	0.885	11	0.848	14	0.821	16	0.796	18	0.802	14	0.818	11	0.825	12	0.831	14	0.827	14
乌拉圭	0.606	41	0.650	39	0.663	35	0.623	39	0.534	48	0.510	54	0.512	53	0.518	51	0.558	43
赞比亚	0.403	85	0.417	86	0.417	88	0.410	82	0.342	90	0.360	87	0.352	92	0.349	93	0.314	98
津巴布韦	0.136	125	0.154	125	0.175	125	0.186	124	0.151	124	0.165	124	0.150	124	0.146	124	0.148	123

表 4-7 投资东道国国家及地区分布①

地区	样本国家（地区）
东亚 （大洋洲）	澳大利亚、新西兰、韩国、日本、中国内地、中国香港、中国台湾、蒙古、柬埔寨
东南亚	菲律宾、马来西亚、泰国、文莱、新加坡、印度尼西亚
南亚	巴基斯坦、孟加拉、尼泊尔、斯里兰卡、印度
中亚	哈萨克斯坦、吉尔吉斯斯坦、塔吉克斯坦
西亚	阿联酋、阿曼、阿塞拜疆、巴林、卡塔尔、塞浦路斯、沙特阿拉伯、土耳其、亚美尼亚、格鲁吉亚、以色列、伊朗、约旦、科威特
东欧	爱沙尼亚、俄罗斯、摩尔多瓦、乌克兰、马其顿、立陶宛
中欧	波兰、黑山、捷克、瑞士、斯洛伐克、德国、匈牙利、奥地利
南欧	阿尔巴尼亚、保加利亚、波黑、克罗地亚、罗马尼亚、葡萄牙、塞尔维亚、斯洛文尼亚、西班牙、希腊、意大利
北欧	冰岛、丹麦、芬兰、挪威、瑞典
西欧	爱尔兰、比利时、法国、荷兰、卢森堡、英国
北美	巴拿马、加拿大、美国、墨西哥、尼加拉瓜、萨尔瓦多、特立尼达和多巴哥、牙买加
南美	阿根廷、巴拉圭、巴西、玻利维亚、多米尼加、厄瓜多尔、哥伦比亚、哥斯达黎加、圭亚那、洪都拉斯、秘鲁、危地马拉、委内瑞拉、乌拉圭、智利
非洲	阿尔及利亚、埃塞俄比亚、贝宁、博茨瓦纳、布基纳法索、布隆迪、冈比亚、加纳、津巴布韦、喀麦隆、肯尼亚、莱索托、利比亚、马达加斯加、马拉维、马里、毛里求斯、毛里塔尼亚、摩洛哥、莫桑比克、纳米比亚、南非、尼日利亚、塞内加尔、坦桑尼亚、突尼斯、乌干达、赞比亚、乍得、科特迪瓦

表 4-8 各区域投资便利化水平

区域	2008 年	2009 年	2010 年	2011 年	2012 年	2013 年	2014 年	2015 年	2016 年	平均值	排名
东亚 （大洋洲）	0.629	0.638	0.638	0.633	0.626	0.626	0.629	0.645	0.638	0.633	4
东南亚	0.519	0.524	0.531	0.555	0.608	0.616	0.627	0.638	0.603	0.580	5

① 世界行政区划分参考自周定国，纪京慧. 世界行政区划图册. 中国地图出版社，1993.

区域	2008 年	2009 年	2010 年	2011 年	2012 年	2013 年	2014 年	2015 年	2016 年	平均值	排名
南亚	0.388	0.423	0.432	0.366	0.346	0.343	0.337	0.349	0.347	0.370	11
中亚	0.251	0.264	0.265	0.288	0.297	0.309	0.320	0.339	0.321	0.295	13
西亚	0.484	0.478	0.475	0.508	0.553	0.556	0.549	0.549	0.548	0.522	8
东欧	0.518	0.537	0.509	0.472	0.428	0.443	0.461	0.481	0.469	0.480	9
中欧	0.734	0.750	0.737	0.707	0.661	0.655	0.662	0.677	0.667	0.694	3
南欧	0.564	0.598	0.584	0.528	0.475	0.481	0.500	0.495	0.493	0.524	7
北欧	0.926	0.892	0.872	0.859	0.846	0.837	0.836	0.834	0.843	0.861	1
西欧	0.883	0.865	0.845	0.820	0.809	0.800	0.805	0.818	0.821	0.830	2
北美	0.587	0.623	0.617	0.575	0.547	0.556	0.551	0.548	0.540	0.572	6
南美	0.435	0.483	0.486	0.442	0.394	0.399	0.391	0.383	0.389	0.422	10
非洲	0.380	0.406	0.407	0.377	0.339	0.341	0.337	0.339	0.335	0.362	12

第三节　东道国投资便利化测算结果分析

一、影响因素分析

从表4-5一级指标所占的权重可知，对投资便利化水平的影响因素大小依次为基础设施质量、制度质量水平、技术与创新能力、金融服务效率、商业投资环境。

从各二级指标来看，模型（2）中各指标系数表示二级指标对投资便利化水平的影响程度。由表4-4可知，25个二级指标中，投资创业所需审批程序和时间为逆指标，对投资便利化水平产生负向影响，其他指标均为正指标，均对投资便利化水平产生正向的影响，正向的促进作用较为显著的有：政策稳定性、民主问责、腐败控制、政府效率、治理水平、金融服务可供性、最新技术的可获得性，各指标每提高1%将会使投资便利化水平平均提高0.05%以上。资本市场的融资能力，公路、港口、航空、电力、通信基础设施质量，创新能力每提高1%会使投资便利化水平提高0.04%以上；另外资本市场的融资能力、风险投资的可获得性、市场开放度、劳动市场效率、FDI与技术转化效率等水平的提高对投资便利化水平的提升影响较小。

二、各国投资便利化水平比较

国内外学者通常将贸易便利化评价水平分为四个等级，借鉴这种划分依据，本书将投资便利化水平的得分值 Z 也分为四个等级：0.8 分以上为非常便利，0.7~0.8 分为比较便利，0.6~0.7 分为一般便利，0.6 分以下为不便利[①]。根据计算得到的 2008—2016 年 126 个国家（地区）投资便利化水平测算结果及排名情况，可知各国投资便利化指数的地区差异较大，但随时间变化改善程度较低，详见表 3-6。经济发达的区域投资便利化水平较高，经济落后的区域便利化水平偏低，欧洲、北美发达国家投资便利化水平明显高于亚洲、非洲国家。其中投资便利化得分在 0.8 分以上，排名前十的国家（地区）包括加拿大、丹麦、芬兰、新加坡、卢森堡、荷兰、新西兰、瑞士、瑞典、挪威，投资便利化水平最高。马里、津巴布韦、孟加拉、布隆迪、乍得、埃塞俄比亚、尼日利亚、吉尔吉斯斯坦、塔吉克斯坦等国的投资便利化得分在 0.3 以下，投资便利化水平最低。各国投资便利化水平差异极大，两极分化严重，且各国投资便利化水平呈现不断变化的趋势，因此考察东道国的投资便利化水平显得尤为重要，为企业对外投资提供参考依据并做出最优决策，规避投资风险，提高投资的成功率，并提升企业绩效。

三、分项指标比较

本书的投资便利化指标主要包括制度供给质量、基础设施建设、商业投资环境与金融服务效率、技术与创新能力五个方面，各国（地区）投资便利化分项指标也体现了显著的地区差异。具体而言，制度供给质量得分靠前的国家包括芬兰、卢森堡、瑞士、新西兰、挪威，靠后的为巴基斯坦、利比亚、尼日利亚、伊朗；基础设施质量得分靠前的国家（地区）为瑞士、中国香港、法国、日本、德国，靠后的国家包括孟加拉、乍得、津巴布韦、尼日利亚等；商业投资环境得分靠前的国家（地区）为新西兰、加拿大、新加坡、中国香港、澳大利亚，靠后的为委内瑞拉、厄瓜多尔、毛里塔尼亚、乌克兰、阿根廷；金融服务效率得分靠前的国家（地区）为卡塔尔、中国香港、南非、挪威、加拿大；靠后的包括布隆迪、安哥拉、津巴布韦、毛利塔利亚，技术与创新能力排名靠前的国家有瑞典、美国、瑞士、芬兰、德国等，而排名靠后的国家有津

---

① 本书投资便利化等级参考自崔日明、黄英婉（2016）的《"一带一路"沿线国家贸易投资便利化评价指标体系研究》一文中的贸易投资便利化等级划分方法。

巴布韦、巴拉圭、乍得、厄瓜多尔、布隆迪等国。可以看到，分项指标得分排名靠前的国家大多数为欧洲、北美发达国家，排名靠后的国家多为非洲及中亚、南亚国家。

四、各区域投资便利化水平比较

从表4-8可知，全球各区域投资便利化水平差异较大，其中北欧、西欧投资便利化水平最高，各年平均分高于0.8分；其次为中欧、东亚（太平洋）、东南亚、北美、南欧地区处于比较便利的水平；而西亚、东欧、南美地区投资便利化水平普遍较低；投资便利水平最为落后的地区包括南亚及非洲、中亚地区，得分低于0.4分，该区域的投资便利化水平存在极大的提升空间。另外，从各年便利化得分可知，各区域投资便利化水平排名较为稳定，波动较小。

从图4-1可知，各区域投资便利化分指标得分差异较大，具体结合各国投资便利化二级指标得分来看：

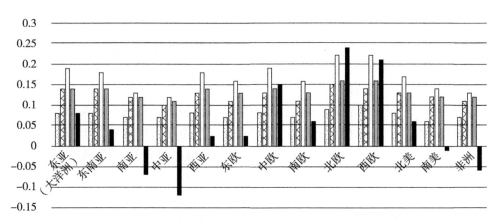

图4-1 各地区投资便利化分指标水平对比图

资料来源：各区域投资便利化得分由上文计算整理得出。

（一）东亚及大洋洲国家

东亚（太平洋）地区在投资便利化水平得分平均值超过0.6分，排名第四，五个分指标分值较高，体现了较大的投资便利化优势。

基础设施建设方面，日本、韩国、澳大利亚、新西兰、中国香港等国家和地区各项基础设施完善，尤其是日本的海运为该国最重要的对外贸易运输枢纽①十分发达；韩国作为世界信息技术强国，通信设施世界一流，生产出口大量信息技术相关产品与新开发的国家级先进技术，并广泛使用互联网和移动通信设备；但新西兰公共信息服务和电力供应较为滞后，同时新西兰对外资参与当地基础设施投资门槛较高，中资企业尚未大规模进入新西兰基础设施建设领域②。相比而言，蒙古国基础设施发展仍处于起步阶段，未形成联通全国的运输网络，导致其矿产品、公共交通运输成本高、运输效率低，且能源电力生产成本较高，成为制约经济增长的重要因素。

制度供给质量方面，日、韩、澳、新西兰政局比较稳定，各项法律法规健全，市场秩序规范，腐败控制力度较强，信用体系健全，政策透明度高。特别是澳大利亚政府为确保资金流入最大化、维护澳大利亚的利益，制定较详细完备的《1975 年外国收购与接管法》，确保投资的安全性；韩国法律对于核心技术流失控制严格、税务部门对大型外资企业的合理避税行为管制严苛。蒙古国为"一带一路"目的国，政局整体稳定，但政策连续性和稳定性时有波动，治理水平方面较低，近年经济较为低迷。

日、韩、澳、新西兰、中国香港等国家和地区金融环境良好，其中澳是亚太地区最发达的金融服务市场之一，金融服务业对该国 GDP 的贡献超过 11%，盈利能力强，运行稳健；日、新西兰融资环境融资条件良好，其商业银行对外资企业融资基于国民待遇，但韩、澳对风险管控较严，外国企业在当地融资较为困难，在澳主要通过银团贷款，另外证券交易市场可信高效，上市审批时间短且成本较低，是较好的融资方式。蒙古国金融基础薄弱，金融市场规模较小，金融环境不佳，多数外资企业是带资入蒙经营。且受政治因素影响和蒙本地银行抵制，蒙央行未批准向中国银行颁发经营性机构牌照。

商业投资环境，各国总体商务环境良好，并对外国投资设定了一系列行业鼓励政策及地区鼓励，其中新西兰的营商环境在世界银行主持的测评中常年保持世界前三水平。需要注意的是，日本综合税负较高；澳大利亚经济结构性矛盾突出，加上"逆全球化"思潮和国内保守势力上升，导致了政府收紧外资审批政策，多次否决中资企业收购案，但其总体上仍欢迎外资商。相对而言，蒙古投资环境较不稳定，但蒙古于 2013 年颁布了新《投资法》以吸引外资。

技术与创新能力方面该地区排名靠前，其中韩国、日本、中国香港、新西

---

① 《对外投资合作国别（地区）指南（日本）》，2017 版。
② 《对外投资合作国别（地区）指南（新西兰）》，2017 版。

兰作为全球创新的领导者，创新能力较强，2017年全球创新指数①排名中分别位列11、14、16、22。另外韩国、澳大利亚等国不断优化国家创新机制，引入科技企业或模仿企业创新模式，不断加强政府与科研机构、关键企业的协同创新；日本在信息、能源、生物、新材料、先进制造等领域表现良好。作为经济增长的引擎，东亚及太平洋地区整体经济实力较强，也为创新奠定了良好基础。

（二）东南亚

东南亚国家的投资便利化水平排名第9，得分在0.4分左右，其中制度质量水平较低。该地区各国差异较大，如新加坡投资便利化水平位于世界前列，得分超过0.8分，而越南、老挝、菲律宾、柬埔寨、缅甸等便利化程度较低的国家，经济总量小，经济发展滞后。

制度质量方面，新加坡和马来西亚行政办事效率较高，越南、老挝、柬埔寨、泰国、印度尼西亚、缅甸等国的行政办事效率均较低下，时常出现违约的问题，且政府清廉指数、透明度较低。

基础设施建设方面，新加坡、泰国、马来西亚、和文莱的交通和通信等基础设施相对完善，菲律宾、越南、老挝、柬埔寨和缅甸等国家交通基础设施较差，尤其柬埔寨电力供应不足应加强交通基础设施建设投入力度，通信设施水平较低。

近年来东盟整体金融服务表现良好，大多数国家保持着积极复苏增长态势。新加坡货币金融和银行业发展水平、开放度均较高，融资便利且税收优惠；马来西亚、越南、老挝、柬埔寨、泰国、印度尼西亚、文莱、缅甸等国实行较为宽松的货币政策，但金融体系国际化程度较低，部分国家如印尼通过加入亚投行融资渠道得到扩大。

商业环境方面，东盟各国差异性较大，税收制度方面，文莱大幅实行免税制度，外国投资者可以享受20年免税收的优惠，只需要缴纳所得税，新加坡、泰国和柬埔寨税制健全，税率较低，重视吸引外资，越南和老挝税率相对简单，但制度不完善，菲律宾税收制度复杂且效率低下。为吸引国外资本，各国

---

①　全球创新指数（GII）排名是由联合国专门机构世界知识产权组织（WIPO）、康奈尔大学（Cornell University）、英士国际商学院（INSEAD）及其合作伙伴：印度工业联合会（CII）、阿联酋综合电信公司（du）、科尔尼管理咨询公司（A. T. Kearney）和欧洲创新管理学院（IMP³rove Academy）在瑞士日内瓦联合发布，主要根据创新指数平均得分排名。

均颁布了相关的投资法案，基本持积极开放的态度，尤其欢迎在基础设施建设、制造业等行业的投资。需要注意的是，东盟各国存在资本管制的问题，越是欠发达国家对进入资本限制越严格，主要体现在通过各种法律法规提高投资市场准入和限制中国企业能够投资的行业、持股百分比等。

东南亚地区整体技术与创新能力较弱，而唯一进入全球前十强创新领导者的国家为新加坡；另外马来西亚在该地区名列前茅，而泰国、越南、文莱、菲律宾创新水平中等偏低；柬埔寨等国在企业研发活动、ICT 服务进出口、知识产权收入等方面水平较低，经济水平的制约导致其创新能力不足。

（三）南亚

南亚地区经济发展水平普遍偏低，投资便利化水平排名第十，其综合得分为 0.3441，尤其是孟加拉、印度、尼泊尔均为投资不便利国家，排名垫底，其制度质量、商业投资环境得分较低，对其经济发展产生一定的制约。

制度质量方面，各国政治和经济形势复杂多变，政府办事效率较低，尤其是孟加拉国、尼泊尔、斯里兰卡廉政指数全球排名垫后。而巴基斯坦是"一带一路"上重要的支点国家，作为中国在全球最重要的工程承包市场之一和南亚最大的投资目的地。该国法制较健全，发展潜力巨大，但恐怖主义活动猖獗，风险问题较为突出；印度政治相对稳定，社会治安基本良好，法律法规较为完善，特别为维护知识产权提供了法律保障。

各二级指标中，南亚国家的交通基础设施建设最为落后，运输通道极为不畅，总体电力供应不足，用于基础设施领域建设的公共领域发展项目资金严重不足，对外国援助和贷款的依赖度高，一些规划中的基建项目开工和建设进度滞后。相对而言，印度基础设施水平提升较快，其中空运发展速度极快，位列全世界第九，海运能力位列世界第 16 位，95%的外贸主要依靠水运。

南亚各国的金融市场环境普遍较差，融资条件较苛刻，融资成本较高，如孟加拉国商业融资成本为 12.5%~20%，且贷款手续烦琐，部分国家如巴基斯坦、孟加拉国、尼泊尔可通过证券市场获得融资。相对而言，印度金融市场以银行为主导，有一定的深度和流动性，且融资条件较好。

商业环境方面，南亚各国市场开放水平、准入度均较低，商业注册审批时间与成本较高，加入区域经济一体化组织和与域外国家签署经贸协定较少，其中中国与孟加拉尚未签署货币互换协议、基础设施合作协议和自由贸易协定。但目前为促进经济发展，各国政府采取一系列措施吸引外资，如巴基斯坦政府制订了经济振兴计划，2016 年制定《国家营商改革战略》，包括法规改革，改进执行部门技术，减少商业注册审批时间，简化审批手续①。在印度政府规定的特殊经济区内，外资企业可享受减免关税、利润免税优惠、外汇管制灵活等待遇。孟加拉国政府对外国投资提供税收减免政策及出口补贴。尼泊尔除个别规定行业外，外国投资者可在任何行业投资和技术转让。

技术创新方面，南亚地区水平普遍较低。2017 年印度全球创新指数排名60/127，在南亚地区排名第一，印度在全球研发密集型企业、大学和科研出版物质量、ICT 服务出口等方面表现出色，创新质量上在中等收入经济体中排名第二，而在创意商品及服务的生产方面较弱。而尼泊尔、巴基斯坦、孟加拉国全球创新指数排名分别位列第 109、113、114 位②，在全球排名中靠后，其研发投入与创新支出较少。

(四) 中亚

中亚地区投资便利化水平全球最低，得分为 0.3176，导致与中国的经贸合作开展遇到极大障碍。具体而言：

中亚国家制度质量水平较低，法制观念较弱，官员贪腐受贿现象严重，行政审批程序环节冗长且不安法律法规办事。其中哈萨克斯坦政治社会环境在全球处于中上游水平，多项指标排名在 60 位左右，而吉则处于较低水平。

区域内交通基础设施互联互通质量不高，铁路干线少、承载量低，公路作为主要的交通方式，质量均排名在百位之后，资金投入不足。其中，哈萨克斯坦的交通基础设施建设水平优于吉尔吉斯斯坦。近年来，中国对哈、吉两国基础设施和能源领域投资较大，一定程度上改善了当地的基础设施质量。

中亚国家金融体系不完善，银行稳健性差，融资能力不足，金融自给能力不强，外部融资缺口巨大，股票与证券市场不发达。

商业投资环境方面，哈、吉都通过出台相关政策法案，不断改善企业投资环境，但其行政审批效率十分落后。哈政府通过设立经济特区内企业减免税收、简化企业开办程序、扩大投资优惠，营商环境得到了一定改善。吉通过颁布新版《自由经济区法》，对自由经济区区内企业实行优惠的税收和行政措施，如简化注册手续，对区内企业的产品出口和所需原材料进口免征关税，且不受配额和许可证限制。

技术与创新能力方面，哈萨克斯坦、吉尔吉斯斯坦 2017 年全球创新指数

---

① 《对外投资合作国别（地区）指南（巴基斯坦）》，2017 版。
② 《全球创新指数 2017》。

排名分别为第 78 位、第 95 位，整个地区创新水平略高于南亚地区。

（五）西亚

西亚地区投资便利化得分为 0.4316，排名第 8，整个地区便利化水平差异较大，其中阿联酋、卡塔尔为投资比较便利国家，沙特阿拉伯、格鲁吉亚等国处于中等水平，而伊朗、也门为投资不便利国家，排名较靠后。

制度质量方面，阿联酋、卡塔尔、沙特阿拉伯等国政治经济稳定，社会治安良好，法律制度健全，如与投资合作相关的法律、反对商业贿赂、环境保护、保护知识产权的法律法规等较完善。土耳其与中国发展阶段、技术水平及商业文化相近，是中国企业"走出去"的理想目的地。以色列、约旦、塞浦路斯等国制度水平处于中等水平，政治制度、法律体系较为稳定。而伊朗由于其复杂的国际社会关系，政治经济稳定性较差，即使外资企业在伊朗可以获得司法保护，但审理及裁决的法律程序较为复杂且耗时较长，投资风险较大。

西亚国家基础设施建设水平参差不齐，部分国家严重滞后，交通运输方式布局不平衡、互联互通建设不完善，铁路、公路、港口运转能力有限，航空线辐射不足。如伊朗基础设施年久失修，航空基础设施质量排名第 111 位；土耳其电力尚不足以满足国内需求。相对而言，阿联酋、卡塔尔、沙特阿拉伯基础设施发达，其中阿联酋道路质量排名全球首位；互联网人均使用比例在中东国际中排名第一，电信成熟度在阿拉伯地区排名第一。卡塔尔航空公司已开通 170 多条国际航线，与中国直飞航线达 7 条。沙特阿拉伯水运总吞吐量为 1.5 亿吨，承担了沙特阿拉伯 95% 的进出口量①。

阿联酋、卡塔尔、沙特阿拉伯等国金融体系较为完善，实施开放的货币政策、自由汇兑制度；融资方面，外国投资企业可以向商业银行或金融机构申请贷款，融资成本较低，如阿联酋央行 1 年期利率约为 1.49%，对外贷款在此水平上加 2% 左右。土耳其实行浮动汇率制度，融资方面，土耳其鼓励金融资源自由流动，外国投资者可从当地市场获得信贷，但融资成本较高，投资者多寻找国际融资。伊朗经济金融环境、经济增长重新进入上行通道，2016 年经济增速上升至 4.6%，成为中东地区表现最佳的经济体。伊朗本地融资成本较高，且外国企业难以在当地取得融资。

商业环境方面，由于西亚地区局势动荡，社会矛盾错综复杂导致该地区投资风险较大，且行政审批效率低、对投资者保护程度差。土向外资提供一般优

---

① 《对外投资合作国别（地区）指南（沙特阿拉伯）》，2017 年。

惠政策、中小型企业的优惠待遇、落后地区的优惠待遇等三类政策。相对而言，阿联酋、卡塔尔、沙特阿拉伯商业投资环境宽松良好，整体赋税水平较低，尤其是阿联酋在联邦层面基本上实施无税收政策；服务为一站式、网络化管理，并取消了中小企业的登记注册费用、缩短了注册所需时间，服务快捷高效。但由于阿联酋、卡塔尔市场开放程度较高，市场容量有限，竞争十分激烈，并通用西方标准体系，市场准入门槛较高。

技术创新能力各国差距较大，其中 2017 年以色列和塞浦路斯创新水平较高，尤其是以色列为该地区唯一进去全球创新指数排名前 25 强的国家；阿联酋、沙特阿拉伯等国逐渐从对能源的依赖转向更加创新驱动型的多元化增长点，创新能力在不断提升；伊朗全球创新指数排名为第 75 位，而也门等国受其局势动荡及社会矛盾复杂的影响，经济水平较低，进而创新水平靠后，其全球创新指数排名为 127/127。

可以看到，多数亚洲国家在道路、铁路、港口、电站等方面存在着较大的基础设施投资和建设需求，但缺乏必要的资金和技术支持，对我国企业而言既有较强的吸引投资价值和合作潜力，也由于亚洲庞大的基础设施建设市场，为企业提供了大量的机遇。在政治经济环境方面，部分国家政治经济社会动荡，企业需要充分考虑到合作风险。同时，亚洲各国和地区在开放程度、文化等都存在一定差异，如部分国家对外商投资限制较多、审核较严等问题，对中国向亚洲地区投资产生较大影响。

（六）东欧

东欧地区投资便利化水平得分为 0.4871，排名第 7 位。其中奥地利、爱沙尼亚排名位于前 30 位，而摩尔多瓦、乌克兰、俄罗斯排名靠后，属于投资不便利国家。

制度方面，其中俄罗斯政局较为稳定，但战争和武装冲突风险不容忽视。俄罗斯法律体系较完备，与投资相关的民商法、行政法健全。俄罗斯 2017 年清廉指数得分 29 分，排名 135/179①，属于腐败比较严重的国家。立陶宛为"一带一路"目的国之一，同时是欧盟成员国，享受欧洲经济一体化、防卫等制度安排带来的货物、人员自由流动等便利，社会安定、政策透明、政府清廉、法律基础完善。

东欧多数国家基础设施建设上相对滞后，其中俄罗斯铁路总长度居世界第

---

① 《透明国际清廉指数》，2017 年。

二且运输量全球第一，但其他设施落后且地区差异极大，物流体系不健全、成本高，国际物流绩效指数为 2.57，排名为 99/160①。立陶宛是欧洲地区重要的交通枢纽，铁路联通东西欧；信息通信技术全球排名第一；但其电力短缺，需从周边国家大量进口电力，占用电总量的 66%。

金融环境方面，自 2014 年西方对俄罗斯的多轮经济制裁，导致俄罗斯国内经济形势恶化，银行体系稳定性较差，在 138 个经济体中排名第 121 名②。融资方面，俄政府可在职权范围内利用地方财政收入或预算外资金向外资提供税收优惠、担保、融资及其他形势的支持，但贷款利率不断提高，融资成本过高。而立陶宛获得欧盟的金融支持力度大，同时自 2015 年 1 月 1 日起正式加入欧元区，正式启用欧元；融资方面贷款利率较低。

商业环境方面，俄罗斯开办企业、办理施工许可证的效率远落后于其他国家。为吸引投资，俄罗斯不断出台对传统产业的投资鼓励政策。立陶宛通过一系列税收激励措施，鼓励外国企业投资高新技术产业，并为外国企业提供资金支持，其中研发费用能够享受三倍抵扣，最高可扣减应税利润的 50%③。立陶宛加入欧盟后，对外资实行国民待遇，仅在自由经济区实行部分税收优惠。另外，在当地注册公司需要 5 个步骤，大约 3 周时间，效率较高。

技术与创新能力方面，东欧地区整体水平较低，2017 年俄罗斯在全球创新指数排名为 45/127，爱沙尼亚全球创新指数排名为 25/127，爱沙尼亚、立陶宛其研发支出总量及研发强度处于一般水平，科技实力位居中游。

（七）中欧

中欧地区投资便利化水平较高，排名第三，尤其是瑞士、德国两国，属于非常便利国家，其他国家基本位于中上水平。

瑞士、德国、匈牙利等国经济高度发达，社会安定和谐，法律健全稳定，政策透明公开。相比而言捷克、波兰制度质量略低，社会较稳定，但波兰政策法规变化较快，为投资政策环境带来不确定性，对中资企业市场开拓、经营、评估风险等造成障碍。

瑞士、德国、捷克等国基础设施完善程度在全球领先，其中瑞士公路系统中 3/4 为高速公路，全国公路也是主要的国际运输线路；铁路全部实现电气

---

① 《世界银行 2016 年公布的全球物流绩效指数》。
② 《2016—2017 年全球竞争力报告》，世界经济论坛。
③ 《国别投资指南（立陶宛）》，2017 年。

化，密度居世界前列，运载率为欧洲之首；电信业发展水平与国际通信业发展速度基本相当。德国基础设施发展重点为技术优化及可替代能源的使用。据世界银行发布的报告，捷克 2016 年全球物流绩效指数排名为 26/160，位居欧洲新兴市场国家榜首①。

金融环境方面，波兰经济抗风险能力较强，但目前金融部门银行体系较脆弱。捷克经济整体呈增长态势，财政、金融市场状况保持稳定，国外投资者可在捷境内自由投资，但对外汇资金流动实行严格监控。由于超低利率的风险，德国的金融体系受到影响；在融资条件方面，外资企业与当地企业享受同样待遇，其中银行信贷为企业融资主要方式。瑞士作为世界金融中心，金融市场环境稳定，银行体系健全、资产管理水平先进、服务优质高效；另外瑞士金融服务体系为外国投资者创造了优越的融资环境，资金实力雄厚，能为投资企业提供条件优惠的贷款，且为客户提供先进的金融服务手段和广泛的咨询。

商业环境方面，中欧各国大多鼓励外商投资，并出台了相关投资优惠政策。波兰营商环境较好，但其行政效率较低②，且企业申请开工、劳动、环保等许可也面临要求严格、审批周期长、效率低等问题。德国整体市场环境较规范，是欧洲地区开放度比较高的国家。另外，瑞士市场环境公平开放良好，并位于欧洲中心，拥有多方面的区位优势；创新能力超强，技术优势明显。瑞士税率总体较低，利于吸引外资。瑞士政府对待投资持"放任主义政策"，官方支持较少。

技术创新能力方面，中欧地区普遍水平较高。在全球创新指数排名中，瑞士连续 6 年排名第一，是全球最具创新能力的经济体；捷克的研发投入较高，接近于发达国家的平均水平 2.36%③，同时其 2017 年在全球创新指数排名中为第 24 名；德国等国在生物领域的科研创新较为重视；波兰、匈牙利的研发强度低于发达国家的平均水平，在全球创新指数排名中分别为第 38 名、第 39 名。

（八）南欧

南欧地区投资便利化水平为 0.4898，排名第 6，各国投资便利化水平差别

---

① 世界银行发布，《全球物流绩效指数报告》，2016 年。

② 《2017 年营商环境报告》，世界银行。

③ OECD. Main Science and Technology Indicators ［EB/OL］. ［2015-11］. http：// stats. oecd. org/.

较大，其中西班牙、葡萄牙、马其顿得分较高，意大利、希腊、克罗地亚、斯洛文尼亚、保加利亚、罗马尼亚排名均在 50 名左右，塞尔维亚、波黑得分较低，属于投资不便利国家。

南欧各国制度质量水平参差不齐，其中罗马尼亚作为"一带一路"倡议的重要沿线国家，也是北约和欧盟成员，政局相对稳定，主要实行欧盟法律制度。西班牙关于外国投资的法律体系健全、社会治安良好，为欧盟犯罪率第三低的国家，但各类行政手续繁杂，行政效率较低，且很多标准和规定国际化透明程度不高。意大利政局动荡，政府更迭频繁且官僚作风较重，政策连续性差，社会治安欠佳；另外法律法规繁杂、效率较低且费用高，投资便利化服务远不如美国等发达国家。

罗马尼亚的基础设施在欧盟相对落后。西班牙交通十分发达，其高速公路里程及高速铁路里程均位居欧盟第一①，2014 年 11 月，从浙江义乌到马德里的"义新欧"铁路班列正式开通，成为亚欧大陆互联互通的重要桥梁和"一带一路"建设的早期成果；电力资源大量利用可再生能源，占总发电量的 40.8%。意大利有宽广的基础设施网络，国际港口系统、物流平台中转码头十分先进，为欧洲第二大海运大国；但电力较缺乏，是欧洲国家中进口电能最多的国家。

金融服务效率方面，罗马尼亚金融环境变化不定；融资方面，外资企业与当地企业享受同等待遇，且基准利率较低，融资成本不高；西班牙、意大利等国金融环境良好，执行欧洲中央银行的稳定性货币政策；外汇政策自由，融资方面外国企业享受与当地企业同等待遇，债务危机以来，银行贷款条件苛刻，对中资企业贷款需要中方企业或中资银行全额担保，向本国银行贷款极难。

商业环境方面，各国出台了一系列投资优惠政策，如对外资企业实行国民待遇并提供国家资助，如非偿还性补贴、贷款利息折扣等相关优惠政策，但多数国家公司注册手续较烦琐，耗时较长，且国内赋税较高，企业经营成本高。

技术与创新能力方面，南欧地区处于中等水平。西班牙、意大利、斯洛文尼亚、希腊在 2017 年全球创新指数排名分别为第 28、29、34、44 位；克罗地亚、罗马尼亚的研发水平及创新能力处于中游地位，特别是罗马尼亚近年来持续降低；保加利亚研发创新能力处于中等偏下的水平；波黑、马其顿的研发支出总量及强度都极低，创新能力较弱，科技实力靠后。

---

① 《对外投资国别指南（西班牙）》，2017。

（九）北欧

北欧各国经济发展最佳，其投资便利化水平全球第一。

芬兰、瑞典、丹麦经济社会稳定，社会治安总体良好，劳动力素质高，社会福利水平及平衡发展等领域全球领先，政府清廉，政策透明度高且法律法规健全，尤其是丹麦政府高度重视知识产权的保护，制定了一系列的法律法规。瑞典为北欧最大的发达经济体，创新研发能力居世界前列。

瑞典、丹麦、芬兰等国基础设施完备，其中丹麦航运业作为传统支柱产业，提供的海运服务占世界航运市场的10%；电力方面，风电产业形成了一定规模，风电占丹麦全国电力总消费的42%；通信设施先进及数字化网络发达，社会经济的数字化程度位居欧洲第一①。芬兰公路铁路均与瑞典、俄罗斯相连；通信设施完善，移动电话和互联网普及率高。

各国金融业发达，专业化程度高，银行体系效率极高，电子化服务方便快捷；实行自由外汇政策；融资方面，对外资企业与当地企业同等待遇，商业融资成本较低，且融资渠道广泛，例如，截至2017年6月，丹麦贷款利率为0.05%，外资企业还可通过公共基金、风险投资、机构投资、私人投资或"商业天使"等方式获得融资，为中国企业开展业务提供了灵活的金融市场和融资手段。

北欧各国商业环境一流，市场经济开放发达，公共服务规范完善，产业结构优化，可持续发展后劲足。瑞典、丹麦为外国投资者开办公司提供多种便利条件，例如公司在线注册方便快捷；政府对外资采取开放态度，对不同产权和国籍的资本一视同仁，一般不提供特别的鼓励优惠政策。芬兰鼓励外商投资，并可享受"国民待遇"，另外可向芬兰国家技术创新局申请研发奖励金。

北欧地区技术与创新能力排名第一，由于该区域完善的制度及发达的基础设施，为其知识与技术产生方面提供了强大的支撑，在企业资助的研发、外国企业资助的研发、高新技术产品出口和国际专利申请上有改进的余地。其中瑞典、芬兰、丹麦均为全球创新指数10强经济体。

（十）西欧

西欧地区投资便利化得分全球排名第二，便利化水平高。

英国、爱尔兰等国政局稳定，社会安定，作为高度成熟的法治国家，其各

---

① 来源于欧盟2016年"数字社会经济指数"排名。

项法律法规健全，执法体系完善，公共服务质量及效率较高，尤其是英国的腐败程度全球最低①。荷兰政府更迭频繁，但社会较为稳定，治安状况良好；投资相关法律法规健全，劳动和雇用法严格，商标、专利、技术转让和环境保护等方面法律法规均较为齐备。

英国交通运输网络全球领先，其中航空交通系统规模在欧洲排名第一，运输效率极高；港口众多，其中海运承担了 95% 的对外贸易运输。荷兰、爱尔兰交通基础设施良好，其中荷兰拥有较先进的互联网基础设施，荷兰宽带使用率在所有欧洲国家中排名第一②。

英国、荷兰、爱尔兰等国金融环境较宽松。金融服务业作为英国经济的重要支柱产业，2016 年占英国经济产出的 7.2%，对所有在其境内注册的金融服务机构实行统一金融监管，以提高效率、规范金融市场秩序和公平竞争。目前，中国的国有控股银行及部分股份制银行如招商银行、交通银行已在英国成立分行。融资方面，中资企业与当地企业享受同等待遇，融资成本较低，且英政府制定实施了帮助中小企业融资的政策。但目前爱尔兰各大银行紧缩银根，申请贷款较为困难。

英国、荷兰、爱尔兰对外资总体持自由开放态度，投资环境开放透明。英国建立企业并开展业务只需 13 天，而欧洲其他国家平均需 32 天，且没有最低资本要求，为吸引外资，英国政府 2017 年 4 月起将企业所得税下调至 19%，为 G20 成员国中最低的税率。英国对中国投资持开放态度，投资促进部门对外资企业提供一整套的呵护式服务，利于中资企业在当地的大力发展。爱尔兰作为欧盟成员国，完全执行欧盟经济政策，在市场准入政策方面无专门限制，重点鼓励外国企业和机构投资技术含量高和附加值高的产业。

西欧地区技术创新水平排名第二，其研发投入、专利申请量、教育支出等各方面指数较高，英国、荷兰、爱尔兰等国均为全球最具创新能力的经济体十强。

(十一) 北美

北美地区投资便利化得分为 0.5248，排名第 5。其中加拿大、美国投资便利化水平排名前 20，整体投资环境较好，除尼加拉瓜为投资不便利国家以外，其他国家均处于中等便利化水平。

---

① 据 2016 年透明国际 (Transparency International) 统计的廉洁指数排名所得。
② 排名来源于经济学人信息部出版的电子化程度排名报告。

美国、加拿大、巴拿马、巴巴多斯等国政治体制成熟稳定，法律制度健全，开放程度高，社会融合性强，政策公开透明。尤其是美国有先进的司法和商业法律体系，有利于营商活动的开展；而加拿大在环境保护方面要求十分严格。墨西哥作为发展中国家，与投资、环境保护相关的各方面法律详细具体，但没有专门的《商业贿赂法》，其廉洁水平较低。

加拿大、美国等国交通基础设完善。其中加拿大铁路网全球排名第五，铁路货物运量全球排名第四，其水力发电量全球第二。在全球最大的 10 个经济体中，美国拥有最大的公路系统、铁路网络和最多的机场；通信业各项指标均居于世界前列：固定电话用户居世界第 2 位，移动电话用户居世界第 3 位，互联网网站数量位居世界第 1 位。相对而言，墨西哥、波多黎各、牙买加、萨尔瓦多等国基础设施较落后。

美国、加拿大等国金融体系稳健，拥有良好的银行制度和管理严格的金融市场，银行业服务实力和安全性在全球排名靠前。在融资条件方面，外国企业与美国公司享有同等待遇，在美中资企业融资方式包括银行直接贷款、投资银行融资、股权或债券融资等。墨西哥金融环境大体良好，银行贷款利率较高，因此外国投资者一般不采取这种方式。

加拿大、美国等国商业市场体系完善，投资环境良好，加拿大是成熟市场国家中最具商业成本竞争力国家，整体排名第二，综合考虑劳动力成本、设施成本、运输成本及税务、数字化服务、研发服务等支持性服务等，加拿大商业成本较美国低 14.6%[1]。其中美国、加拿大的所得税税赋高，加政府为吸引外资，设计了多项税收优惠。但美国在大多数行业仍需缴付 35% 的企业所得税，投资回报偏低。墨西哥、牙买加等允许外国投资者在境内从事大多数行业，并对外国投资者制定相关的优惠促进政策，但在墨西哥注册公司程序较烦琐，超过十个步骤，耗时较长。

北美地区中技术与创新能力最强的国家为美国，在开展全球性研发的企业、科研出版物的数量及质量、软件支出和创新集群状态方面优势显著，但在高等教育支出和生态可持续性的指标得分较低[2]，同时其研发投入极大，独特的创新机制、创新文化及创新生态决定了美国在世界技术研发领域的领先地位（王忠宏，2014）；加拿大 2017 年创新指数排名 15 名，其在网络创意方面优势较明显。

---

① 《毕马威（KPMG）2016 年竞争选择报告》。
② 薛亮 . 2016 年全球创新指数报告解读 . 2017-04-13.

（十二）南美

南美各国投资便利化水平普遍较低，得分为 0.3777，全球排名第 10。除智利、哥斯达黎加、乌拉圭投资便利化指数排名在前 50 名以外，其他国家均为投资不便利国家。

南美国家除智利以外，制度质量普遍不高。智利透明度在拉美居第二位，政府部门管理较公开透明；其法律制度健全，相关法规对违法商业行为处罚较重，环境保护法详尽；整体治安能力及防范实力较强，目前是拉美国家中最稳定的国家之一。巴西、阿根廷等国社会基本稳定，但司法体系不透明，效率低下，腐败较多，社会治安水平一般。

南美地区基础设施普遍较为落后，因此近年巴西、阿根廷等国政府加大了基础设施领域的外资引进力度，将基础设施行业作为吸引外资的重点行业之一。

南美国家金融服务方面普遍偏低，融资条件较差。其中智利银行业监管较规范，但对外国资本汇进汇出有一定的限制条件，且利润汇回需缴纳 35% 的所得税及附加税；融资条件较为便利，据智利银行协会统计数据，2016 年智利的商业银行借贷利率为 6.1%，是拉美商业贷款成本最低的国家之一，而巴西贷款利率高达 44.0%，企业融资成本极高。

南美各国对外资持开放态度，智利商业环境良好，市场经济体制完善，总体商业信誉较好，市场准入方面限制较少，对外资实行国民待遇，无特别优惠政策。但在巴西、阿根廷进行商业活动面临的程序较多，影响企业的经营活动，尤其是阿根廷通货膨胀严重，导致经营成本较高。

南美各国技术与创新能力中等偏低，但其发展潜力巨大。由于整个地区的经济水平的制约，导致其创新水平近年来没有显著提升，其中智利的全球创新指数在该地区居于首位，而哥斯达黎加、墨西哥、乌拉圭相对较低。

（十三）非洲

非洲地区投资便利化水平排名第 12，除南非、博茨瓦纳、毛里求斯以外，其他各国便利化水平均较低。目前，中国政府非常重视与非洲各国在政治、经贸、人文、国际协作等方面的交往，与塞内加尔、南非等国建立了全面战略合作伙伴关系，以促进各方的长远发展。

非洲各国政治经济基本保持平稳，但总体法律体系较落后，安全形势较差，政府腐败行为较普遍，如埃及、埃塞俄比亚、肯尼亚、南非、赞比亚等国。

非洲地区基础设施建设普遍滞后。其中埃及交通运输成本较低，且发电能力在非洲及中东地区居首位。埃塞俄比亚运输成本相对较高，2016年10月，由中国企业建设、连接埃塞俄比亚和吉布提两国首都的亚的亚吉铁路正式建成通车，这是非洲首条现代电气化跨国铁路。赞比亚基础设施落后，尤其是交通运输设施老化失修，导致国内运输成本较高。相对而言，肯尼亚在非洲国家中是交通基础设施建设较完善，电力供应最好的国家之一，但与发达国家相比差距较大。南非有非洲最完善的交通运输系统，铁路总里程3.41万千米，世界排名第11位，占非洲铁路总里程的35%，电信发展水平列世界第20位。

非洲各国金融水平较低，由于财力有限，金融机构资金紧张，外国企业在该地区融资较困难且成本较高。相对而言，南非金融体系发达，由于与美元、欧元等主要货币关联度高，导致汇率波动较大，对中资企业的经营收益影响较大。融资方面外资企业与当地企业享受同等国民待遇，且对外资全资公司，借款数可以为公司有效资产的100%。

非洲各国总体对外资持欢迎态度。其中埃及政府实行了埃及"一站式"投资服务改革；2013年赞比亚启动"营商环境行动计划"，便利投资程序，改善本地营商环境。部分国家投资环境出现恶化，如肯尼亚政府各部门间缺乏高效的协调机制严重影响工作效率，导致投资周期过长；南非收紧了外资促进保护、签证、矿产资源开发等多项政策，另外受新的黑人经济振兴政策对支持黑人企业和本地化的要求大幅提高，罢工频繁，妨碍政策市场秩序，安全风险也有所上升。

非洲地区整体创新水平较低，2012年以来，该地区各国创新水平在不断提升，创新表现超过了其发展水平预计达到的程度。其中2016年肯尼亚、马达加斯加、马拉维、乌干达等国的知识与技术产出逐步提高，超过了西亚地区；毛里求斯、南非等国全球创新指数分别为第53名、第54名，为该地区创新水平较高的国家。

综上所述，各国（地区）投资便利化水平差异极大，北欧、西欧、东亚（太平洋）等发达国家普遍在交通基础设施质量、金融服务效率、政府政策稳定性、创新水平等方面体现出极大优势，而东南亚、南亚、中亚等"一带一路"沿线国家（地区）普遍在基础设施质量、行政审批效率、信贷等方面比较滞后。另外，东北亚、中亚和南亚、南美等区域国内外市场准入较低，西亚、非洲等地区实体环境安全较差，地区冲突、恐怖袭击和宗教信仰冲突等问题较严重，阻碍区域经济一体化发展和投资便利化水平的提高。同时，各区域的优势也因资源禀赋和经济发展水平不同而呈现出差异化。因此，我国企业对外直接投资时，应根据东道国的具体情况做出适当的区位选择决策，并采取差异化的投资战略，如对中亚地区，可以加强在通信、交通、能源等方面的合作，扩大投资规模，提高投资效率；对自然资源丰富的西亚地区，加强在能源产业方面的合作；对经济发展较好的北欧、中欧地区，要推动投资合作的技术水平，提高产品的市场竞争力。结合各国优势，降低企业投资风险与障碍并提高投资效率，促进企业生产率效应不断提高。

第四节　本章小结

本章首先分析了中国对外直接投资现状以及东道国投资便利化的现状，其次借鉴前人研究结论构建了东道国投资便利化测度体系，然后选取 2008—2016 年 126 个国家（地区）的相关数据，采用主成分分析法计算得到各国投资便利化测算结果及排名。

主要结论如下：

第一，在投资便利化的影响因素中，影响程度由大到小依次为制度质量水平、基础设施质量、技术与创新能力、金融服务效率、商业投资环境。

第二，本书选取的 126 个国家，基本覆盖了全球范围，各国投资便利化水平差距较大，其中发达国家经济水平较高，投资便利化水平普遍较高，发展中国家、不发达国家经济较为落后，则投资便利化水平普遍较低，多数国家投资便利化水平保持稳定，少部分国家的投资便利化水平呈现波动。第三，各地区的投资便利化水平也存在较大差异，其中北欧、西欧投资便利化水平最高，各年平均分高于 0.8 分；其次为中欧、东亚（太平洋）、东南亚、北美、南欧地区处于比较便利的水平；而西亚、东欧、南美地区投资便利化水平普遍较低；投资便利水平最为落后的地区包括南亚及非洲、中亚地区，得分低于 0.4 分，该区域的投资便利化水平存在极大的提升空间。

第五章　东道国投资便利化、企业生产率对区位选择的实证（一）

从第二章第一节的机理分析可知，无论是东道国投资环境还是异质性企业自身特征，均会对对外直接投资区位选择产生影响。因此本章采用2008—2016年的数据，分别从国家层面和企业层面考察区位选择问题。在宏观层面基于 Heckman 两阶段模型考察东道国投资便利化对对外直接投资区位选择的影响；在微观层面采用最小二乘法考察企业生产率对中国企业对外直接投资的影响，对相关计量结果做出合理解释，并进行相关的稳健性检验。

第一节　中国 OFDI 的特征事实分析

在经济全球化的发展趋势下，国际直接投资已成为推动经济一体化的重要方式。特别是近些年来，中国对外直接投资发展迅速。本节主要从中国 OFDI 投资规模、投资区位、投资区位与投资便利化的关系三个方面具体说明，为后文实证分析提供事实依据。

一、中国对外直接投资规模

当今世界正发生复杂深刻的变化，世界经济缓慢复苏、发展分化、全球对外直接投资缓慢恢复，国际投资贸易格局和多边投资贸易规则调整。从图5-1可知，2017年，全球经济和货物贸易均创2011年以来最快增速，而全球对外直接投资流出流量呈现连续两年的逆势，中国对外直接投资首次呈现负增长，但仍以1582.9亿美元位列全球第三，是2002年流量的58.6倍，占全球比重连续两年超过一成。中国对外投资在全球各国间投资中的影响力不断扩大。可以看到，在逆全球化浪潮愈演愈烈，贸易保护主义抬头的形势下，我国仍坚持加快构建开放型经济新体制，不断推进"一带一路"倡议、"国际产能和装备制造合作"。因此，本书通过对各国投资便利化水平的测度及分析，有助于企业在对外直接投资时做出最优决策。

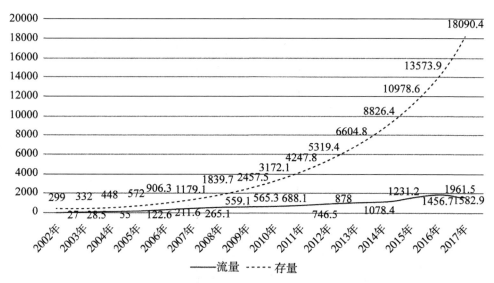

图 5-1 2006—2017 年中国对外直接投资流量及存量

资料来源：2017 年中国对外直接投资统计公报。

截至 2017 年底，中国对外直接投资流量占全球流量份额的 11.1%，存量由 2016 年的第 6 位跃升至第 2 位，达 30.84 万亿美元（见图 4-1），占全球存量份额的 5.9%。中国 2.55 万家境内投资者在国（境）外共设立对外直接投资企业（以下简称境外企业）3.92 万家，分布在全球 189 个国家（地区），年末境外企业资产总额 6 万亿美元①。

自 2001 年中国加入 WTO 以来，中国对外直接投资基本上呈逐年上升的态势，2002—2017 年中国对外投资的年均增长速度高达 31.2%。2013—2017 年累计流量达 7310.7 亿美元，占对外直接投资存量规模的 40.4%。

近年来，中国对欧洲地区投资总体呈上升趋势，近五年投资存量增长了 3.1 倍。2017 年，中国对欧洲地区直接投资流量 184.6 亿美元，创历史最高值，同比增长 72.7%。2017 年中国对欧盟直接投资快速增长，流量首破百亿美元，达到 102.7 亿美元，同比增长 2.7%，占对欧洲投资流量的 55.6%。

非洲地区地域广阔，自然资源丰富，人口众多，近年来，中非机制不断强

_____

① 2017 年中国对外直接投资统计公报。

化、产业合作继续深化，中国对非投资流量快速增长，投资领域较集中。2017年，中国向非洲对外直接投资同比增长 70.8%，是五大洲中增长最快的目标市场，占当年对外直接投资流量的 2.6%。主要流向安哥拉、肯尼亚、刚果（金）、南非、赞比亚、几内亚、刚果（布）、苏丹、埃塞俄比亚、尼日利亚、坦桑尼亚等国家。

北美洲地区经济发达，技术先进，拥有突出的研发创新能力，高素质的工人队伍，充足廉价的能源供应、完善的基础设施，良好的投资环境，已成为中国企业对外直接投资主要目的地之一。2017年，受全球对外投资趋势放缓和美国对华贸易摩擦及投资限制政策等不利因素影响，中国企业对北美洲地区的直接投资首次呈现负增长，且降幅较大。流向北美洲地区的投资 65 亿美元，同比下降 68.1%，占当年对外直接投资流量的 4.1%。其中对美国投资 64.3 亿美元，同比下降 62.1%；加拿大 3.2 亿美元，同比下降 88.9%。

近年来，拉丁美洲各国总体经济稳定，发展态势良好，是中国实施"走出去"战略的重要市场。截至 2017 年年底，中拉之间形成了"中拉全面合作伙伴关系+全面战略伙伴关系+战略伙伴关系+多种友好关系"立体化大格局。2017年，受全球对外投资趋势放缓、美欧对跨国企业赴"避税天堂"投资采取惩罚措施等不确定因素影响，中国对拉丁美洲地区的直接投资降幅较大，且区域分布不均衡，行业布局较为集中，并购投资活动主要集中在巴西。2017年，中国流向拉丁美洲地区的直接投资流量 140.8 亿美元，同比下降 48.3%，占当年对外直接投资流量的 8.9%。截至 2017 年末，中国在拉丁美洲地区的投资存量为 3868.9 亿美元，占中国对外直接投资存量的 21.4%。

长期以来，亚洲地区与中国地理位置临近、文化相同，是中国企业对外投资的重要市场。2017年，亚洲地区仍保持中国 OFDI 的最大市场地位，从流量看中国流向亚洲地区的投资 1100.4 亿美元，同比下降 15.5%，从图 5-2 可知，中国对亚洲地区的投资额远超其他地区，占当年对外直接投资流量的 69.5%。具体而言，对中国香港的投资 911.5 亿美元，同比下降 20.2%，占对亚洲投资的 82.8%；对东盟 10 国的投资 141.2 亿美元，同比增长 37.4%，占对亚洲投资的 12.8%。

大洋洲国家投资环境总体良好，双方经济互补性较强，是重要的经贸合作伙伴。中国与澳大利亚、新西兰分别建立了全面战略伙伴关系，与八个建交太平洋岛国建立了相互尊重、共同发展的战略伙伴关系。2017年，受全球对外投资趋势放缓以及中国优化投资结构等政策因素影响，中国对大洋洲投资略有下降，但占比相对稳定。2017年，中国对大洋洲直接投资流量为 51.1 亿美

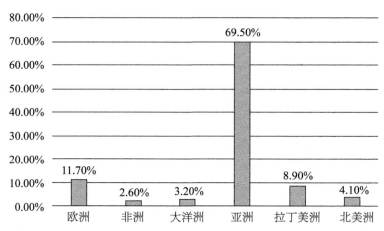

图 5-2　2017 年中国对外投资流量地区分布情况
资料来源：2017 年中国对外直接投资统计公报。

元，同比下降 1.9%，占当年对外直接投资流量的 3.2%。截至 2017 年末，中
国对大洋洲直接投资存量为 417.6 亿美元，占中国对外直接投资存量的 2.3%，
较上年略有下降。主要流向澳大利亚、新西兰、萨摩亚、巴布亚新几内亚等国家。

　　中国对全球各国的对外直接投资额存在较大差异，2017 年中国对美国、
澳大利亚、中国香港、新加坡等国的投资流量较大。2017 年末，中国对外直
接投资存量前 20 位的国家（地区）累计达到 16568.03 亿美元，占中国对外直
接投资存量的 91.6%（见表 5-1）。

表 5-1　　　　**2017 年末中国对外直接投资存量前十位的国家（地区）**

序号	国家（地区）	存量	比重（%）
1	中国香港	9812.66	54.2
2	开曼群岛	2496.82	13.8
3	英属维尔京群岛	1220.61	6.7
4	美国	673.81	3.7
5	新加坡	445.68	2.5
6	澳大利亚	361.75	2
7	英国	203.18	1.1

序号	国家（地区）	存量	比重（%）
8	荷兰	185.29	1
9	卢森堡	139.37	0.8
10	俄罗斯	105.39	0.8
	合计	15644.56	86.6

资料来源：2017 年中国对外直接投资统计公报。

二、中国企业对外直接投资的区位分布

虽然发展中经济体对外直接投资整体上发展迅速，但在不同的地区和国家，对外直接投资活动的情况也存在较大的差异。本部分着重阐述中国企业对外直接投资的区位分布，具体包括区位分布的发展历程，企业在各大洲的分布情况及企业主要的境外直接投资东道国（地区）。

2017 年末，中国境内投资者共在全球 189 个国家（地区）设立对外直接投资企业（简称境外企业）3.92 万家，较上年末增加 2100 多家，遍布全球超过 80% 的国家（地区）。其中：亚洲的境外企业覆盖率与上年持平，为 97.9%，欧洲为 87.8%，非洲为 86.7%，北美洲为 75%，拉丁美洲为 67.3%，大洋洲为 50%（见表 5-2）。

表 5-2   **2017 年末中国境外企业在各洲分布情况**   单位：个

洲别	2016 年末国家（地区）总数	中国境外企业覆盖的国家（地区）数量	覆盖率（%）
亚洲	48	46	97.9
欧洲	49	43	87.8
非洲	60	52	86.7
北美洲	4	3	75
拉丁美洲	49	33	67.3
大洋洲	24	12	50
合计	234	189	81.1

资料来源：2017 年中国对外直接投资统计公报。

截至 2017 年末，中国企业在亚洲的数量达到 2.2 万家，占境外企业总数的 56.3%。在中国香港地区设立的境外企业超过 1.2 万家，占到中国境外企业总数的三成，是中国设立境外企业数量最多、投资最活跃的地区。中国企业在非洲的 52 个国家开展投资，在非洲设立的境外企业超过 3400 家，占 8.7%，主要分布在赞比亚、尼日利亚、埃塞俄比亚、南非、肯尼亚、坦桑尼亚、加纳、安哥拉、乌干达等。中国企业在欧洲设立的境外企业近 4200 家，占境外企业总数的 10.7%，主要分布在俄罗斯、德国、英国、荷兰、法国、意大利等国家。中国对欧投资结构出现显著改变，中国企业开始将更多资金投入基础设施、不动产、机械制造和汽车工业。中国对欧投资结构随着欧洲政策、经济和市场的发展不断发生变化，朝着高附加值、高质量方向持续优化。而企业出于转型升级的需要，通过并购欧洲优质资产获得先进技术、投资于先进管理模式下的高附加值产业等提高国际竞争力，更为东道国经济发展注入强大动力，解决资金链不畅的问题，并创造大量就业。中国位于北美洲的境外企业超过 5900 家，占境外企业总数的 15.1%。总体来看，中国对北美的投资行业将日趋广泛，结构将逐步调整，投资并购将回归理性，平稳发展。近年来中国对美投资日益关注高技术及高端服务业，出于缩短与国际先进企业技术差距的考量，越来越多的中国企业将投资目标定位于产业链和技术阶梯的高端，倾向于收购品牌技术或投资于高附加值的行业领域。中国在大洋洲设立的境外企业 1300 家，占境外企业总数的 3.5%，覆盖大洋洲 12 个国家（地区），覆盖率为 50%。在拉丁美洲设立的境外企业 2200 多家，占中国境外企业总数的 5.7%，覆盖拉丁美洲 33 个国家（地区），覆盖率为 67.3%。主要分布在英属维尔京群岛、开曼群岛、巴西、墨西哥、智利、委内瑞拉、秘鲁、厄瓜多尔等。

三、中国对外直接投资规模与投资便利化水平

从第三章关于东道国投资便利化水平测算结果可知，不同国家、不同地区的投资便利化水平差异较大。在本书的理论分析部分已经表明，投资便利化水平与中国企业对外直接投资规模具有正向效应，东亚、北美、西欧等地区投资便利化值较高，相对应这些地区的投资规模较大；而中亚、非洲、南美等地区投资便利化水平较低，则其吸引外资的能力较弱。

第二节　投资便利化对区位选择的影响研究

从宏观视角出发，企业投资区位的选择必定涉及区位所固有的各种特点，本书选取的投资便利化这一指标基本涵盖了企业跨国投资时所需要考虑的东道国各方面的因素。其中，投资便利化指数中所包含的基础设施质量代表着东道国经济发展的"硬条件"，商业投资环境、技术与创新能力、金融服务效率则关系着外资企业在东道国进行投资所处的"软环境"，制度供给质量则外资企业在东道国行为的制度约束，上述条件均直接影响 OFDI 企业在东道国投资的成本，进而必然影响企业在东道国投资的区位选择。

因此，投资便利化对利用外资规模的作用通过上述五个途径来发挥。具体来看，第一，基础设施方面。基础设施互联互通是利用外资的硬件保障。基础设施建设一方面包括公路、铁路、航空及港口等交通设施，还包括关乎在非企业的正常生产经营活动能否顺利进行的电力应用。因此，基础设施的完善能有效促进商品、劳务人员等要素的流动和转移，突破资源分布不均的限制，直接影响着外资企业的生产活动。此外，基础设施投资是一切经济发展的根基，它可以为经济发展提供强劲的驱动力，并反作用于投资硬环境的改善。同时，若各国国内市场狭小，外资企业的目光必然不可能局限于东道国一国之内，更希望通过辐射区域市场提高经济效益。基础设施的改善有望使得东道国所在区域内部的商品流通成本降低、效率提高，市场的扩大也是吸引企业投资的重要因素。在上述三方面的影响下，基础设施改善将带来东道国利用外国直接投资规模的扩大。第二，商业投资环境方面。市场的开放度直接为企业进入的深度和领域划定了界限，而政府对投资创业的相关规定也决定了企业在东道国进行生产经营活动所面临的办事效率和需付出的成本，劳动力更是影响企业生产效率和成本的关键因素。因此，若投资便利化评价体系中的商业投资环境有效改善，将会吸引更多的企业选择投资设厂。第三，信息技术应用方面。在信息时代和大数据时代，网络和信息通信技术的应用关乎企业技术资源的可获得性和运营效率。因此，信息技术的应用在很大程度上决定了企业在东道国是否能便捷地获得资源、实施创新。若信息技术应用水平较低，必然会制约外资企业对东道国的投资行为和投资规模。第四，金融服务效率方面。金融服务既包括银行等金融机构提供的服务是否便捷，又包括融资的可得性，其对母国和东道国之间的跨境直接投资活动的影响贯穿始终。金融服务效率高，表明东道国能够为投资活动提供便捷的服务和充足的资金支持，降低企业融资成本，这有利于直接推动投资便利化进程和投资规模扩大。第五，制度供给质量方面。东道国的制度环境从宏观角度作用于东道国利用外资的规模和效率。全球金融危机后，周期性与结构性问题凸显，经济问题更加错综复杂，各国普遍面临着经济结构调整和改革。若东道国制度环境相对稳定，决策透明度更高、法规执行状况良好，将会带来大量资本的流入。总之，诱发因素投资组合理论认为，东道国的基础设施等硬环境和政治环境、外资政策、贸易障碍、融资条件等软环境则是企业对外直接投资行为的间接诱发要素。投资便利化水平也正是通过基础设施、商业投资环境、信息技术水平、金融服务效率和制度供给质量五个间接因素来诱发国际直接投资行为、作用于东道国利用外资规模的扩大（党营营，2018）。

根据第二章第一节中投资便利化对区位选择影响的理论分析，本节采用WGI、GCR及各年度中国对外直接投资年报中的数据进行实证检验。

一、模型设定

本节主要考察东道国投资便利化水平对中国 OFDI 区位选择影响，主要采用 Heckman 两阶段选择模型，并结合引力模型进行分析研究。

第一阶段 Probit 投资选择模型决定了中国是否进行投资，即确定中国投资决策受哪些因素影响。

$$\Pr(\text{OFDI}_{jt} = 1 \mid A) = \Phi\left(\sum \alpha^n A_{j(t-1)}^n\right) \tag{5-1}$$

当 $\text{OFDI}_{jt} > 0$，则 OFDI 取 1，否则取 0。具体而言，$\Pr(\text{OFDI} = 1 \mid A)$ 为对外直接投资的概率，当 OFDI = 1 时选择对外直接投资，当 OFDI = 0 时不进行对外投资。$\Phi\left(\sum \alpha^n A_{j(t-1)}^n\right)$ 表示标准正态分布的概率分布函数其中，A 为向量形式的解释变量的集合，表示影响中国对外直接投资决策的因素。

第二阶段用来检验中国投资规模的影响因素，实证研究各变量对投资规模产生的影响。

$$\text{OFDI}_{jt} = \sum \alpha^n A_{j(t-1)}^n + \beta_{\gamma^{jt}} + \zeta_{jt} \tag{5-2}$$

其中（5-2）式中 γ_{jt} 表示米尔斯比率（Inverse Mill's Ratio），当其显著不为零时，说明样本存在自选择问题，选择 Heckman 模型是适合的。

我们在（5-1）式中结合 Anderson（1979）引力模型，加入控制变量，得到具体的模型如下：

$$\Pr(\text{OFDI}_{jt} = 1 \mid A) = \Phi\left(\beta_0 + \beta_1 \ln Z_{jt} + \sum_k \theta^k X_{ijk}^k\right) \tag{5-3}$$

$$Ln(OFDI_{jt}) = \beta_0 + \beta_1 lnZ_{jt} + \sum_k \theta^k X_{ijk}^k + \zeta_{jt} \tag{5-4}$$

其中，（5-3）式中 $OFDI_{jt}$ 表示中国企业是否在东道国投资，（5-4）式中 $OFDI_{jt}$ 表示中国企业每年在东道国 j 直接投资的总规模，Z_{jt} 表示 j 国在 t 年的投资便利化水平，β_0 为常数项，ζ_{jt} 为残差项，X_{jt} 为只包含于东道国相关的控制变量。

二、数据来源与选取

（一）被解释变量

被解释变量为 2008—2016 年中国对外直接投资流量，通过对样本国家的分析，剔除与实际市场无关的投资流入国及数据不完整的国家后，最终得到各国样本数据。数据来源于中国对外直接投资统计公报历年数据。

（二）核心解释变量

投资便利化水平（Z）：该变量根据第三章所构建的投资便利化评价体系并对样本数据进行测度，得到投资便利化综合值。另外，评价体系中五项分指标为制度供给质量（R）、基础设施质量（Q）、金融服务效率（F）、商业投资环境（B）、技术创新能力（T），其具体构建依据及得分参见第三章。由于这五个因素之间具有相关性，而且变量过多会对研究结果造成影响，因此模型进行回归时，将这五项投资便利化指标分别代入模型，逐一进行回归分析。

（三）控制变量

对外直接投资影响因素众多，控制变量的选取较复杂，根据传统的引力模型可知，宏观视角下一国对外直接投资区位选择受到东道国各方面特征的影响，鉴于本章的核心解释变量为东道国投资便利化水平，具有明显的区位特征，因此借鉴邓宁的国际生产折衷理论，重点选用可以反映东道国（地区）区位优势特征的解释变量。具体包括：

东道国人均 GDP（GDP per capital，以下简称 pgdp）：关于对外直接投资和经济发展水平的关系，研究结果尚未统一。按照传统古典理论，对外直接投资应该从资本密集程度较高的发达国家流向资本密集程度较低的发展中国家，以获得较高的资本回报率，于是中国企业对外直接投资理应更多分布在经济发展水平更低国家（地区）。但也有研究结果，如 Buckley 等（2007）指出，由于较高的经济发展水平代表了东道国较为广阔的市场，市场型导向的对外直接投资应该更多流向经济发展水平较高的国家（地区）。基于以上两种相反的观点，本书采用人均国内生产总值来反映经济发展水平。数据来自世界银行数据库。其系数预估为正。

市场规模（gdpg）：本书采用 GDP 年增长率衡量市场规模。东道国市场规模较大会吸引中国市场寻求型 OFDI（Taylor，2002），庞大的市场规模会为投资提供广阔的空间，有利于资本实现规模经济。数据来自世界银行数据库。其系数预估为正。

东道国自然资源禀赋（Res）：随着中国经济发展对资源的消耗不断加大，国内自然资源的供应量已难以满足经济社会发展的需要，资源缺乏已成为我国经济快速发展的障碍。从对外投资的动机来看，东道国丰裕的自然资源对中国资源寻求型 OFDI 很有吸引力。因此，对于那些对自然资源依赖程度高的企业来说，在资源丰富的地区投资建厂，进行生产经营，不仅可以规避全球资源价格大幅波动的风险，而且可以降低各种能源资源贸易中的交易成本，提高企业经营绩效（杨宏恩，2016）。且很多学者进行过实证研究，表明了东道国自然资源对投资区位选择存在显著正相关关系（宋维佳、许宏伟，2012；阎大颖，2013；刘伟，2014）。本书参照 Buckley 等（2007）的做法，采用东道国的矿产及燃料资源出口占货物商品总出口的百分比来衡量东道国自然资源禀赋，用 Resource 表示。相关数据来源于世界银行数据库。预估其系数为正。

东道国科技实力（tech）：企业选择对外直接投资的技术获取动机，能够为引进企业高新技术，提升企业产品技术含量，从而促进企业生产率进步。本书参考金中坤（2017）的做法采用通信设备出口占总出口的百分比来衡量东道国科技实力，用 tech 表示。相关数据来源于世界银行数据库。预估其系数为正。

东道国通货膨胀率（inf）：根据 Kang 和 Jiang（2012）的研究，一国的通货膨胀率衡量东道国宏观经济稳定程度。通货膨胀率不仅影响东道国宏观经济的稳定性，并对跨国公司的经营成本造成一定影响（李建军等，2017）。数据来源世界银行数据库。其系数预估为负。

总税率（TR）：总税率度量企业在说明准予扣减和减免后的应缴税额和强制性缴费额占商业利润的比例。OFDI 企业一般倾向于到税率较低的国家（地区）进行投资，降低其经营成本。数据来源世界银行数据库。其系数预估为负。

文化距离（CD）：文化距离是国家之间文化准则的差异（Kogut、Singh，1988）。文化距离是影响跨国公司内部知识转移绩效的重要因素（张吉鹏等，2014）。国家之间文化差距越大，越难实现知识转移，对中国 OFDI 企业吸收新技术的能力产生负向影响，并会增加嵌入文化中的技术知识转移的沟通协调成本，从而导致东道国丰裕的技术禀赋对中国企业技术寻求型 OFDI 的吸引力降低。根据 Hofstede 的研究数据，将文化价值取向分为六个维度：权力距离（Power Distance）、个人集体主义（Individualism）、女性气质（Masculinity）、不确定规避（Uncertainty Avoidance）、长期取向文化（Long Term Orientation）、放纵（Indulgence）。在 Kogut 和 Singh（1998）的研究基础上，根据最新 Hofstede 数据，用文化距离指标衡量中国与东道国之间的文化差异，本书采用 Kought 和 Singh（1988）提出的公式计算各东道国与中国的总体文化距离，具体的计量公式如下：

$$CD_j = \sum_{i=1}^{6} \{ (I_{ij} - I_{ic})^2 / V_i \} / 6 \tag{5-5}$$

地理距离（dist）：本书采用中国首都北京与其他国家首都的直线距离，单位为千米。数据来源与 CEPII 距离数据库。地理距离对于投资的影响在于不同地理距离会对信息成本、运输成本产生影响，较近的地理距离能让母国企业减少交易成本（Markusen 和 Maskus，2002）。

三、模型估计与结果分析

（一）变量相关性检验

首先，对各变量进行相关性检验。表 5-3 为最终数据库的基本概况及主要变量的描述性统计。表 5-4 为 stata15.0 运行的相关性检验结果，投资便利化各二级指标之间的相关系数较高，这是因为这些变量反映了东道国投资便利化的不同方面，各变量之间必然存在联系。为避免投资便利化各指标对估计结果的影响，本章将分别对各二级指标指标进行回归分析。

表 5-3　　　　　　　　　　　各变量描述性统计性

变量名称	均值	标准差
投资规模（lnofdi）	8.0555	2.6351
是否对外直接投资	0.7632	0.4253

续表

变量名称	均值	标准差
投资便利化综合值（Z）	0.5134	0.1624
商业投资环境（B）	0.0742	0.0117
金融服务效率（F）	0.1221	0.0194
基础设施质量（Q）	0.1589	0.0342
技术创新能力（T）	0.1304	0.0169
制度供给质量（R）	0.0279	0.0991
人均 GDP（pgdp）	8.3366	1.7825
GDP 增长率（gdpg）	3.1964	3.6852
自然资源水平（res）	15.7658	22.5624
科技实力（tech）	29.9119	18.8443
通胀率（inf）	5.0514	7.9093
税率（TR）	43.5683	28.3535
文化距离（CD）	2.2998	0.9686
地理距离（dist）	8.9731	0.4249
观测值	1575	

（二）基准检验

首先我们通过投资便利化与是否对外直接投资、对外直接投资存量的散点图，初步分析投资便利化与对外直接投资区位选择的因果关系，如图 5-3 和图 5-4 所示。从图 5-3 可知，投资便利化与是否对外直接投资呈现正相关关系，即随着东道国投资便利化水平的提高，对外直接投资的概率增大。图 5-4 从对外直接投资存量的角度，再次肯定了投资便利化对对外直接投资的积极作用。

表 5-4

解释变量相关系数矩阵

	Z	B	F	Q	T	R	pgdp	gdpg	res	tech	inf	TR	CD	dist
Z	1.0000													
B	0.7738	1.0000												
F	0.7422	0.6633	1.0000											
Q	0.8811	0.7572	0.7242	1.0000										
T	0.8723	0.7965	0.7566	0.8527	1.0000									
R	0.9496	0.6233	0.5634	0.7225	0.7227	1.0000								
pgdp	0.5368	0.3736	0.3834	0.5219	0.4794	0.4989	1.0000							
gdpg	-0.2348	-0.0908	-0.0523	-0.2185	-0.1756	-0.2586	-0.1601	1.0000						
res	-0.1006	-0.0510	0.0426	0.0065	-0.0497	-0.1610	0.1137	0.0579	1.0000					
tech	0.2031	0.0719	0.0513	0.1326	0.2258	0.2301	0.0891	-0.0835	-0.1145	1.0000				
inf	-0.1968	-0.1429	-0.1079	-0.1829	-0.1806	-0.1906	-0.1440	0.1995	0.0008	-0.0709	1.0000			
TR	-0.1317	-0.1120	-0.1296	-0.0972	-0.1030	-0.1261	-0.1521	-0.0182	-0.0916	0.0485	0.0873	1.0000		
CD	0.5011	0.3453	0.1663	0.4216	0.4192	0.5311	0.3681	-0.2440	-0.0749	0.2512	-0.1250	0.0275	1.0000	
dist	-0.0300	-0.1130	-0.0499	-0.0697	-0.1211	0.0186	0.0428	-0.1610	-0.0392	-0.1526	-0.0257	0.1247	0.0417	1.0000

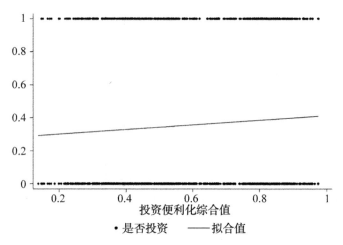

图 5-3　投资便利化与是否对外直接投资的关系

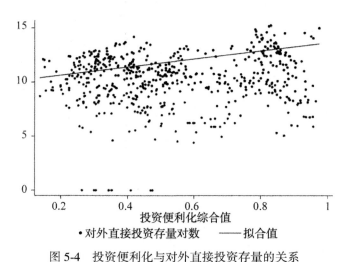

图 5-4　投资便利化与对外直接投资存量的关系

数据来源：作者通过中国对外直接投资统计公报、WGI、GCR 数据库整理计算所得。

表 5-5 报告了投资便利化对对外直接投资的区位选择影响。第（1）列从对外投资行为上进行分析。在第一阶段模型中，东道国投资便利化综合值 Z 的估计系数为正，且在 1% 水平下显著，表明东道国较高的投资便利化水平对中国企业对外直接投资的概率具有显著的促进效应，说明跨国公司于倾向到投

资便利化水平较高的东道国投资。

表 5-5　　　　　　　　投资便利化 Heckman 检验结果

	全　样　本	
	（1）	（2）
	1st	2nd
Z	0.8112***	2.8767***
	(0.2803)	(0.6412)
pgdp	−0.0423*	0.0344
	(0.0237)	(0.0538)
gdpg	0.0191*	0.0805***
	(0.0104)	(0.0240)
res	0.0013	0.0076**
	(0.0016)	(0.0036)
tech	0.0079***	0.0068
	(0.0021)	(0.0047)
inf	0.0121**	−0.0207**
	(0.0051)	(0.0104)
TR	−0.0040***	0.0035
	(0.0013)	(0.0040)
CD	−0.1166**	−0.3058***
	(0.0453)	(0.1001)
dist	−0.1789**	
	(0.0745)	
Cons	2.3401***	7.1830***
	(0.6996)	(0.4862)
LR 值	13.36***	
观测值	1571	1571

注：表中采用 Heckman 两阶段选择模型，其中 1st、2nd 分别为第一、二阶段的估计结果。模型采用的是极大似然估计（MLE）方法估计。LR 为似然比检验，检验米尔斯比率的显著性，以判断样本自选择问题。括号里的数值为系数估计值的 t 统计量，***、** 和 * 分别表示该估计值在 0.01、0.05 和 0.1 的水平下显著。

从其他反映东道国市场吸引力的控制变量的估计结果来看：

人均 GDP（pgdp）作为衡量东道国经济水平的变量，在 10% 水平上负相关，在一定程度上印证了传统古典理论，对外直接投资应该从资本密集程度较高的发达国家流向资本密集程度较低的发展中国家，以获得较高的资本回报率，于是中国企业对外直接投资理应更多分布在经济发展水平更低国家（地区）。

GDP 增长率（gdpg）作为衡量东道国市场规模的变量，回归系数为正，在 1% 水平下显著，表明中国企业倾向于选择市场潜力大，人力资本和物质资本存量丰富的国家进行投资，显示出中国企业对外直接投资过程中强烈的市场寻求动机。

自然资源禀赋（res）的回归系数为正但不显著，表明东道国自然资源禀赋对 OFDI 流入的影响不显著。这一结论与以往多数文献的研究结论不一致，其原因可能在于：部分自然资源相当丰富的国家，如缅甸、柬埔寨、吉尔吉斯斯坦等国，其经济发展极为落后，因此我国企业对其投资的经济效益较低，因此投资可能性较小。需要说明的是，除以上情况外，我们仍然认为自然资源禀赋越高，对企业进行直接投资的吸引力越大。

东道国科研实力（tech）的回归系数在 1% 的水平下显著为正，与预期一致，表明企业从投资动机来看，为获取先进技术或专利，企业倾向于到技术水平较高的国家或地区进行投资，以便提升企业的生产效率。

东道国通货膨胀率（inflation）的系数显著为正，与预期不一致。表明东道国物价水平越高，物价波动越频繁，经济稳定性较低，未对中国企业的投资造成影响。造成与预期不一致的原因在于企业对外直接投资的动机，在新设项目的扩张增长维度，我国横向动机企业对外直接投资倾向于选择经济增长风险和宏观稳定风险均较高的东道国（余官胜，2017）。

东道国总税率（TR）的回归系数显著为负，与预期一致。表明东道国总税率越高，企业在该国生产经营的成本越高，跨国公司投资的概率越低。

文化距离（CD）的回归系数显著为负，与预期一致。表明我国与东道国的文化距离越大，选择该国投资的概率越低。文化距离越大，企业获取知识的成本与沟通协调成本大幅度上升，导致企业对其投资意愿的降低。

地理距离（dist）的估计系数显著为负，中国与东道国的地理距离越大，则企业的运输成本、信息沟通成本显著增加，导致企业投资的概率降低。

第（2）列从投资规模上进行分析。在第二阶段模型中，投资便利化水平 Z 的估计系数显著为正，且估计系数较大，说明中国 OFDI 投资规模与东道国投资便利化水平关联性较强，即投资便利化水平对区位决策具有显著的正效应。

另外，从反映东道国特征的控制变量来看，自然资源禀赋有助于中国OFDI投资规模的扩大，在一定程度上反映了中国对外直接投资的资源寻求动机。在考察东道国通胀率对投资规模的影响时发现，我国部分企业OFDI倾向于选择经济增长风险较高的东道国，一旦企业对外投资且投资规模达到一定程度，企业将考虑其投资经营风险可能对企业造成的损失，对外直接投资的规模会减小。

(三) 稳健性检验

基准检验中我们采用Heckman"两步估计法"（Two-step Estimation），从表5-5中可以看出LR检验米尔斯比率显著，说明存在样本选择偏误问题，因此使用Heckman两阶段模型克服上述问题是有效的。

为了检验回归分析的可靠性，我们将样本结构进行调整，把跨期9年的样本分为3段，进行子样本回归，回归结果见表5-6。

表5-6中第（1）～（2）列为2008—2010年样本回归结果，第（3）～（4）列为2011—2013年样本回归结果，第（5）～（6）列为2014—2016年样本回归结果。我们主要关注不同时间段投资便利化水平对对外投资决策和对外直接投资规模的影响，结果表明东道国投资便利化水平越高，中国对东道国的OFDI流入越多，对OFDI规模扩大的效果更显著。

表5-6　　　　　　　　　　稳健性检验

	(1)	(2)	(3)	(4)	(5)	(6)
	2008—2010		2011—2013		2014—2016	
	1st	2nd	1st	2nd	1st	2nd
Z	1.0198 *	3.4019 ***	0.6700	3.4687 ***	1.1711 **	5.2714 ***
	(0.5342)	(1.2498)	(0.5064)	(1.0653)	(0.5375)	(0.9823)
pgdp	−0.0814	−0.1156	−0.0379	0.0265	−0.0280	0.0610
	(0.0524)	(0.1213)	(0.0423)	(0.0954)	(0.0386)	(0.0667)
gdpg	0.0061	0.0528	0.0195	0.1102 ***	0.0373 *	0.1249 ***
	(0.0150)	(0.0369)	(0.0204)	(0.0408)	(0.0204)	(0.0449)

续表

	（1）	（2）	（3）	（4）	（5）	（6）
	2008—2010		2011—2013		2014—2016	
	1st	2nd	1st	2nd	1st	2nd
res	0.0012	0.0096	0.0035	0.0083	0.0021	0.0149**
	（0.0027）	（0.0062）	（0.0031）	（0.0062）	（0.0030）	（0.0062）
tech	0.0068*	0.0055	0.0078**	0.0040	0.0098***	0.0163**
	（0.0036）	（0.0082）	（0.0040）	（0.0082）	（0.0034）	（0.0071）
inf	0.0068	−0.0086	0.0145	−0.0204	0.0182	0.0391
	（0.0067）	（0.0148）	（0.0114）	（0.0192）	（0.0115）	（0.0241）
TR	−0.0035**	−0.0045	−0.0035	0.0117	−0.0070**	0.0115
	（0.0017）	（0.0053）	（0.0023）	（0.0075）	（0.0034）	（0.0083）
CD	−0.1452*	−0.3115*	−0.0859	−0.3996**	−0.1550**	−0.4847***
	（0.0791）	（0.1786）	（0.0847）	（0.1692）	（0.0780）	（0.1531）
dist	−0.3459***		−0.2754*		0.2351	
	（0.1304）		（0.1410）		（0.1699）	
cons	4.1158***	7.8959***	3.2336**	6.6856***	−1.6211	4.5297***
	（1.2376）	（0.9106）	（1.3291）	（0.9063）	（1.5540）	（0.7693）
LR 值	5.08**		6.78***		0.62	
观测值	525	525	525	525	525	525

注：括号里的数值为系数估计值的 t 统计量，***、** 和 * 分别表示该估计值在 0.01、0.05 和 0.1 的水平下显著。

（四）拓展研究

1. 投资便利化分指标回归

由于投资便利化水平是通过赋予不同权重的 25 个分指标计算得分完成的，参见第三章。为考察基础设施质量、制度质量、金融服务效率、商业投资环境及技术创新能力五个分指标对跨国公司对外直接投资的决策影响，此部分对四个五指标分别进行回归，具体模型和实证结果见表 5-7。

表5-7　投资便利化分指标回归

	(1)	(2)	(3)	(4)	(5)	(6)	(7)	(8)	(9)	(10)
	全样本		全样本		全样本		全样本		全样本	
	1st	2nd	1st	2nd	1st	2nd	1st	2nd	1st	2nd
B	9.8080*** (3.3014)	23.0681*** (7.6500)								
F			4.3880** (1.9541)	14.5849*** (4.4340)						
Q					2.4396* (1.3027)	10.3306*** (2.8700)				
T							5.6494** (2.5220)	24.8964*** (5.6452)		
R									1.3933*** (0.4661)	4.5760*** (1.0721)
pgdp	-0.0296 (0.0218)	0.0968* (0.0505)	-0.0293 (0.0221)	0.0844 (0.0519)	-0.0301 (0.0231)	0.0599 (0.0539)	-0.0308 (0.0226)	0.0555 (0.0524)	-0.0404* (0.0232)	0.0489 (0.0527)
gdpg	0.0176* (0.0104)	0.0681*** (0.0238)	0.0152 (0.0104)	0.0657*** (0.0240)	0.0188* (0.0105)	0.0764*** (0.0242)	0.0184* (0.0104)	0.0738*** (0.0239)	0.0190* (0.0104)	0.0820*** (0.0240)

111

续表

	(1) 全样本 1st	(2) 全样本 2nd	(3) 全样本 1st	(4) 全样本 2nd	(5) 全样本 1st	(6) 全样本 2nd	(7) 全样本 1st	(8) 全样本 2nd	(9) 全样本 1st	(10) 全样本 2nd
res	0.0011 (0.0016)	0.0061* (0.0036)	0.0008 (0.0016)	0.0051 (0.0036)	0.0008 (0.0016)	0.0056 (0.0036)	0.0011 (0.0016)	0.0062* (0.0036)	0.0015 (0.0017)	0.0085** (0.0037)
tech	0.0090*** (0.0021)	0.0090* (0.0047)	0.0085*** (0.0021)	0.0083* (0.0047)	0.0083*** (0.0020)	0.0085* (0.0047)	0.0079*** (0.0021)	0.0061 (0.0047)	0.0077*** (0.0021)	0.0067 (0.0047)
inf	0.0118** (0.0051)	-0.0241** (0.0104)	0.0117** (0.0051)	-0.0243** (0.0105)	0.0115** (0.0051)	-0.0226** (0.0105)	0.0120** (0.0052)	-0.0213** (0.0105)	0.0117** (0.0051)	-0.0209** (0.0104)
TR	-0.0042*** (0.0012)	0.0035 (0.0040)	-0.0043*** (0.0013)	0.0025 (0.0040)	-0.0045*** (0.0013)	0.0018 (0.0039)	-0.0043*** (0.0013)	0.0025 (0.0039)	-0.0040*** (0.0013)	0.0026 (0.0039)
CD	-0.1050** (0.0436)	-0.2338** (0.0974)	-0.0738** (0.0422)	-0.1677* (0.0951)	-0.0915** (0.0433)	-0.2443** (0.0983)	-0.0923** (0.0436)	-0.2584*** (0.0976)	-0.1263*** (0.0460)	-0.3160*** (0.1016)
dist	-0.1322* (0.0753)		-0.1883** (0.0744)		-0.1543** (0.0741)		-0.1432* (0.0749)		-0.2091*** (0.0757)	
cons	1.4665* (0.7516)	6.2589*** (0.6576)	2.1132*** (0.7222)	6.2737*** (0.6361)	2.0086*** (0.7132)	6.7693*** (0.5386)	1.5660** (0.7655)	5.2553*** (0.7210)	2.9990*** (0.7171)	8.4456*** (0.5075)
LR值	10.51***		15.50***		14.34***		13.40***		13.64***	
观测值	1575	1575	1575	1575	1575	1575	1575	1575	1575	1575

注：括号里的数值为系数估计值的 t 统计量，***、** 和 * 分别表示该估计值在 0.01、0.05 和 0.1 的水平下显著。

表 5-7 中第 (1)、(2) 列报告了商业投资环境对对外直接投资影响的 Heckman 两阶段模型回归结果。商业投资环境的估计系数为正且在 1% 的置信区位显著，表明一国商业投资环境与对外直接投资正相关，与预期相符。一国商业投资环境越好，开办企业的审批时间和程序越简洁，对投资者保护力度越大，对 OFDI 企业的相关制度体系较完善，则企业在该国的经营成本较低，则中国倾向于商业投资环境较好的东道国投资，并不断扩大投资规模以获取最大的经济效益。

第 (3)、(4) 列报告了金融服务效率 (F) 对 OFDI 区位选择影响的回归结果。金融服务效率的估计系数显著为正，表明东道国金融服务效率与中国 OFDI 正相关，符合预期。整体来看，一国金融服务效率越高，金融规模越大，银行体系较稳健且融资能力较强，那么企业在该国获得融资总量较大，可为企业有效缓解融资压力，减少融资成本。因此高效的金融服务效率有助于中国对该国的 OFDI 流入并促进投资规模的扩大。

第 (5)、(6) 列报告了基础设施质量 (Q) 对区位选择影响的回归结果。基础设施质量的估计系数为正且在 1% 的置信区间上显著，表明国家基础设施质量对企业对外直接投资具有正向效应，符合预期。一国基础设施质量越高，交通基础设施完善可以为企业降低运输成本，信息基础设施能够降低交易成本和信息搜集成本，完善的能源基础设施能够保证企业的生产经营活动顺利开展，企业则倾向于到基础设施质量高的地区投资。现实中，交通设备建设有助于打破地理隔离，扩大市场规模，提高企业投资的潜在边际收益，从而吸引资本流入（余淼杰、崔晓敏，2017）。

第 (7)、(8) 列报告了技术创新能力 (T) 的区位选择影响的回归结果。技术创新能力的估计系数显著为正，表明技术创新能力对对外直接投资具有促进作用，符合预期。一国技术创新能力越强，则中国在该国投资所能获得的逆向技术溢出效应和学习效应较大，有助于母国企业获得技术的提升，促进产业结构转型升级，因此，东道国较强的技术创新能力有效促进中国对该国的投资。

第 (9)、(10) 列报告了国家制度质量 (R) 的区位选择影响的回归结果。国家制度质量的估计系数为正且在 1% 水平显著，表明国家制度质量对企业 OFDI 具有促进作用，符合预期。制度质量越高，制度体系较完善，政局稳定，政府办事高效透明，有利于增强投资者的信心，从而扩大投资规模。另外，制度质量高意味着腐败控制优良，腐败会增加投资者的运营成本，并且提高投资活动的不确定性（Habib et al, 2002）。因此对于腐败控制有助于公平竞争减少寻租行为，从而加大投资规模。有利于该国经济的发展，同时可使OFDI企业降低经营成本；法治水平及治理水平较高可使企业降低投资风险，使收益最大化，企业越倾向于在制度质量良好的东道国进行对外直接投资。其他控制变量的估计结果的符号与显著性与基准回归结果基本一致，此处不再赘述。

2. 国家发展水平分组回归

本书从国家发展水平角度再次考察东道国投资便利化对投资活动的影响。按照东道国的人均GDP高低区分较发达国家和欠发达国家，进行分样本回归，表5-8报告了分组回归结果，结果表明无论是第一阶段还是第二阶段，投资便利化水平对OFDI投资的积极作用更多地体现在发达国家中。

表5-8　　　　　　　　　国家发展水平分组回归结果

	（1）	（2）	（3）	（6）
	欠发达国家		发达国家	
	1st	2nd	1st	2nd
Z	−0.3732	2.5368***	1.8991***	4.0401***
	（0.4386）	（0.8810）	（0.5314）	（1.3063）
pgdp	−0.0887**	0.0040	0.0936	0.5036***
	（0.0346）	（0.0721）	（0.0820）	（0.1771）
gdpg	0.0385**	0.1052***	0.0155	0.0967***
	（0.0164）	（0.0367）	（0.0140）	（0.0300）
res	0.0054*	0.0169***	0.0033	0.0063
	（0.0033）	（0.0058）	（0.0022）	（0.0046）
tech	0.0003	0.0056	0.0130***	0.0215**
	（0.0028）	（0.0057）	（0.0032）	（0.0091）
inf	0.0092	−0.0200	0.0111	−0.0086
	（0.0082）	（0.0132）	（0.0072）	（0.0150）
TR	−0.0065***	−0.0074	0.0043	0.0190***
	（0.0014）	（0.0050）	（0.0029）	（0.0067）

	（1）	（2）	（3）	（6）
	欠发达国家		发达国家	
	1st	2nd	1st	2nd
CD	−0.1233	−0.1745	−0.2657***	−0.7649***
	（0.0784）	（0.1489）	（0.0641）	（0.1696）
dist	−0.2417*		0.0052	
	（0.1257）		（0.2072）	
cons	4.0192***	7.2896***	−1.3708	0.9173
	（1.2093）	（0.7095）	（2.1418）	（2.0124）
LR 值	1.45		0.01	
观测值	842	842	733	733

注：括号里的数值为系数估计值的 t 统计量，***、** 和 * 分别表示该估计值在 0.01、0.05 和 0.1 的水平下显著。

3. 按自然资源禀赋分组回归

我们把样本按照自然资源禀赋高低对样本进行分组检验，表5-9 报告了分组检验结果。研究发现，第二阶段中投资便利化水平对 OFDI 投资规模的促进作用主要集中在自然资源更加丰富东道国。

表5-9 自然资源禀赋分组回归结果

	（1）	（2）	（3）	（4）
	资源禀赋较低国家		资源禀赋较高国家	
	1st	2nd	1st	2nd
Z	0.4421	1.0096	1.3142***	4.6468***
	（0.3698）	（0.8883）	（0.4630）	（1.0263）
pgdp	0.0291	0.1899**	−0.0759**	−0.0698
	（0.0350）	（0.0883）	（0.0376）	（0.0686）
gdpg	0.0427***	0.0383	−0.0028	0.1330***
	（0.0138）	（0.0311）	（0.0144）	（0.0347）

续表

	（1）	（2）	（3）	（4）
	资源禀赋较低国家		资源禀赋较高国家	
	1st	2nd	1st	2nd
res	0.0774***	0.0630	0.0071***	0.0028
	（0.0196）	（0.0421）	（0.0023）	（0.0053）
tech	0.0041*	0.0038	0.0144***	0.0220**
	（0.0023）	（0.0052）	（0.0041）	（0.0093）
inf	0.0173**	−0.0168	0.0115*	−0.0125
	（0.0074）	（0.0162）	（0.0068）	（0.0131）
TR	−0.0054***	0.0035	0.0066*	−0.0014
	（0.0014）	（0.0041）	（0.0038）	（0.0082）
CD	−0.0957	−0.2355*	−0.2815***	−0.5732***
	（0.0584）	（0.1248）	（0.0792）	（0.1798）
dist	−0.4522***		0.2024	
	（0.0973）		（0.1449）	
cons	4.3392***	6.6863***	−1.4391	6.7034***
	（0.8924）	（0.6489）	（1.3579）	（0.9219）
LR 值	50.73***		0.03	
观测值	788	788	787	787

注：括号里的数值为系数估计值的 t 统计量，***、** 和 * 分别表示该估计值在 0.01、0.05 和 0.1 的水平下显著。

4. 按战略资产水平分组回归

我们把样本按照战略资产高低对样本进行分组检验，表 5-10 报告了分组检验结果。研究发现，第一阶段、第二阶段中投资便利化水平对 OFDI 投资可能性及投资规模的促进作用主要集中在战略资产水平更高东道国。

表 5-10 　　　　　　　　　 战略资产水平分组回归结果

	(1)	(2)	(3)	(4)
	战略资产水平较低国家		战略资产水平较高国家	
	1st	2nd	1st	2nd
Z	0.6044	1.8106*	1.1195**	3.6868***
	(0.3811)	(0.9899)	(0.4818)	(0.8265)
pgdp	−0.0867***	−0.0047	0.0269	0.1285
	(0.0293)	(0.0705)	(0.0419)	(0.0855)
gdpg	0.0194	0.1061***	0.0223	0.0564
	(0.0122)	(0.0316)	(0.0217)	(0.0354)
res	0.0011	0.0093**	−0.0008	0.0093*
	(0.0020)	(0.0047)	(0.0027)	(0.0055)
tech	0.0091**	0.0366***	−0.0099**	0.0136
	(0.0043)	(0.0112)	(0.0044)	(0.0083)
inf	0.0113*	−0.0283**	−0.0045	0.0017
	(0.0062)	(0.0131)	(0.0101)	(0.0176)
TR	−0.0066***	−0.0041	0.0106***	0.0046
	(0.0015)	(0.0052)	(0.0037)	(0.0061)
CD	−0.3525***	−0.2388	−0.0166	−0.4101***
	(0.0705)	(0.1757)	(0.0716)	(0.1137)
dist	−0.2020**		−0.3453**	
	(0.0927)		(0.1372)	
cons	3.5608***	7.6757***	3.3439***	5.5303***
	(0.8928)	(0.7151)	(1.2082)	(0.7967)
LR 值	9.30***		25.07***	
观测值	1061	1061	514	514

注：括号里的数值为系数估计值的 t 统计量，***、** 和 * 分别表示该估计值在 0.01、0.05 和 0.1 的水平下显著。

第三节 异质性企业对外投资的区位选择研究

影响对外直接投资区位选择的因素很多，既有宏观因素，也有微观（企业）因素。随着新新贸易理论的发展，越来越多的学者在异质性框架下探究企业对外直接投资区位选择的问题。从企业的角度出发研究区位选择问题，既符合对外直接投资理论从产生之日起就以企业作为研究对象的传统，也符合实践的需要。微观视角下影响对外直接投资区位选择的因素主要有企业所拥有的优势、企业的对外直接投资动机、企业的规模及所处跨国经营阶段、企业所属产业或准备投资领域等四个因素（王增涛，2002）。本书主要采用全要素生产率的差异体现异质性，将企业生产率纳入 OFDI 区位选择框架下进行研究。

根据上文的分析，为考察企业的区位选择问题，设定模型如下：

$$P(\text{OFDI}_{ijt} = 1 \mid X_{ijt}) = \alpha_0 + \alpha_1 \ln \text{TFP}_{it} + \sum_{i=1}^{n} \phi_i \ln X_{ijt} + \varepsilon_{ijt} \qquad (5\text{-}6)$$

其中，被解释变量为二值变量，如果第 t 年企业 i 在 j 国新建了一家及以上的海外子公司，取值为 1，否则取 0。TFP_{ijt} 表示第 t 年企业 i 的全要素生产率。X_{ijt} 表示反映企业特征的控制变量。

一、数据来源与变量选取

（一）数据来源

本书企业层面数据来源于万德（Wind）数据库及国泰安（CSMAR）数据库，另外企业对外直接投资区位的信息来源与 CSMAR 数据库"中国上市公司关联交易研究数据库"中的"关联公司基本书件"①②。一般而言，目前对OFDI 企业微观层面的研究数据较多采用中国工业企业数据库，但由于中国工业企业数据库存在指标缺失、指标异常、测度误差等问题，这些缺陷易导致研究结论错误（聂辉华等，2012），而我国上市公司数据须经中介机构审计，时

---

① 本书企业对外直接投资区位的信息及匹配方式参考：朱荃，张天华. 生产率异质性、东道国市场条件与中国企业对外直接投资 [J]. 国际商务（对外经济贸易大学学报），2017（3）.

② "关联公司基本书件"包含了 1997—2017 年所有与上市公司发生关联交易的企业基本信息，主要有关联方、关联关系、上市公司控股权益比例、关联公司控股权益比例、关联公司注册资本、主营业务、关联方所在地。

效性强、质量高且易于获得。另外，结合本书研究的核心问题，中国 OFDI 的迅猛发展主要集中在近些年，因此本书选取了我国 A 股上市公司数据为样本，样本年份为 2008—2016 年。

我们首先选取关联关系中的"上市公司的子公司""上市公司的合营公司"及"上市公司的联营企业"作为境外投资企业，然后根据这些公司的公告日期作为企业对外直接投资的日期①，最后根据"关联方所在地"获取企业对外直接投资的投资区位。并通过上市公司的关联公司信息区分了我国 OFDI 上市企业与非 OFDI 上市企业。另外，遵循上市公司数据处理的一般方式，对样本进行如下处理：（1）删除 ST、PT 公司的样本；（2）删除重要财务指标缺失的样本；（3）删除雇员人数在 10 人以下的样本；（4）删除发行 B 股和 H 股的公司。同时，参考 Feenstra 等（2014）的做法，遵循一般公认的会计准则（GAAP），笔者还剔除了以下企业样本：（1）流动资产超过固定资产的企业；（2）总固定资产超过总资产的企业；（3）固定资产净值超过总资产的企业；（4）资产负债率大于 1 或小于 0 的公司。最终得到了本书的样本数据。

（二）变量选取

1. 被解释变量

被解释变量为企业对外投资的决策，用企业是否对外直接投资的二值选择变量来衡量。

2. 核心解释变量

企业全要素生产率：企业异质性特征很大程度上通过企业生产率异质性来表达，因此对 TFP 的准确估计便成为一个量化的焦点所在。而估计过程中又将面临着多种方法的比较和选择，因此我们将对企业层面的全要素生产率的估计方法进行了一个较为详细的系统性描述：

（1）OLS 估计法。

目前，对全要素生产率的测算方法大多数基于 Solow（1957）的除劳动和资本以外的剩余部分被用来度量全要素生产率。采用"索罗剩余"度量全要素生产率，首先设定生产函数的形式，在实际的研究中，大多数度量全要素生产率方面的文献都采用 C—D 生产函数（Olley、Pakes, 1996；Levinsohn、

---

① 公告日期为上市公司在证券交易所规定的刊物上刊登公告的时间，以 YYYY-MM-DD 列示，表示关联交易发生日期。

Petrin, 2003；Ackerberg et al., 2006），然后根据估计方法的不同而逐渐衍生了多种度量方法。结合本书针对微观企业生产率测算的研究目的，我们把 C—D 生产函数我们设定为：

$$VA_{it} = A_{it}K_{it}^{\alpha}L_{it}^{\beta} \tag{5-7}$$

其中，i 指企业，t 指年份，VA_{it} 指企业总产出，K_{it} 指企业资本投入，L_{it} 指企业劳动投入，A_{it} 是企业全要素生产率。

对（5-7）式是两边同时取对数转换成线性形式为：

$$va_{it} = \alpha k_{it} + \beta l_{it} + u_{it} \tag{5-8}$$

其中，va_{it}、k_{it}、l_{it}、u_{it} 分别是 VA_{it}、K_{it}、L_{it}、A_{it} 的对数，并且假定 $u_{it} = \varpi_{it} + \varepsilon_{it}$，$\varpi_{it}$ 为企业观察到的影响企业生产率和要素投入选择的部分，ε_{it} 为随机干扰项。我们根据传统的最小二乘法（OLS）对（4-6）式进行估计即可得到全要素生产率估计值。

然而，采用 OLS 估计可能存在两类偏误：一类是联立性偏误（Simultaneous Bias），即全要素生产率（残差 u_{it}）影响企业的要素投入（k_{it}、l_{it}）；另一类是选择性偏误（Selection Bias），即部分企业可能受到生产率的冲击而存在退出市场的风险，导致高估企业全要素生产率（鲁晓东、连玉君，2012；余淼杰，2010）。为了克服上述两类偏误，精确估算企业全要素生产率，后续的研究提出了各类修正方法。

（2）OP 方法。

鉴于上述估计方法难克服联立性偏误和选择性偏误导致的不可信的一致生产率估计量，Olley 和 Pakes（1996）试图通过半参数估计法（简称 OP 法）加以解决。OP 法测算企业全要素生产率的测算过程如下：

Olley 和 Pakes（1996）假定企业生产率状况影响企业的投资决策，因而，企业当期的投资可看成企业生产率变动的代理变量。此时，企业当期投资的估算至关重要。根据 Olley 和 Pakes（1996）采用的永续盘存法有：

$$K_{it} = (1 - \delta)K_{it-1} + I_{it} \tag{5-9}$$

其中，K_{it}、K_{it-1} 分别为企业 t 年和 $t-1$ 年的资本存量，I_{it} 为 i 企业 t 年的投资，δ 为企业折旧率。

（5-9）式可变型为：

$$I_{it} = K_{it} - (1 - \delta)K_{it-1} \tag{5-10}$$

生产率 ϖ_{it} 可以表示为（5-10）式的反函数形式，为 $\varpi_{it} = I_t^{-1}(I_{it}, k_{it})$，代入 C—D 生产率函数有：

$$va_{it} = \alpha k_{it} + \beta l_{it} + I_t^{-1}(I_{it}, k_{it}) + \varepsilon_{it} \tag{5-11}$$

定义 $\phi(I_{it}, k_{it}) = \alpha k_{it} + I_t^{-1}(I_{it}, k_{it})$，则（5-11）式可变为：

$$\text{va}_{it} = \beta l_{it} + \phi_{it}(I_{it}, k_{it}) + \varepsilon_{it} \tag{5-12}$$

（5-12）式为一半参数估计方程，解决了前文所述的联立性偏误问题，并且 $\phi_{it}(\cdot)$ 是资本对数和投资对数的高阶多项式的形式。考虑到样本选择性偏误问题，因此构建企业生存概率选择模型如下：

$$\text{Prob}(\lambda_{t+1} = I \mid \varpi_{t+1}(k_{t+1}), J_t) = \text{Prob}(\lambda_{t+1} = I \mid \varpi_{t+1}(k_{t+1}), \varpi_t)$$
$$= \rho_t(I_t, k_t, \varpi_t) = P_t \tag{5-13}$$

其中，（5-13）式最后一个等号由（5-9）式、（5-10）式决定。资本对数和投资对数的高阶多项式形式逼近 $\rho(\cdot)$。λ_{i+T} 取 1，表示企业当期存在下一期还继续存在，λ_{i+T} 取 0，表示企业当期存在下一期退出；J_t 反映企业当期的全部信息。

对（5-8）式进行估计即可得到 β^{op}（劳动系数）和 $\hat{\phi}_{it}(\cdot)$ 的估计值，采用 Probit 模型对模型（5-9）式进行估计得到 P_t。然后进一步结合（5-12）式、（5-13）式，可得资本系数 α^{op}；最后，通过索罗剩余法得 OP 估计法的全要素生产率：

$$\text{tfp}_{it}^{op} = \text{va}_{it} - \alpha^{op} k_{it} - \beta^{op} l_{it} \tag{5-14}$$

（3）LP 估计法。

OP 估计法将企业投资作为企业生产率变动的代理变量，而我们在实际的研究中可能面临部分样本的投资数据为 0，因而可能会损失样本。Levinsohn 和 Petrin（2003）针对 OP 估计法的缺陷，提出以企业中间投入品作为企业生产率变动时企业可调整的投入要素，此时企业全要素生产率可表示为 $\varpi_{it} = (k_{it}, m_{it})$，故（5-8）式可变为：

$$\text{va}_{it} = \alpha k_{it} + \beta l_{it} + \varpi^{it}(k_{it}, m_{it}) + \varepsilon_{it} \tag{5-15}$$
$$g_{it}(k_{it}, m_{it}) = \alpha k_{it} + \varpi_{it}(k_{it}, m_{it}) \tag{5-16}$$

其中 m_{it} 为中间投入品对数，且假定资本投入对数和中间品投入对数以三阶多项式的形式逼近 $g_{it}(\cdot)$（Levinsohn 和 Petrin，2003），可得：

$$\text{va}_{it} = \beta l_{it} + g_{it}(k_{it}, m_{it}) + \varepsilon_{it} \tag{5-17}$$

（5-13）式也为一半参数函数，对其进行估计可得 β^{lp}（劳动系数）和 $\hat{g}_{it}$ 的估计值。假定已知任意资本系数为 α^*，则根据（5-16）式可得生产率的预测值为 $\hat{\varpi}_{it}(k_{it}, m_{it}) = \hat{g}_{it}(k_{it}, m_{it}) - \alpha^* k_{it}$，而实际生产率则为 $\varpi it = \text{E}(\varpi_{it} \mid \hat{\varpi}_{it}) + \xi_{it}$。和上文假定类似，我们也以生产率三阶多项式的逼近形式求解 $\hat{\varpi}_{it}$，那么，C—D 生产函数的残差可计算为：

$$\varepsilon_{it} + \xi_{it} = va_{it} - \alpha^* k_{it} - \beta^{lp} l_{it} - \mathrm{E}(\varpi_{it} \mid \hat{\varpi}_{it}) \tag{5-18}$$

进一步最小化问题可得资本系数为 α^{lp}，最后，也通过索罗剩余法得 LP 估计法的全要素生产率：

$$\mathrm{tfp}_{it}^{lp} = va_{it} - \alpha^{lp} k_{it} - \beta^{lp} l_{it} \tag{5-19}$$

为保证结果的稳健性，本书主要使用 LP 方法估计全要素生产率，记为 TFP。考虑到本书采用 Wind 数据库及国泰安数据库（CSMAR）A 股上市公司数据，其中没有提供中间投入和工业增加值，因此我们参考袁堂军（2009）的方法计算上市公司生产率，其中主要指标的计算式见表 5-11。另外，作为参照，本书也采用了普通最小二乘法（OLS）对生产函数进行了估计，记为 TFP-OLS。

表 5-11　　　　　　　　　　　生产率计算指标

变量名称	变量计算方法
企业增加值	本期固定资产折旧+劳动者报酬①+营业税及附加+主营业务净利润
中间投入	主营业务成本+销售、财务、管理费用－本期固定资产折旧－劳动者报酬
资本投入	企业总资本衡量，采用永续盘存法计算
劳动投入	企业当期雇佣员工人数

3. 控制变量

企业年龄（age）：用当年年份与企业开业年份的差来测量。根据企业的生命周期理论，在企业的创立之初，企业处于学习曲线的初级阶段，生产率也较低；随着企业年龄的增长，投资和企业规模也会逐步扩大，此时通过干中学和规模经济实现效率的提升，企业进入了学习曲线的成熟期；随着企业年龄的进一步增长，生产设备等硬件设施出现老化，这将引致企业的生产效率出现下滑。预估系数为正。

企业规模（size）：用企业总资产来衡量。企业规模越大，企业生产的规模效应也越大，企业承担风险的能力也越强。国际市场的投资具有比国内市场更大的不确定性，这需要企业能够在更大的程度上承担可能出现的投资风险，因此，规模大的企业更有可能进行对外直接投资。预估系数为正。

---

① 劳动者报酬用应付职工薪酬衡量。

企业资本密集度（ci）：表示固定资产与从业人员数的比值，在一定程度上反映了企业中每个劳动者占用的固定资本较高，主要集中在基础工业和重加工业中。企业资本密集度高，则在对外投资时可能需要较大的成本投入，降低企业投资意愿。预估系数为负。

企业研发水平（rd）：企业的研发水平反映了企业的科技创新能力，有利于企业提高产品技术，降低产品成本，不断提高产品的市场竞争力。因此企业研发水平越高，其在海外市场的竞争力越强，则其寻求海外市场的动机越强。预估系数为正。

企业性质（State）：企业性质作为二值变量，国有企业赋值为1，其他类型企业如外资企业、民营企业等赋值为0。由于长期受计划体制庇护、软预算约束，国有企业总体上缺乏技术学习和创新的冲动，同时在其有限的技术活动中效率低下（蒋殿春、张宇，2008），因此其生产率也通常较低，另外国有企业在中国的对外开放中表现出的并不只是其出口，而是具有很强的对外直接投资动机来完成相应的政治和经济目标，其国际竞争力较弱；相对而言，其他企业自身具有相对更高的技术特征，并有着强烈的对外直接投资动机，能更灵活地选择国内或国外生产投资活动，通常也表现出较高的生产率水平。预估系数为负。

最后，我们将处理后的数据进行描述性统计，详见表5-12。

表5-12　　　　　　　　　　**主要表量的描述性统计特征**

变量	观测值	均值	标准差	最小值	最大值
ofdi	20000	0.253	0.435	0	1
age	20000	20.18	4.957	6	62
lnsize	20000	8.166	1.374	0	14.69
ci	20000	0.658	4.077	0	330
lntech	20000	2.693	2.129	0	9.774

数据来源：作者通过国泰安数据库、中国对外直接投资统计公报整理计算获得。

另外，为更加清晰地看到中国上市 OFDI 企业的相关特征，我们将 2008—2016 年中至少有一次对外直接投资活动的企业与无投资活动的企业进行对比，表5-13 报告了两组企业的全要素生产率均值，两组均值的差异很小。但是在有投资活动的企业中最低生产率远远高于没有投资活动的企业，而两组中都拥有生产率很高的企业。进一步将至少有一次投资活动的企业按照企业所有权性质划分为国有企业和非国有企业后，对比两类企业的生产率分布会发现，国有企业的平均全要素高于非国有企业，国有企业中进行对外直接投资的最低生产率、最高生产率也高于非国有企业。

表 5-13　　　　　　　　　　　　**TFP 描述性统计**

lntfp	Obs	Mean	Std. Dev.	Min	Max
全样本					
至少一次投资活动	4291	3.725	0.966	1.245	7.736
无投资活动	7226	3.534	1.017	0.122	7.736
至少一次投资活动子样本					
国有企业	1733	4.192	0.93	1.989	7.736
非国有企业	2558	3.408	0.856	1.245	7.337

图 5-5 为 2008—2016 年有投资活动的企业与无投资活动的企业的全要素生产率的核密度图。从图 5-5 中不难看出，有投资活动的企业其生产率都处于较高位置，低生产率企业极少能够进入对外直接投资行列，但是部分高生产率企业不一定从事对外直接获得。

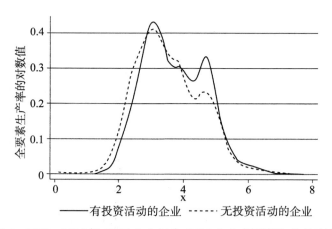

图 5-5　2008—2016 年 OFDI 企业与非 OFDI 企业全要素生产率对比图

二、模型估计与结果分析

（一）变量相关性检验

首先，对各变量进行相关性检验。表 5-14 为 stata15.0 运行的相关性检验结果，结果表明个变量之间相关性不高。因此，对外直接投资的影响因素众多，全要素生产率的高低是影响企业对外直接投资的重要因素之一。图 5-6 为至少有一次对外直接投资活动的企业中国有企业和非国有企业全要素生产率的核密度图对比，从中可以清晰地看到国有企业相对于非国有企业的整体优势。

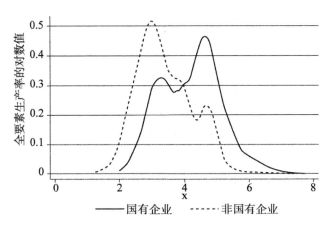

图 5-6　国有 OFDI 企业与非国有 OFDI 企业 TFP 对比图

（二）基准检验

我们从经验分析的角度来分析企业生产率与对外直接投资之间的关系。在估计方法上，首先采用最简单的 OLS 回归，初步考察企业生产率对对外直接投资的影响，再加入反映企业特征的控制变量。然后在简单 OLS 回归基础上增加年份固定效应及行业固定效应，以控制年度差异及企业行业差异。

表 5-14 报告了企业控制变量的相关性分析，研究结果表明。各变量之间相关性较低，克服了多重共线性问题。表 5-15 报告了基准回归的结果。表中第（1）～（2）列是简单 OLS 回顾结果，第（3）～（4）列为控制年份固定效应与行业固定效应后的回归结果。

表 5-14　　　　　　　　　　　企业微观层面变量的相关性分析

ofdi	age	lnsize	ci	lnrd	
ofdi	1				
age	0.037***	1			
lnsize	−0.264***	0.036***	1		
ci	−0.012*	0.020***	0.095***	1	
lnrd	−0.320***	−0.198***	0.289***	−0.067***	1

表 5-15　　　　　　　　　　　　基准检验结果

	（1） ofdi	（2） ofdi	（3） ofdi	（4） ofdi
lntfp	0.04686*** （0.0035）	0.01860*** （0.0044）	0.08359*** （0.0036）	0.0256*** （0.0045）
age		0.0019*** （0.0006）		0.0021*** （0.0006）
lnsize		0.0616*** （0.0032）		0.0799*** （0.0033）
ci		−0.0002 （0.0007）		0.00100 （0.0007）
lnrd		0.0536*** （0.0014）		0.0366*** （0.0018）
cons	0.2523*** （0.0031）	−0.4924 （0.0212）	.01460*** （0.2546）	−0.5869*** （0.0314）
年份 FE	否	否	是	是
行业 FE	否	否	是	是
观测值	19866 0.0089	19866 0.154	19866 0.164	19866 0.271
R^2	0.0090 180.31	0.153 720.1	0.166 140.5	0.270 230.4

注：括号里的数值为系数估计值的 t 统计量，***、** 和 * 分别表示该估计值在 0.01、0.05 和 0.1 的水平下显著。

　　我们首先关注全要素生产率对企业对外直接投资的影响，表示企业选择对外直接投资时所作出的反应。全要素生产率的系数在1%水平上显著为正，表明企业生产率对投资决策具有正效应。在其他条件相同时，生产率高的企业更可能进行对外直接投资。表示异质性企业的自我选择效应在中国企业OFDI中发挥了重要作用。通过不断提高企业生产率，将不断增加中国对东道国的资本流入，这一结论符合Helpman（2004）等的研究结论。

从反映企业相关特征的控制变量的估计结果来看：

企业年龄（age）的估计系数显著为正，说明经营年限长的企业提高企业对外投资的概率，一些成立较早的企业在占领和巩固国内市场后有强烈的开拓海外市场的动机。企业规模（size）的回归系数为正，且在5%的水平上通过了显著性检验，说明企业规模扩张的规模经济效应能够促进企业对外直接投资，结果符合预期。企业资本密集度（ci）：企业资本密集度的回归系数不显著，表明资本密集度对企业对外直接投资影响较小。企业研发水平（rd）：该指标用于衡量企业自身科研技术能力，该系数显著为正，表明企业研发水平较高的企业，通过海外市场的扩张将优势产业进行转移，达到改善提升企业自身竞争力，优化国家产业结构的重要因素。

（2）稳健性检验

基准检验中我们用LP方法计算企业生产率，为进一步保证回归结果的稳健性，我们采用OLS方法计算的企业生产率作为核心解释变量进行回归分析。表5-16报告了这一回归结果，可以看到，采用OLS方法计算的生产率在不控制年份和行业固定效应时系数为正但不显著，控制年份和行业固定效应后系数显著为正，表明回归结果稳健性较强。

表5-16　　　　　　　　　　　　稳健性检验

	（1） ofdi	（2） ofdi
Lntfp-ols	0.0051 （0.0036）	0.0094 ** （0.0037）
age	0.0021 *** （0.0006）	0.0021 *** （0.0006）
lnsize	0.07311 *** （0.0024）	0.0911 *** （0.0025）
ci	−0.00003 （0.0007）	0.00100 （0.0007）

续表

	（1） ofdi	（2） ofdi
lnrd	0.0533*** (0.0014)	0.0373*** (0.0018)
cons	−0.5230*** (0.02217)	−0.5990*** (0.0320)
时间 FE	否	是
行业 FE	否	是
观测值	19866 0.153	19866 0.270
R^2	0.153 716.3	0.269 229.3

注：括号里的数值为系数估计值的 t 统计量，***、** 和 * 分别表示该估计值在 0.01、0.05 和 0.1 的水平下显著。

（三）扩展研究

企业生产率与对外直接投资之间的关系受到企业性质的影响，我们进一步将样本企业划分为国有企业与非国有企业，考察不同性质的企业对外直接投资时的区位决策。

从表 5-17 中第（1）列生产率的系数来看，对国有企业而言，其生产率水平对其对外直接投资起到了很好的促进作用，即国有企业生产率水平越高，其选择对外直接投资的可能性越高，第（2）列中，而对于非国有企业而言，其较高的生产率水平对对外直接投资未发挥促进作用，这可能是因为非国有企业自身规模较小，融资约束较大，在现阶段选择国内生产经营或出口贸易，生产率在其中发挥的作用较小。

表 5-17　　　　　企业性质分组检验结果

	（1） 国有企业	（2） 非国有企业
lntfp	0.0609*** (0.0067)	−0.0146*** (0.0049)

续表

	（1） 国有企业	（2） 非国有企业
age	0.0023 ***	0.0021 ***
	（0.0009）	（0.0007）
lnsize	0.0753 ***	0.1129 ***
	（0.0049）	（0.0036）
ci	0.0015 **	−0.00280
	（0.0007）	（0.0019）
lnrd	0.0192 ***	0.0501 ***
	（0.0026）	（0.0026）
cons	−0.5343 ***	−0.8834 ***
	（0.0451）	（0.0457）
时间 FE	否	是
行业 FE	否	是
观测值	8098	11768
	0.286	0.297
R^2	0.283	0.295
	100.8	154.9

注：括号里的数值为系数估计值的 t 统计量，***、** 和 * 分别表示该估计值在 0.01、0.05 和 0.1 的水平下显著。

第四节　本章小结

本章首先从国家宏观视角出发，选取 2008—2016 年中国对外直接投资数据，采用 Heckman 两阶段回归模型考察了东道国投资便利化综合值和投资便利化分指标对中国对外直接投资区位选择的影响。其次从企业微观视角出发，考察异质性企业的对外直接投资区位问题。分别从宏观和微观两个视角考察各因素对区位选择的影响，有助于我们厘清不同层面的因素在区位选择中发挥的作用。主要结论如下：

第一，东道国投资便利化水平对中国企业对外直接投资产生促进效应，表现在提高企业对外直接投资的概率及投资规模两方面。从投资便利化分指标来看，制度质量、基础设施质量、金融服务效率、东道国商业环境及技术创新能力均能显著影响对中国企业的对外直接投资的概率及投资规模，也就是说，东道国良好的投资便利化环境更能吸引中国对其进行投资。另外，为了进一步考察东道国经济水平、企业投资动机等因素的影响，我们针对东道国特征进行了分组回归，结果表明，投资便利化对中国对外投资的促进作用在发达国家、自然资源禀赋较高、拥有先进技术水平的东道国更显著。

第二，企业全要素生产率越高，对外直接投资的概率越高。在其他条件相同时，生产率高的企业更可能进行对外直接投资。表明异质性企业的自我选择效应在中国企业 OFDI 中发挥了重要作用。另外，企业创办时间越长、规模越大且研发水平越高，越可能选择对外直接投资。为保证回归结果的可靠性，采用了分组回归及改变企业生产率计算方法的稳健性检验。

根据以上结论可知，无论是国家层面还是企业层面的因素，均对中国 OFDI 区位选择产生了极大影响。

第六章　东道国投资便利化、企业生产率对区位选择的实证（二）

从宏观视角出发，投资区位选择涉及区位所固有的特点，投资便利化因素对投资主体在该地区能否充分发挥优势具有重要作用，利用政策的稳定性、基础设施便利性、金融服务高效性及良好的营商环境促进企业发展。从企业微观角度出发，企业生产率异质性带来的选择效应与分类效应，进一步影响对外直接投资区位选择。为了回答对外直接投资区位出现差异化的选择结果这一问题，在异质性企业假设下的空间经济学模型，考察企业异质性特征与外部环境因素的共同作用下，异质性企业的内生区位选择，这一研究使异质性企业投资区位研究从"外生"特征回归到"内生"轨道（梁琦，2016）。

因此，在第四章分别研究投资便利化、企业生产率对对外直接投资区位选择影响的基础上，本章综合考虑宏观与微观两个因素，即在投资便利化环境下企业生产率会对区位选择产生怎样的影响呢？基于第二章第一节关于投资便利化、生产率对区位选择的影响的理论分析，采用中国上市公司数据及 WGI、GCR 的数据对理论假说加以验证。将投资便利化与企业生产率这两个因素引入基准模型，并通过两者的交互项考察在投资便利化条件下企业生产率对区位选择的调节作用。

第一节　模型构建与变量说明

Probit 模型是一种广义的线性模型，基准模型是指被解释变量 Y 是一个二值选择变量，事件发生的概率依赖于解释变量。参照第四章构建的实证模型，我们将投资便利化水平 Z、企业生产率 tfp、投资便利化与生产率交互项 $Z*\text{lntfp}$ 作为核心解释变量纳入分析框架。投资便利化为企业对外投资经营降低了成本及投资风险，因此，投资便利化能促进企业的对外直接投资，预期其估计系数为正。另外，企业生产率水平决定了企业能否克服对外直接投资市场准入成本并获得利润，预期其估计系数为正。同时，为了减轻可能出现的异方差情况，除二元离散变量外，都采用对数形式表示，设定基准计量模型：

$$\Pr(\text{OFDI}_{ijt} = 1 \mid X_{ijt}) = \alpha_0 + \alpha_1 \text{TFP}_{ijt} + \alpha_2 Z_{jt} + \sum_{i=1}^{n} \phi_i \ln X_{ijt} + \varepsilon_{ijt} \qquad (6\text{-}1)$$

其中，$\Pr(\text{OFDI}_{ijt})$ 是 t 年是否企业 i 对 j 国对外直接投资的虚拟变量，用以考察东道国投资便利化、企业生产率对对外直接投资概率的影响。TFP_{ijt} 表示企业 i 在 t 年投资到东道国 j 的生产率水平，Z_{jt} 表示东道国 j 在 t 年的投资便利化水平，X_{ijt} 表示为控制变量，n 表示控制变量个数，ε 为随机误差项。

根据第二章的理论假说可以预测，生产率高的企业更有可能在一国进行对外直接投资，且中国企业更倾向于在投资便利化水平较高的国家进行投资，如市场规模较大、制度质量较好、金融服务效率更佳、基础设施质量较好、商业环境良好、技术创新能力较强的国家。待估参数 α_1、α_2 的符号均为正。

但近年来，学者逐渐把企业微观层面引入到对外直接投资区位选择研究中，比较典型的是 Chen 和 Moore（2010），他们通过拓展 Helpman 等（2004）、Yeaple（2009）的理论模型研究发现，异质性企业在进行对外直接投资的区位选择时有着不同的偏好。基于这一研究，本书假定东道国投资便利化水平对企业 OFDI 区位选择的影响是异质的，把企业异质性与东道国投资便利化异质性两个变量置入同一的实证框架下，考察这两者对对外直接投资区位选择的交互作用，即企业生产率的异质性对企业对外投资决策的影响是否会受东道国的投资便利化水平影响。因此，这里引入投资便利化与生产率的交互项来验证东道国投资便利化水平的调节作用下，企业生产率对企业对外直接投资区位的影响。引入交互项后的计量模型如下：

$$P(\text{OFDI}_{ijt} = 1 \mid X_{ijt}) = \alpha_0 + \alpha_1 \text{TFP}_{ijt} + \alpha_2 Z_{jt} + \alpha_3 \text{TFP}_{ijt} \times Z_{jt} + \sum_{i=1}^{n} \phi_i \ln X_{ijt} + \varepsilon_{ijt}$$

$$(6\text{-}2)$$

（6-2）式中，$\text{TFP}_{ijt} \times Z_{jt}$ 表示企业生产率与投资便利化水平的交互项，其他各变量及角标的含义与（6-1）式保持一致。在（6-2）式中我们主要关注系数 α_3。

确定本章基准计量模型（6-1）、（6-2）后，进一步选择影响企业对外直接投资的控制变量，主要包括企业层面与国家层面的两类控制变量：企业年龄、企业资产收益率、企业性质、企业研发投入、东道国人均 GDP、总税率、自然资源禀赋、地理距离及文化距离。

为确定东道国宏观因素与企业微观因素对区位选择的影响，我们按照Holburn 和 Zelner（2010）的方法构造本章的数据结构，即每年某个企业对外投资可能的区位选择集合由所有样本企业当年投资过的所有国家和地区组成。最终形成每个企业—年份—区位的 11571 条观测，每条观测表示企业对外投资的一个可能的区位选择。

在具体的样本处理上，我们将第三章中采用 GCR、WGI 中相关数据计算所得的东道国投资便利化得分及其他宏观指标与国泰安数据库企业中海外关联企业对应的投资区位相匹配。为了避免部分企业样本年份过短的影响，选取2008—2015 年的样本。另外删除了 Z 值缺失的投资目的国，以及目的国为避税天堂的样本①。最后得到计量模型需要的合并数据库，其主要变量的描述性统计见表 6-1。

表 6-1　　　　　　　　　　　主要变量的描述性统计特征

变量名	观测值	均值	标准差	最小值	最大值	中位数
投资便利化水平（Z）	11517	0.717	0.185	0.136	0.975	0.802
生产率（lntfp）	11517	3.605	1.003	0.123	7.736	3.487
企业年龄（lnage）	11517	2.707	0.376	0.693	3.611	2.773
资产负债率（lev）	11517	0.473	0.213	0.0516	0.929	0.487
企业性质（state）	11517	0.371	0.483	0	1	0
研发投入（rd）	11517	0.781	0.413	0	1	1
人均 GDP（lnpgdp）	11517	9.769	1.466	5.788	11.53	10.64
总税率（TR）	10906	0.434	0.136	0.113	1.376	0.456
自然资源禀赋（lnres）	10882	2.268	0.858	0	4.587	2.402
地理距离（lndist）	11033	8.923	0.507	7.067	9.868	9.006
文化距离（CD）	9615	2.682	1.410	0.297	5.566	3.151

数据来源：作者通过 GCR、WGI、世界银行数据库、国泰安数据库整理计算所得。

---

① 避税港目的地，参照 G20 标准，见"文献\避税天堂判断标准文献"，主要包括英属维尔京群岛、开曼群岛、百慕大等国家（地区）。

表 6-2 是主要变量相关系数矩阵。可以看到，除交互项外，其他解释变量的相关系数均较低，基本上可以排除实证检验多重共线性的问题。表 6-3 是主要变量方差膨胀因子。

表 6-2　　　　　　　　　　　主要变量相关系数矩阵①

	Z	lntfp	$Z*$lntfp	lnage	lev	state	rd	lngdp	TR	lnresource	lndist	CD
Z	1											
lntfp	−0.07	1										
$Z*$lntfp	0.57	0.77	1									
lnage	0.01	−0.01	0.01	1								
lev	−0.08	0.54	0.38	0.14	1							
state	−0.02	0.41	0.31	0.03	0.3	1						
rd	−0.03	−0.16	−0.15	0.07	−0.21	−0.16	1					
lngdp	0.54	−0.05	0.29	−0.04	−0.05	−0.01	−0.06	1				
TR	−0.36	−0.06	−0.28	−0.07	0.01	−0.04	0.03	−0.1	1			
lnres	0.04	0.08	0.09	−0.01	0.01	0.05	−0.02	−0.06	−0.29	1		
lndist	−0.01	−0.06	−0.06	0.01	−0.04	−0.01	0.04	0.13	0.18	0.15	1	
CD	0.48	−0.15	0.17	−0.03	−0.11	−0.09	0.05	0.41	0.2	−0.23	0.37	1

表 6-3　　　　　　　　　　　主要变量方差膨胀因子

Variable	VIF	1/VIF
lntfp	4.83	0.206881
$Z*$lntfp	5.03	0.198944
lnage	1.05	0.950705
lev	1.51	0.660329
state	1.23	0.814259
rd	1.08	0.928115
lnpgdp	1.46	0.684705

---

① 表中各相关系数为四舍五入得到的结果。

Variable	VIF	1/VIF
TR	1.5	0.668689
lnresource	1.26	0.794504
lndist	1.38	0.726874
CD	2.05	0.488944

第二节　基准回归分析

一、基准回归

本节从经验分析的角度来分析投资便利化、企业生产率对中国企业 OFDI 区位选择的影响。表 6-4 报告了计量模型（6-1）的估计结果。在估计方法上，本书的合并数据涉及企业—年份—区位三个维度，因此采用 pooled probit 模型进行回归分析。初步对主要解释变量投资便利化、生产率进行回归（参见表 6-4，第 1~3 列），并控制行业固定效应及年度差异，在表 6-4 中第（2）列使用了怀特稳健标准误以克服回归的异方差影响，第（3）列使用企业聚类稳健标准误，以克服企业层面不同时期扰动项的自相关性可能造成的标准差偏误，以检验东道国投资便利化和企业生产率对对外直接投资的区位选择影响。表 6-4 中第（4）~（9）列为加入控制变量后的回归结果。

我们首先关注投资便利化、企业生产率对对外直接投资的区位影响，这反映了在宏观因素和微观因素的共同作用下，企业对外直接投资时做出的相应决策。从表 6-4 的第（1）~（3）列可以发现投资便利化、企业生产率与对外投资决策之间具有显著的正相关关系。也就是说，东道国投资便利化水平越高，对外直接投资企业生产率越高，企业选择该地区投资的概率越高。生产率对企业对外投资决策发挥了重要作用，也验证了 helpman（2004）等的结论。反映东道国投资环境的投资便利化指数 Z 显著为正，表明投资便利化对企业对外直接投资区位决策的影响十分显著，与第二章机理分析一致。

表 6-4 的第（4）~（6）列加入了反映企业特征的控制变量后，东道国投资便利化、企业生产率对区位选择的正向影响在统计上仍十分显著。并且发现，企业年龄的增长促进企业对外直接投资的概率，表明成立时间长的企业可

表6-4　基准回归

	（1）ofdi	（2）ofdi	（3）ofdi	（4）ofdi	（5）ofdi	（6）ofdi	（7）ofdi	（8）ofdi	（9）ofdi
z	0.5079***	0.5079***	0.5079***	0.5422***	0.5422***	0.5422***	0.4202***	0.4202**	0.4202**
	(0.071)	(0.071)	(0.126)	(0.072)	(0.072)	(0.127)	(0.146)	(0.145)	(0.203)
lntfp	0.1187***	0.1187***	0.1187***	0.0381**	0.0381**	0.0381	0.0342*	0.0342*	0.0342
	(0.014)	(0.014)	(0.031)	(0.017)	(0.017)	(0.039)	(0.019)	(0.019)	(0.042)
lnage				0.0921**	0.0921**	0.0921	0.1616***	0.1616***	0.1616
				(0.039)	(0.039)	(0.102)	(0.044)	(0.044)	(0.107)
lev				0.4496***	0.4496***	0.4496***	0.4454***	0.4454***	0.4454***
				(0.077)	(0.075)	(0.162)	(0.085)	(0.084)	(0.169)
state				0.1586***	0.1586***	0.1586**	0.1250***	0.1250***	0.1250
				(0.030)	(0.030)	(0.075)	(0.034)	(0.034)	(0.081)
rd				-0.0585	-0.0585	-0.0585	-0.0929**	-0.0929**	-0.0929
				(0.040)	(0.041)	(0.094)	(0.046)	(0.047)	(0.103)
lnpgd p							0.0147	0.0147	0.0147
							(0.019)	(0.019)	(0.018)
TR							-0.3358**	-0.3358**	-0.3358*
							(0.136)	(0.136)	(0.204)

续表

	(1) ofdi	(2) ofdi	(3) ofdi	(4) ofdi	(5) ofdi	(6) ofdi	(7) ofdi	(8) ofdi	(9) ofdi
lnres							0.0330 (0.022)	0.0330 (0.022)	0.0330 (0.035)
lndist							-0.0828** (0.034)	-0.0828** (0.033)	-0.0828 (0.058)
CD							0.0446*** (0.015)	0.0446*** (0.015)	0.0446* (0.026)
行业 FE	是	是	是	是	是	是	是	是	是
年份 FE	是	是	是	是	是	是	是	是	是
稳健	否	怀特稳健标准差	企业聚类稳健标准差	否	怀特稳健标准差	企业聚类稳健标准差	否	怀特稳健标准差	企业聚类稳健标准差
N	11517	11517	11517	11517	11517	11517	9340	9340	9340
R^2	0.140	0.140	0.140	0.146	0.146	0.146	0.150	0.150	0.150

注：括号里的数值为系数估计值的 t 统计量，***、**和*分别表示该估计值在1%、5%和10%的水平下显著。

137

能会通过积累技术进步及经营经验等更加容易进行对外投资。反映企业融资能力的资产负债率显著提高了企业对外直接投资的倾向，即企业内部的融资能力对投资区位的选择影响十分显著，企业受内部融资约束小，则有更加充足的自由资金用于海外投资。反映企业性质的二值选择变量系数显著为正，表明国有企业更倾向于对外投资，其可能原因是国有企业拥有其制度上的先天优势，在国家补贴等政策支持及融资约束较低的条件下，能够承受海外投资的风险，相对于民营企业等更倾向于选择对外直接投资。企业研发投入占比的系数不显著，表明该指标不是企业考虑对外直接投资与否的关键因素，这一结果的可能原因是多数新兴国家的企业对外投资时具有极大的战略资产寻求动机，希望通过在技术水平较高的发达国家投资获取技术逆向溢出效应及学习效应，因此企业本身的研发水平对其是否对外投资决策的影响不大。

第（7）~（9）列逐步加入了反映东道国特征的控制变量后，投资便利化、生产率对区位选择的正向影响仍十分显著。另外，反映东道国税收高低的指标总税率回归系数显著为负，表明一国总税率越低越能促进企业对其投资，税收的减少有效刺激了外资流入，这与许雄奇和杜鹃（2003）的研究结果保持一致，即实行低税率或税收优惠政策特别是对公司所得税的优惠是吸引外资、带动本土经济发展的重要措施。地理距离系数显著为负，两国间地理距离越大，则企业选择该地区投资的意愿降低，这可能是由于地理距离较大会导致运输成本增加、劳动力转移困难度增加导致。反映东道国文化制度的变量文化距离在1%水平上显著为正，即文化距离差异加大会提高投资概率，这可能是由于在文化距离较大的国家，其包容性及对外来文化的接受度更高，则其对外国资本的吸引力更强。自然资源禀赋系数为正但未通过显著性检验，与预期不符，这一结论与以往多数文献的研究结论不一致，其原因可能在于：我国企业虽然有较强的自然资源寻求动机，但这类企业在对资源丰裕国进行对外直接投资决策时，还受到此类国家资源开放度、国际关系、地缘政治博弈等因素的限制，在一定程度上阻碍了我国自然资源寻求型企业的进入，而转向制度较为宽松但资源相对较差的国家进行投资，如"一带一路"沿线东南亚与东欧地区均处于世界重要成矿带上，矿产资源种类齐全，但自然资源丰富的投资市场已被西方发达国家所占据，中国企业的投资空间有限（崔岩、于津平，2017）。另外，部分自然资源相当丰富的国家，如缅甸、柬埔寨、吉尔吉斯斯坦等国，其经济发展极为落后，因此我国企业对其投资概率较低。需要说明的是，除以上情况外，我们仍然认为自然资源禀赋越高，对企业进行直接投资的吸引力越大。人均 gdp 作为衡量东道国市场规模的变量，回归系数为正但未通过显著性检验，这一结论与多数文献的研究结论不一致，其可能原因在于：国家战略为鼓励中国企业在对外直接投资时实现国内过剩产能转移及产业结构优化升级，提供了一系列的政策支持，因此中国企业对外直接投资过程中的市场寻求动机降低，企业不再仅仅关注市场潜力大，经济发展水平高，人力资本和物质资本存量丰富的国家进行投资。

二、投资便利化、生产率对区位选择的影响

由于企业自身异质性在东道国投资便利化水平对区位选择影响中发挥重要作用，为了进一步验证生产率与投资便利化的交互作用，我们采用投资便利化水平与反映企业异质性的全要素生产率的交互项来衡量其影响大小。

交互作用来衡量投资便利化与生产率之间的协调关系，如果该系数为正则表明投资便利化水平高的地区，生产率对对外直接投资的边际促进作用越大，也就是说，东道国投资便利化水平高，越能吸引生产率较高的企业到当地进行投资。

表 6-5 报告了加入投资便利化与生产率的交互项后的回归结果。其中第（1）～（3）列为简单回归结果，第（4）～（6）列加入了反映企业特征的控制变量。第（7）～（9）列逐步加入了反映东道国国家特征的控制变量。

这一回归结果中，我们主要考察交互项的系数。首先在第（1）～（3）列中，没有加入控制变量时，东道国投资便利化与企业全要素生产率均提高了企业对外直接投资的倾向，生产率较高的企业相对生产率较低的企业更可能选择对外直接投资。引入交互项后，交互项对企业对外直接投资有显著负向影响。结合投资便利化与生产率的变量符号，说明东道国投资便利化水平对对外直接投资区位选择在不同企业之间存在系统性差异，在投资便利化水平高的东道国投资所需要的生产率水平更低。也就是说，东道国较低的投资便利化水平会降低企业在该国的投资意愿，生产率较高企业的这种负面效应显著降低。这一结果的可能原因是：与经典的异质性企业理论一致，在其他条件不变的情况下，东道国投资便利化水平的提升可以降低企业投资成本，进而降低企业对外直接投资时所需达到的生产率，而市场规模较小、进入成本更高、投资便利化水平较低的国家对中国企业而言有着更高的临界生产率，由此吸引更多生产率较高的中国企业在该国投资。

表6-5 投资便利化总指标交互项回归结果

	(1) ofdi	(2) ofdi	(3) ofdi	(4) ofdi	(5) ofdi	(6) ofdi	(7) ofdi	(8) ofdi	(9) ofdi
Z	1.2493*** (0.292)	1.2493*** (0.296)	1.2493*** (0.475)	1.3685*** (0.294)	1.3685*** (0.299)	1.3685*** (0.476)	1.4637*** (0.392)	1.4637*** (0.394)	1.4637** (0.652)
lntfp	0.2628*** (0.057)	0.2628*** (0.058)	0.2628*** (0.093)	0.1982*** (0.058)	0.1982*** (0.059)	0.1982** (0.098)	0.2710*** (0.076)	0.2710*** (0.077)	0.2710** (0.130)
Z * lntfp	-0.1961*** (0.075)	-0.1961** (0.077)	-0.1961* (0.122)	-0.2183*** (0.075)	-0.2183*** (0.077)	-0.2183* (0.122)	-0.3114*** (0.097)	-0.3114*** (0.098)	-0.3114* (0.159)
lnage				0.0973** (0.039)	0.0973** (0.039)	0.0973 (0.102)	0.1704*** (0.044)	0.1704*** (0.044)	0.1704 (0.107)
lev				0.4537*** (0.077)	0.4537*** (0.075)	0.4537*** (0.162)	0.4443*** (0.085)	0.4443*** (0.084)	0.4443*** (0.168)
state				0.1586*** (0.030)	0.1586*** (0.030)	0.1586** (0.075)	0.1197*** (0.034)	0.1197*** (0.034)	0.1197 (0.081)
rd				-0.0557 (0.041)	-0.0557 (0.041)	-0.0557 (0.094)	-0.0895* (0.046)	-0.0895* (0.047)	-0.0895 (0.102)
lmpgdp							0.0134 (0.019)	0.0134 (0.019)	0.0134 (0.018)
TR							-0.1767 (0.147)	-0.1767 (0.148)	-0.1767 (0.225)

续表

	(1) ofdi	(2) ofdi	(3) ofdi	(4) ofdi	(5) ofdi	(6) ofdi	(7) ofdi	(8) ofdi	(9) ofdi
lnres							0.0293 (0.022)	0.0293 (0.022)	0.0293 (0.035)
lndist							-0.0660* (0.035)	-0.0660* (0.034)	-0.0660 (0.060)
CD							0.0405*** (0.015)	0.0405*** (0.015)	0.0405 (0.027)
行业 FE	是	是	是	是	是	是	是	是	是
年份 FE	是	是	是	是	是	是	是	是	是
稳健	否	怀特稳健标准差	企业聚类	否	怀特稳健标准差	企业聚类	否	怀特稳健标准差	企业聚类
N	11517	11517	11517	11517	11517	11517	9340	9340	9340
R^2	0.140	0.140	0.140	0.146	0.146	0.146	0.151	0.151	0.151

注：括号里的数值为系数估计值的 t 统计量，***、** 和 * 分别表示该估计值在 1%、5% 和 10% 的水平下显著。

第三节　拓 展 研 究

一、投资便利化分指标、生产率影响区位选择的实证研究

进一步将投资便利化水平分解为制度质量 R、基础设施质量 Q、商业投资环境 B、金融服务效率 F、技术与创新能力 T，在基准模型（6-1）的基础上得到计量模型（6-3）。

$$P(\mathrm{OFDI}_{ijt} = 1 \mid X_{ijt}) = \alpha_0 + \alpha_1 \mathrm{TFP}_{ijt} + \alpha_2 R_{jt} + \alpha_3 Q_{jt} + \alpha_4 B_{jt} + \alpha_5 F_{jt}$$
$$+ \alpha_6 T_{jt} + \sum_{i=1}^{n} \phi_i \ln X_{ijt} + \varepsilon_{ijt} \tag{6-3}$$

$$P(\mathrm{OFDI}_{ijt} = 1 \mid X_{ijt}) = \alpha_0 + \alpha_1 \mathrm{TFP}_{ijt} + \alpha_2 R_{jt} + \alpha_3 \mathrm{TFP}_{ijt} \times R_{jt} + \sum_{i=1}^{n} \phi_i \ln X_{ijt} + \varepsilon_{ijt} \tag{6-4}$$

$$P(\mathrm{OFDI}_{ijt} = 1 \mid X_{ijt}) = \alpha_0 + \alpha_1 \mathrm{TFP}_{ijt} + \alpha_2 Q_{jt} + \alpha_3 \mathrm{TFP}_{ijt} \times Q_{jt} + \sum_{i=1}^{n} \phi_i \ln X_{ijt} + \varepsilon_{ijt} \tag{6-5}$$

$$P(\mathrm{OFDI}_{ijt} = 1 \mid X_{ijt}) = \alpha_0 + \alpha_1 \mathrm{TFP}_{ijt} + \alpha_2 B_{jt} + \alpha_3 \mathrm{TFP}_{ijt} \times B_{jt} + \sum_{i=1}^{n} \phi_i \ln X_{ijt} + \varepsilon_{ijt} \tag{6-6}$$

$$P(\mathrm{OFDI}_{ijt} = 1 \mid X_{ijt}) = \alpha_0 + \alpha_1 \mathrm{TFP}_{ijt} + \alpha_2 F_{jt} + \alpha_3 \mathrm{TFP}_{ijt} \times F_{jt} + \sum_{i=1}^{n} \phi_i \ln X_{ijt} + \varepsilon_{ijt} \tag{6-7}$$

$$P(\mathrm{OFDI}_{ijt} = 1 \mid X_{ijt}) = \alpha_0 + \alpha_1 \mathrm{TFP}_{ijt} + \alpha_2 F_{jt} + \alpha_3 \mathrm{TFP}_{ijt} \times T_{jt} + \sum_{i=1}^{n} \phi_i \ln X_{ijt} + \varepsilon_{ijt} \tag{6-8}$$

另外，在（6-2）式的基础上将投资便利化水平这一指标进行分解，得到（6-4）式~（6-8）式，即分别引入国家制度质量与生产率交互项 $\mathrm{TFP}_{ijt} \times R_{jt}$、基础设施质量与生产率交互项 $\mathrm{TFP}_{ijt} \times Q_{jt}$、商业投资环境与生产率交互项 $\mathrm{TFP}_{ijt} \times B_{jt}$、金融服务效率与生产率交互项 $\mathrm{TFP}_{ijt} \times F_{jt}$、技术与创新能力 $\mathrm{TFP}_{ijt} \times T_{jt}$ 的计量模型。

（一）投资便利化分指标基准回归

由于投资便利化水平是通过赋予不同权重的 25 个分指标计算得分完成的，

参见第三章投资便利化指标构建体系。为考察制度供给质量 R、商业投资环境 B、金融服务效率 F、基础设施质量 Q 和技术与创新效率 T 五个分指标对跨国公司对外直接投资的决策影响。由于以上五个指标存在多重共线性问题，因此此部分对五个分指标分别进行回归，实证结果见表6-6。

表 6-6　　　　　　　　　投资便利化分指标基础回归

	(1) ofdi	(2) ofdi	(3) ofdi	(4) ofdi	(5) ofdi
lntfp	0.0367* (0.019)	0.0342* (0.019)	0.0340* (0.019)	0.0363* (0.019)	0.0334* (0.019)
R	6.4124*** (1.832)				
B		2.9013*** (1.125)			
F			0.7699 (0.680)		
Q				3.5465*** (1.286)	
T					0.5679*** (0.218)
lnage	0.1614*** (0.044)	0.1596*** (0.044)	0.1624*** (0.044)	0.1594*** (0.044)	0.1630*** (0.044)
lev	0.4428*** (0.084)	0.4457*** (0.084)	0.4378*** (0.084)	0.4465*** (0.084)	0.4412*** (0.084)
state	0.1291*** (0.034)	0.1248*** (0.034)	0.1249*** (0.034)	0.1245*** (0.034)	0.1250*** (0.034)
rd	−0.0923** (0.047)	−0.0900* (0.047)	−0.0900* (0.047)	−0.0908* (0.047)	−0.0943** (0.047)
lnpgdp	0.0098 (0.018)	0.0306* (0.017)	0.0311 (0.019)	0.0194 (0.018)	0.0230 (0.018)
TR	−0.4575*** (0.149)	−0.2935** (0.132)	−0.2290* (0.138)	−0.2347* (0.125)	−0.2829** (0.130)

续表

	（1） ofdi	（2） ofdi	（3） ofdi	（4） ofdi	（5） ofdi
lnres	0.0188 （0.022）	0.0184 （0.023）	0.0401* （0.021）	0.0331 （0.022）	0.0387* （0.021）
lndist	−0.0696** （0.034）	−0.1013*** （0.032）	−0.0949*** （0.034）	−0.0838** （0.033）	−0.0928*** （0.033）
CD	0.0488*** （0.015）	0.0617*** （0.014）	0.0580*** （0.015）	0.0488*** （0.015）	0.0451*** （0.015）
年份、行业 FE	是	是	是	是	是
N	9340	9340	9340	9340	9340
R^2	0.150	0.151	0.150	0.150	0.150

注：指标上方数字为系数，括号内数字为系数估计标准差，考虑到样本较大，此处汇报的是怀特稳健标准差（robust standard errors），其中 *** 为在1%显著性水平下显著，** 为5%显著性水平下显著，* 为10%显著性水平下显著。

从核心解释变量来看，各模型生产率（lntfp）对企业 OFDI 的估计系数都为正且在10%水平显著，说明企业生产率是企业对外直接投资的重要促进因素，符合预期。同时各模型生产率估计系数大小没有太大的波动，说明该结果较为稳健。

国家制度质量（R）的估计系数为正且在1%水平显著，表明国家制度质量对企业 OFDI 具有促进作用，符合预期。制度质量越高，制度体系较完善，政局稳定，政府办事高效透明，腐败控制优良，那么有利于该国经济的发展，同时可使 OFDI 企业降低经营成本；法治水平及治理水平较高可使企业降低投资风险，使收益最大化，企业越倾向于对该地区进行对外直接投资。

商业投资环境（B）的估计系数为正且在1%的置信区间显著，表明一国商业投资环境与对外直接投资之间正相关，与预期相符。一国商业投资环境越好，开办企业所耗费的时间较短，对 OFDI 企业的相关制度较完善，可以降低企业海外经营的成本，企业则倾向到商业投资环境较好的地区发展。

金融服务效率（F）的估计系数为正但不显著，表明东道国金融服务效率对对外直接投资区位选择的影响不大，与预期不符。造成这一结果的可能原因是：本书选取的样本为中国 A 股上市公司，此类企业自身的融资能力较强，融资约束较小，因此在对外直接投资时未过多关注东道国的金融体系的完善程度及融资能力，而经营能力较差、内部融资约束较大的小企业样本的缺失会造成一定的偏误，因此金融服务效率的影响不显著。

基础设施质量（Q）的估计系数为正且在1%的置信区间上显著，表明国家基础设施质量对企业对外直接投资具有正向效应，符合预期。一国基础设施质量越高，交通基础设施完善可以为企业降低运输成本，信息基础设施能够降低交易成本和信息搜集成本，完善的能源基础设施能够保证企业的生产经营活动顺利开展，企业则倾向于到基础设施质量高的地区投资。现实中，交通设备建设有助于打破地理隔离，扩大市场规模，提高企业投资的潜在边际收益，从而吸引资本流入（余淼杰，崔晓敏，2017）。

技术创新能力（T）的估计系数为正且在1%的置信区间上显著，表明东道国技术创新能力对企业对外直接投资具有正向效应，与蒋冠宏和蒋殿春（2012）的研究结论一致，符合预期。一国在相关领域研发投入较高的国家，其潜在研发技术转化为市场生产力的能力就越强，会拥有更先进的专利技术，更成熟的研发经验和更有效的产品创新，对希望通过海外研发投资获取发达国家的先进技术资源的新兴国家具有强大的吸引力，最终达到缩小技术差距的目的（Deng，2009）。

从控制变量来看，人均GDP、总税率、企业性质、企业年龄、资产负债率等的估计系数与上文基本保持一致，此处不再赘述。

（二）分指标交互项检验

表6-7报告了引入投资便利化分指标与生产率交互项后的检验结果，我们重点关注各模型中交互项对我国对外直接投资区位的影响。

表6-7　　　　　　　　　　　　　　分指标交互项回归结果

	(1) B	(2) F	(3) Q	(4) T	(5) R
lntfp	0.3420*** (0.099)	0.2056 (0.132)	0.1432* (0.086)	0.0993 (0.133)	0.1262*** (0.030)
B	19.0312*** (4.333)				
B * lntfp	−3.3455*** (1.059)				

续表

	（1） B	（2） F	（3） Q	（4） T	（5） R
F		7.0614**			
		(3.326)			
F * lntfp		−1.1727			
		(0.889)			
Q			2.7805*		
			(1.655)		
Q * lntfp			−0.5367		
			(0.413)		
T				5.0019	
				(3.256)	
T * lntfp				−0.4042	
				(0.844)	
R					2.7136***
					(0.603)
R * lntfp					−0.5694***
					(0.148)
lnage	0.1649***	0.1601***	0.1634***	0.1600***	0.1751***
	(0.044)	(0.044)	(0.044)	(0.044)	(0.044)
lev	0.4447***	0.4453***	0.4394***	0.4454***	0.4412***
	(0.084)	(0.084)	(0.084)	(0.084)	(0.084)
state	0.1282***	0.1242***	0.1249***	0.1246***	0.1247***
	(0.034)	(0.034)	(0.034)	(0.034)	(0.034)
dr	−0.0933**	−0.0892*	−0.0905*	−0.0912*	−0.0837*
	(0.047)	(0.047)	(0.047)	(0.047)	(0.047)
lnpgdp	0.0084	0.0314*	0.0302	0.0195	0.0217
	(0.019)	(0.017)	(0.019)	(0.018)	(0.018)
TR	−0.4369***	−0.2757**	−0.2200	−0.2315*	−0.2714**
	(0.150)	(0.133)	(0.138)	(0.125)	(0.130)
lnres	0.0183	0.0191	0.0408*	0.0334	0.0383*
	(0.022)	(0.023)	(0.022)	(0.022)	(0.022)

	(1) B	(2) F	(3) Q	(4) T	(5) R
lndist	−0. 0766 **	−0. 1046 ***	−0. 0964 ***	−0. 0847 **	−0. 0960 ***
	(0. 034)	(0. 032)	(0. 034)	(0. 033)	(0. 033)
CD	0. 0496 ***	0. 0617 ***	0. 0585 ***	0. 0490 ***	0. 0438 ***
	(0. 015)	(0. 014)	(0. 014)	(0. 015)	(0. 015)
年份、行业 FE	是	是	是	是	是
N	9349	9349	9349	9349	9349
R^2	0. 151	0. 150	0. 149	0. 150	0. 151

注：指标上方数字为系数，括号内数字为系数估计标准差，考虑到样本较大，此处汇报的是怀特稳健标准差（robust standard errors），其中 *** 为在 1% 显著性水平下显著，** 为 5% 显著性水平下显著，* 为 10% 显著性水平下显著。

第（1）列中交互项的估计系数显著为负，说明东道国商业环境与 OFDI 企业的对外直接投资呈现负相关关系，较差的东道国商业环境会削弱企业在该国的投资倾向，这种负面效应在生产率较高的企业中会显著降低。生产率能减弱较差的东道国商业环境对企业是否在该国进行投资可能性的影响，即生产率更高的中国企业更有可能在商业环境较差的国家进行投资。

模型（2）中交互项的估计系数为负但未通过显著性检验，并且金融服务效率的估计系数在 5% 水平上显著为正，生产率的估计系数为正但不显著，说明东道国金融服务效率与企业生产率之间不存在调节效应，这两个变量的主效应是相互独立的。因此无论企业生产率高或低，其选择金融服务效率较高的东道国进行投资的可能性较大。其可能原因在于，无论是东道国银行稳健性、还是其融资结构的异质性，并不能直接减小企业的融资压力，也不能直接帮企业迈过融资约束门槛。

第（3）列中交互项的估计系数为负但不显著，表明东道国基础设施质量与企业生产率之间不存在调节效应，也就是说，企业在对外投资选择时，倾向于到基础设施质量较高的东道国投资，这与生产率对企业对外直接投资的边际作用无关。其可能的原因是：基础设施建设是我国企业对"一带一路"沿线国家与地区进行直接投资的主要组成部分，但此类建设项目时间周期长且面临复杂的外部挑战，如果企业实力较弱则可能面临较大的投资风险，因此国家在政策上会予以支持，因此此类企业在选择投资区位时对企业自身生产率的考虑较少。

第（4）列中交互项的系数为负但不显著，技术创新能力及生产率的估计系数为正但不显著，表明东道国的技术创新能力不是中国企业对外投资决策时的重要影响因素，且技术创新能力与生产率不存在调节效应。这与 Buckley（2007）等、李猛（2011）等的研究结论基本一致，即发现东道国研发投入与中国 OFDI 决策之间没有显著的关系。其可能的原因是不能充分证明中国企业的 OFDI 是为了获得逆向技术溢出效应，因此中国企业无论生产率大小，均对东道国技术创新能力不敏感。

第（5）列中交互项的估计系数为负，且在 1%的置信区间内显著，说明东道国制度质量与 OFDI 企业的对外投资呈现系统性负相关关系。可以看到东道国制度质量显著正向影响企业在该国投资的可能性，而东道国制度质量与生产率的交互项显著为负，说明企业生产率显著影响东道国制度质量对投资区位选择的影响，相比生产率更低的企业而言，生产率更高的企业更倾向于在制度质量较差的国家进行投资活动，而生产率越低的企业，越倾向于到制度质量较好的国家进行投资活动。其原因在于，企业选择政府政务和法律制度健全的国家，能够为投资者提供了一种风险"补偿"性质的保险机制，对于生产率较低的企业而言，更利于有效规避或减少因贪污腐败或法律漏洞而导致的企业损失，使企业获得较大利润。

二、基于东道国异质性分组的实证研究

（一）按东道国收入分组回归

东道国收入水平的划分是本书中区分投资便利化、生产率对中国企业对外直接投资区位选择的重要指标。本书采用世界银行对各国收入水平划分的标准，即世界银行根据人均 GDP 将各国分为高收入、中高收入、中低收入、低收入四类。本书将样本划分为三类：income＝1 表示东道国为低收入及中低收入国家，income＝2 表示东道国为中高收入国家，income＝3 表示东道国为高收入国家。通过采取基准检验模型分组进行回归。表 6-8 报告了分组检验结果。结果表明，从第（6）列投资便利化 Z 的系数来看，在高收入国家组中，该系数显著为正，表明较高的投资便利化水平更能促进企业到高收入国家投资，TFP 的系数显著为正，表明企业到高收入国家投资所需的生产率较高，其交互项显著为负，表明在投资便利化的调节作用下，企业到高收入国家所需的生产率有所下降。

表 6-8 东道国收入分组检验结果

	（1）income = 1	（2）income = 2	（3）income = 3	（4）income = 1	（5）income = 2	（6）income = 3
Z	−0.0258	−0.3112	0.7511***	0.2381	−2.2471	2.2220***
	(1.034)	(0.604)	(0.239)	(2.883)	(1.610)	(0.812)
lntfp	0.0438	0.1124*	0.0317	0.0760	−0.1660	0.3616**
	(0.080)	(0.058)	(0.022)	(0.337)	(0.225)	(0.176)
Z * lntfp				−0.0723	0.4933	−0.3998*
				(0.745)	(0.385)	(0.212)
lnage	−0.2016	0.1962	0.2319***	−0.2023	0.2189*	0.2346***
	(0.182)	(0.127)	(0.051)	(0.182)	(0.129)	(0.051)
lev	0.6548*	0.8390***	0.3560***	0.6553*	0.7784***	0.3572***
	(0.373)	(0.261)	(0.095)	(0.373)	(0.264)	(0.095)
state	0.2761**	0.0407	0.1168***	0.2767**	0.0463	0.1163***
	(0.132)	(0.103)	(0.040)	(0.132)	(0.104)	(0.040)
rd	−0.5418***	−0.3369***	−0.0438	−0.5429***	−0.3447***	−0.0384
	(0.199)	(0.127)	(0.054)	(0.200)	(0.128)	(0.054)
ln_pgdp	−0.0180	0.0603	0.0195	−0.0171	0.0570	0.0193
	(0.088)	(0.090)	(0.032)	(0.088)	(0.090)	(0.032)
TR	−0.2944	−0.2258	0.8992***	−0.2847	−0.2290	0.9468***
	(0.944)	(0.470)	(0.256)	(0.939)	(0.469)	(0.258)
lnres	0.0236	−0.3169**	0.0665*	0.0237	−0.3371**	0.0698*
	(0.052)	(0.139)	(0.036)	(0.052)	(0.138)	(0.036)
lndist	−0.3287*	−0.0499	0.0001	−0.3255*	−0.0318	−0.0020
	(0.184)	(0.146)	(0.044)	(0.186)	(0.145)	(0.044)
CD	0.2396**	−0.3365*	0.0097	0.2397**	−0.3623*	0.0060
	(0.098)	(0.196)	(0.020)	(0.099)	(0.195)	(0.020)
年份、行业 FE	是	是	是	是	是	是
N	745	1224	6933	745	1224	6933
R^2	0.210	0.186	0.149	0.210	0.187	0.150

注：指标上方数字为系数，括号内数字为系数估计标准差。此处汇报的是怀特稳健标准差（robust standard errors），其中 *** 为在 1%显著性水平下显著，** 为 5%显著性水平下显著，* 为 10%显著性水平下显著。

（二）按东道国是否为"一带一路"国家分组回归

自 2013 年以来，我国提出"一带一路"倡议，是中国"走出去"战略的重要组成部分，对利用国际要素资源，转移优势成熟产能，与"一带一路"沿线国家加强经贸往来，以实现合作共赢。另外，"一带一路"沿线国家（地区）多为新兴发展体，在资源禀赋、基础设施质量、经济实力、投资环境等方面也存在显著差异，因此中国企业直接投资存在较大挑战。我们通过对样本数据按照关联方是否为"一带一路"国家（地区）① 分组，考察投资便利化、生产率及交互项对该类国家的区位选择决策。表 6-9 报告了分组检验的结果。结果表明，在投资便利化水平较高条件下，企业生产率水平的提升更能促进企业选择"一带一路"国家进行投资，第（1）～（2）列非"一带一路"国家更有能力利用东道国投资便利化的环境，而 TFP 的提升更能促进企业对"一带一路"国家 OFDI。在投资便利化与生产率的调节作用下，中国企业更倾向于对"一带一路"国家进行投资。这与我国大力推行"一带一路"倡议及给予的政策倾向有关。

表 6-9　　　　　　　　　　是否"一带一路"国家分组检验结果

	(1) "一带一路"国家	(2) "一带一路"国家	(3) 非"一带一路"国家	(4) 非"一带一路"国家
Z	−0.1129 (0.263)	1.1838* (0.639)	0.5345** (0.248)	1.2492** (0.560)
lntfp	0.0100 (0.040)	0.2443** (0.113)	0.0409* (0.022)	0.1951* (0.111)
$Z*$lntfp		−0.3376** (0.152)		−0.1971 (0.140)
lnage	0.1403 (0.090)	0.1605* (0.091)	0.1461*** (0.051)	0.1489*** (0.051)
lev	0.4684** (0.187)	0.4638** (0.187)	0.5370*** (0.095)	0.5386*** (0.095)

---

① "一带一路"国家名单中总共包含了 65 个国家（地区）。

续表

	(1) "一带一路"国家	(2) "一带一路"国家	(3) 非"一带一路"国家	(4) 非"一带一路"国家
state	0.1657 **	0.1574 **	0.1098 ***	0.1095 ***
	(0.067)	(0.067)	(0.041)	(0.041)
rd	−0.2269 **	−0.2169 **	−0.0428	−0.0411
	(0.089)	(0.089)	(0.055)	(0.055)
lnpgdp	0.0287	0.0287	0.0188	0.0184
	(0.038)	(0.038)	(0.026)	(0.026)
TR	−0.2131	−0.2404	−0.2870	−0.2616
	(0.352)	(0.352)	(0.183)	(0.184)
lnresource	−0.1199 *	−0.1214 *	0.0178	0.0168
	(0.067)	(0.068)	(0.029)	(0.029)
lndist	0.0320	0.0426	−0.0188	−0.0231
	(0.221)	(0.223)	(0.046)	(0.046)
CD	−0.1425 **	−0.1424 **	0.0643 **	0.0662 **
	(0.064)	(0.064)	(0.031)	(0.031)
年份、行业 FE	是	是	是	是
N	2344	2344	7005	7005
R^2	0.159	0.161	0.156	0.156

注：指标上方数字为系数，括号内数字为系数估计标准差。此处汇报的是怀特稳健标准差（robust standard errors），其中 *** 为在1%显著性水平下显著，** 为5%显著性水平下显著，* 为10%显著性水平下显著。

三、基于企业异质性分组的实证研究

（一）按企业性质分组回归

由于目前我国促进投资的一般性机制对于不同类型的企业的支持程度仍存在较大差异。国有企业对外投资很大程度为实现国家战略，能够享受到更多资源支持。同时，国家控股的金融企业更偏好国有企业。企业凭借"国有"的标签就能够享受到更多的融资机会和便利条件（Nee，1992）。相比来看，非国有企业接受到的母国制度支持比国有企业少，在国外面临的风险也更高，东道国的制度环境影响作用更大（宗芳宇等，2012）。另外，非国有企业面临的融资约束，导致东道国的金融服务水平对其区位选择造成影响，非国有企业到东道国投资所能获得的有效的制度环境、较低的企业准入门槛、较低的融资成本及经营成本等，都能弥补母国相关支持的不足。

　　因此，考虑到企业性质对企业对外直接投资的区位选择产生影响，本章将全部样本按照企业性质划分为国有企业与其他类型企业两类，通过采用与模型（6-2）相同的回归方程分组进行回归。回归结果见表6-10。

表6-10　　　　　　　　　　　企业性质分组回归结果

	（1）外资企业	（2）国有企业	（3）民营及公众企业	（4）外资企业	（5）国有企业	（6）民营及公众企业
Z	−1.8180	0.4304 *	0.4219 **	10.6538 **	1.6138 **	1.2812 **
	(1.318)	(0.238)	(0.191)	(4.965)	(0.761)	(0.525)
lntfp	0.6276 ***	−0.0183	0.0502 *	3.1888 ***	0.1987	0.2348 **
	(0.204)	(0.030)	(0.027)	(1.015)	(0.137)	(0.110)
Z * lntfp				−3.3526 ***	−0.2855	−0.2463 *
				(1.288)	(0.176)	(0.142)
lnage	3.1685 ***	−0.0678	0.3329 ***	3.3078 ***	−0.0585	0.3422 ***
	(0.696)	(0.069)	(0.062)	(0.699)	(0.069)	(0.063)
lev	0.7761	0.4016 **	0.5750 ***	0.6283	0.4117 **	0.5750 ***
	(0.850)	(0.163)	(0.106)	(0.843)	(0.163)	(0.106)
rd	0.4605	−0.3953 ***	0.2171 ***	0.5157	−0.3829 ***	0.2197 ***
	(0.461)	(0.075)	(0.068)	(0.470)	(0.076)	(0.068)
lnpgdp	−0.1216	0.0086	0.0304	−0.1860	0.0078	0.0297
	(0.132)	(0.031)	(0.025)	(0.141)	(0.031)	(0.025)
TR	−0.4977	−0.6426 ***	−0.1687	−0.9530	−0.6180 ***	−0.1578
	(1.362)	(0.215)	(0.185)	(1.473)	(0.215)	(0.186)
lnresource	−0.0517	0.0809 **	−0.0038	0.1396	0.0814 **	−0.0039
	(0.191)	(0.036)	(0.028)	(0.205)	(0.036)	(0.028)
lndist	−0.5628 **	−0.1324 **	−0.0341	−0.9861 ***	−0.1350 **	−0.0364
	(0.286)	(0.056)	(0.044)	(0.345)	(0.056)	(0.044)

续表

	（1） 外资企业	（2） 国有企业	（3） 民营及公众企业	（4） 外资企业	（5） 国有企业	（6） 民营及公众企业
CD	0. 3902 ***	0. 0201	0. 0563 ***	0. 3689 ***	0. 0220	0. 0545 ***
	(0. 125)	(0. 025)	(0. 020)	(0. 123)	(0. 025)	(0. 020)
年份、 行业 FE	是	是	是	是	是	是
N	211	3353	5663	211	3353	5663
R^2	0. 389	0. 178	0. 155	0. 407	0. 178	0. 155

注：指标上方数字为系数，括号内数字为系数估计标准差。此处汇报的是怀特稳健标准差（robust standard errors），其中 *** 为在 1%显著性水平下显著，** 为 5%显著性水平下显著，* 为 10%显著性水平下显著。

从生产率 tfp 来看，国有企业 tfp 的系数均不显著，说明国有企业生产率的变化对其 OFDI 决策没有影响，这可能与国有企业和私营企业对外投资的动机差异相关，由于国有企业的政治任务及国资背景，使其进行对外直接投资的区位选择时，将国家宏观利益放在首位，区位选择约束较小。

从投资便利化水平 Z 来看，无论国有企业还是民营及公众企业的系数均显著为正，表明无论企业所有制性质如何，企业均倾向于投资便利化水平较高的地区投资。横向比较来看，模型（3）的系数小于模型（4）的系数，民营及跟踪企业对东道国投资便利化水平的要求较高，可能是由于其融资能力有限、抗风险能力较差，且出于市场动机，更倾向于选择便利化水平较高，市场进入成本较低的国家进行生产经营活动，因此东道国投资便利化变量对其区位选择的影响更加显著。其他控制变量与前文的估计结果基本一致，进一步说明结论的稳健性。

（二）按企业规模分组回归

为进一步考察企业规模在投资便利化环境下企业生产率对区位选择中发挥的作用，我们将样本按照企业规模大小进行分组回归。企业规模的大小按照 t 年 i 企业所在 j 行业的平均值进行分组。若 t 年 i 企业的规模大于等于所在 j 行业的规模，则记为 1，反之记为 0。表 6-11 报告了按照企业规模分组的回归结果。

表 6-11 企业规模分组回归结果

	（1）规模大	（3）规模小	（2）规模大	（4）规模小
Z	0.8730 ***	0.0859	2.3938 ***	1.5032 ***
	(0.201)	(0.214)	(0.617)	(0.581)
lntfp	−0.0382	0.0251	0.2426 **	0.3563 ***
	(0.030)	(0.027)	(0.113)	(0.129)
$Z * \text{lntfp}$			−0.3798 ***	−0.4211 ***
			(0.147)	(0.161)
lnage	0.1820 ***	0.1976 ***	0.1864 ***	0.2045 ***
	(0.060)	(0.070)	(0.060)	(0.070)
lev	0.2299 *	0.6784 ***	0.2379 *	0.6677 ***
	(0.133)	(0.114)	(0.133)	(0.114)
state	0.0934 **	0.1534 ***	0.0935 **	0.1527 ***
	(0.045)	(0.059)	(0.045)	(0.059)
rd	−0.3567 ***	0.2548 ***	−0.3521 ***	0.2551 ***
	(0.067)	(0.074)	(0.067)	(0.074)
lnpgdp	−0.0026	0.0352	−0.0049	0.0364
	(0.026)	(0.028)	(0.026)	(0.028)
TR	−0.8501 ***	−0.2436	−0.7885 ***	−0.2126
	(0.191)	(0.203)	(0.193)	(0.204)
lnresource	0.0073	0.0763 **	0.0056	0.0767 **
	(0.031)	(0.031)	(0.031)	(0.031)
lndist	−0.0298	−0.1652 ***	−0.0285	−0.1724 ***
	(0.043)	(0.054)	(0.043)	(0.055)
CD	0.0333	0.0569 **	0.0350 *	0.0525 **
	(0.020)	(0.024)	(0.020)	(0.024)
年份、行业 FE	是	是	是	是
N	4724	4625	4724	4625
R^2	0.146	0.178	0.147	0.179

注：指标上方数字为系数，括号内数字为系数估计标准差。此处汇报的是怀特稳健标准差（robust standard errors），其中 *** 为在 1% 显著性水平下显著，** 为 5% 显著性水平下显著，* 为 10% 显著性水平下显著。

具体来看，我们可以从投资便利化与 TFP 对规模不同的企业边际效应进行说明。第（1）~（2）列规模较大企业更有能力利用东道国投资便利化的环境，而 TFP 的提升对规模较小的企业 OFDI 促进作用更显著。第（3）~（4）列重点关注交互项的估计结果，与前面结论基本一致。

（三）按企业资本密集度分组回归

为进一步考察企业资本密集度在投资便利化环境下企业生产率对区位选择中发挥的作用，我们将样本按照企业规模大小进行分组回归。企业资本密集度的大小按照 t 年 i 企业所在 j 行业的平均值进行分组。若 t 年 i 企业的资本密集度大于等于所在 j 行业的资本密集度，则记为 1，反之记为 0。表 6-12 报告了按照企业资本密集度分组的回归结果。

表 6-12　　　　　　　　企业资本密集度分组回归结果

	（1） 资本密集度高	（2） 资本密集度低	（3） 资本密集度高	（4） 资本密集度低
Z	0.2819	0.4659 ***	0.9892	1.8695 ***
	(0.263)	(0.175)	(0.716)	(0.481)
lntfp	−0.0094	0.0463 *	0.1294	0.3395 ***
	(0.032)	(0.024)	(0.133)	(0.097)
Z * lntfp			−0.1822	−0.3865 ***
			(0.171)	(0.124)
lnage	0.1368 *	0.1752 ***	0.1383 *	0.1876 ***
	(0.082)	(0.054)	(0.082)	(0.054)
lev	0.1066	0.6082 ***	0.1098	0.6083 ***
	(0.147)	(0.106)	(0.148)	(0.106)
state	0.2323 ***	0.0673	0.2319 ***	0.0669
	(0.064)	(0.042)	(0.064)	(0.042)
rd	−0.0008	−0.1125 **	0.0007	−0.1049 *
	(0.088)	(0.057)	(0.088)	(0.057)
lnpgdp	0.0626 *	−0.0060	0.0623 *	−0.0066
	(0.034)	(0.023)	(0.034)	(0.023)
TR	−0.1730	−0.4082 **	−0.1621	−0.3788 **
	(0.250)	(0.164)	(0.250)	(0.166)

续表

	（1） 资本密集度高	（2） 资本密集度低	（3） 资本密集度高	（4） 资本密集度低
lnresource	0.0272	0.0342	0.0271	0.0347
	(0.040)	(0.026)	(0.040)	(0.026)
lndist	−0.0559	−0.0978 **	−0.0612	−0.1016 **
	(0.058)	(0.041)	(0.059)	(0.041)
CD	0.0265	0.0572 ***	0.0280	0.0557 ***
	(0.027)	(0.019)	(0.027)	(0.019)
年份、行业 FE	是	是	是	是
N	2924	6425	2924	6425
R^2	0.146	0.161	0.146	0.162

注：指标上方数字为系数，括号内数字为系数估计标准差。此处汇报的是怀特稳健标准差（robust standard errors），其中 *** 为在 1% 显著性水平下显著，** 为 5% 显著性水平下显著，* 为 10% 显著性水平下显著。

具体来看，我们可以从投资便利化与 TFP 对规模不同的企业边际效应进行说明。第（1）～（2）列资本密集度低企业更有能力利用东道国投资便利化的环境，且 TFP 的提升对资本密集度低的企业 OFDI 促进作用更显著。第（3）～（4）列重点关注交互项的估计结果，与前面结论基本一致。其可能的原因为：由于高资本密集度的企业开展对外直接投资的经验及能力较强，所以 TFP 的提升和东道国投资便利化的改善对其边际效应较小，因而不显著。

（四）按企业投资动机分组回归

为进一步考察企业投资动机在投资便利化环境下企业生产率对区位选择中发挥的作用，我们采用 tfp * GDP、tfp * pgdp、tfp * tech 的交互项进行回归分析，分别考察市场寻求动机、效率寻求动机及战略资源寻求动机在区位选择中的作用。表 6-13 报告了分组回归的结果。研究发现 TFP、投资便利化水平的提高以及其交互作用，对市场寻求型对外直接投资有显著作用。投资便利化水平较高的前提下，生产率较高的企业倾向于选择市场较大的地区投资，这可能是因为此类企业在母国市场的优势逐步减少，通过转移剩余产能获取更大的市场，形成规模经济效应，以促进企业绩效的提高。

表 6-13　　　　　　　　按企业投资动机分组回归结果

	（1）市场寻求型	（2）资源寻求型	（3）效率寻求型	（4）效率寻求型	（5）市场寻求型	（6）资源寻求型
lnGDP * lntfp	0.0023 (0.003)			0.0241*** (0.004)		
lnpgdp * lntfp		−0.0176*** (0.006)			−0.0002 (0.011)	
lnres * lntfp			−0.0350** (0.017)			−0.0086 (0.020)
Z * lntfp				−1.0103*** (0.159)	−0.3160* (0.173)	−0.2938** (0.115)
Z	0.1533 (0.334)	1.0021*** (0.259)	0.7199*** (0.206)	1.4086*** (0.392)	1.6017*** (0.417)	1.5849*** (0.393)
lntfp	−0.0156 (0.060)	0.1671*** (0.053)	0.0958*** (0.035)	0.2865*** (0.077)	0.2761*** (0.080)	0.2725*** (0.078)
lnage	0.1588*** (0.044)	0.1677*** (0.044)	0.1605*** (0.044)	0.1592*** (0.044)	0.1699*** (0.044)	0.1690*** (0.044)
lev	0.4470*** (0.084)	0.4414*** (0.084)	0.4492*** (0.084)	0.4624*** (0.084)	0.4454*** (0.084)	0.4464*** (0.084)
state	0.1246*** (0.034)	0.1252*** (0.034)	0.1246*** (0.034)	0.1195*** (0.034)	0.1247*** (0.034)	0.1246*** (0.034)
rd	−0.0937** (0.047)	−0.0899* (0.047)	−0.0903* (0.047)	−0.0839* (0.047)	−0.0872* (0.047)	−0.0870* (0.047)
lnpgdp	0.0159 (0.019)	0.0595** (0.025)	0.0127 (0.019)	0.0250 (0.019)	0.0147 (0.035)	0.0136 (0.019)
TR	−0.3075** (0.140)	−0.3023** (0.137)	−0.2717* (0.139)	−0.0356 (0.151)	−0.3118** (0.137)	−0.2982** (0.140)
lnresource	0.0330 (0.022)	0.0333 (0.022)	0.1141** (0.045)	0.0348 (0.022)	0.0332 (0.022)	0.0532 (0.051)
lndist	−0.0861** (0.033)	−0.0885*** (0.033)	−0.0781** (0.033)	−0.1346*** (0.034)	−0.0883*** (0.033)	−0.0867*** (0.034)
CD	0.0425*** (0.015)	0.0454*** (0.015)	0.0433*** (0.015)	0.0226 (0.016)	0.0448*** (0.015)	0.0445*** (0.015)

续表

	(1) 市场寻求型	(2) 资源寻求型	(3) 效率寻求型	(4) 效率寻求型	(5) 市场寻求型	(6) 资源寻求型
年份、行业 FE	是	是	是	是	是	是
N	9349	9349	9349	9349	9349	9349
R^2	0.150	0.151	0.150	0.153	0.151	0.151

　　注：指标上方数字为系数，括号内数字为系数估计标准差。此处汇报的是怀特稳健标准差（robust standard errors），其中 *** 为在1%显著性水平下显著，** 为5%显著性水平下显著，* 为10%显著性水平下显著。

第四节　稳健性检验

　　前两节中我们分别从全样本的角度及分组样本的角度考察了投资便利化、企业生产率与投资区位选择的关系。现在为进一步检验回归结果的稳健性，我们分别从采用工具变量克服内生性、改变计量方法、改变因变量及改变样本结构的方法进行回归分析。

　　一、基于内生性问题的稳健性检验

　　从本书的核心解释变量投资便利化、生产率与企业对外直接投资的关系来看：首先，投资便利化水平越高，企业对外直接投资的概率越高，同时生产率越高则企业选择对外直接投资。其次，中国对外直接投资，一定程度上影响东道国的基础设施水平、金融发展环境等，也可能使 OFDI 企业产生技术溢出、知识溢出效应，为企业带来巨大收益。解释变量与被解释变量之间存在逆向因果关系，导致联立内生性问题。而严重的内生性会使估计结果出现较大的偏差，进而影响回归结果的稳健性。因此，为了降低内生性问题带来的估计偏误，本书使用了工具变量法控制生产率的内生性，进行稳健性回归。表 6-14 第（1）～（2）列为解释变量滞后一期进行回归，由于对外直接投资无法对前一期的投资便利化水平与生产率产生反向影响，因此这有效地降低了反向因果关系的内生性问题。第（3）～（4）列主要借鉴王忠诚（2018）等的处理方法，采用 CFA 方法控制生产率的内生性。CFA 法由 Petrin and Train（2005）发展而来，其核心思想是发掘内生性变量中无法观测到的信息，将这些信息构造成新的变量，并作为控制变量加入原模型，得到一个带有新残差项的新模型，从而使内生性变量与新模型中的残差性不相关。对于本书的研究而言，企业所处行业和地区的其他企业的全要素生产率是较为理想的工具变量。相同行业内的企业之间具有相似的生产函数，企业间的竞争关系会使他们关注彼此的生产经营动态，形成较强的技术溢出效应和模仿效应。在相同区域内的企业更容易彼此交流互动，互相影响。同时，一家企业的对外直接投资活动并不对其他企业的生产率产生直接影响。因此，既可以采用相同行业其他企业的平均生产率作为工具变量，也可以采用既在相同行业又在相同地区的其他企业的平均生产率作为工具变量（Chen and Moore，2010）。中国上市企业样本数据较少，如果按照相同行业并在相同地区进行划分，每组企业数目过少可能影响生产率估计的准确性。因此，本书同时使用企业当年所在行业其他企业的平均生产率和所属地区其他企业的平均生产率的作为工具变量。第（4）列的结果中 ρ 值为 0.529，在 5% 水平下显著，表明 CFA 方法使用合适，通过观察主要解释变量的回归结果，与基准回归结果基本一致，表明估计结果稳健。

表 6-14　　　　　　　　　基于内生性问题的稳健性检验

	（1）滞后一期	（2）滞后一期	（3）CFA 方法	（4）CFA 方法
Z	0.5187***	1.7241***	0.4202***	3.4781***
	（0.147）	（0.394）	（0.145）	（0.952）
lntfp	0.0662***	0.3158***	0.0342*	0.5395**
	（0.019）	（0.079）	（0.019）	（0.232）
Z*lntfp		−0.3276***		−0.8322***
		（0.101）		（0.255）
控制变量	是	是	是	是
年份和行业 FE	是	是	是	是
N	7963	7963	9349	9349
R^2	0.076	0.077	0.150	0.150

注：指标上方数字为系数，括号内数字为系数估计标准差。此处汇报的是怀特稳健标准差（robust standard errors），其中 *** 为在 1% 显著性水平下显著，** 为 5% 显著性水平下显著，* 为 10% 显著性水平下显著。

二、基于不同被解释变量的稳健性检验

鉴于 Guirnaraes 等（2003）、Schuidheiny 和 Brulhart（2011）证明了在考察空间特征对对外直接投资区位选择影响的情况下，条件 Logit 模型和泊松模型所估计出的系数是等价的这一结论，因此我们采用泊松回归模型进行稳健性检验，以此来检验东道国便利化水平、生产率对中国企业对外直接投资区位选择的影响。

泊松分布（Poisson distribution）由法国数学家西莫恩·德尼·泊松（Simeon-Denis Poisson）在 1838 年时发表，适合于描述单位时间内随机事件发生的次数，是一种常用的离散型概率分布。如果对于某一特定时期 t 进入东道国 j 的外商投资企业的概率是独立的，那么该国的外商投资企业个数可以看作一个泊松分布，即 $E_{jt} \sim Poisson(\lambda_{jt})$，在 t 年中国对东道国 j 进行投资的企业个数 i 可用均值 λ_{jt} 的泊松分布密度函数来表示。泊松估计的基本形式为：$Ln(\lambda_{jt}) = \mu_{it} + \beta X_{it}$。

泊松模型中，被解释变量为中国企业 i 在第 t 年对东道国 j 的投资次数，核心解释变量与控制变量与上文相同。实证结果如表 6-15 所示。

表 6-15　　　　　　　　　　　泊松回归结果

	（1） Poisson	（2） Poisson
Z	0.6628 ***	1.6867 ***
	(0.211)	(0.546)
lntfp	0.1036 ***	0.3110 ***
	(0.030)	(0.094)
$Z * $lntfp		−0.2651 **
		(0.125)
控制变量	是	是
年份和行业 FE	是	是
N	9349	9349
R^2	0.112	0.113

注：指标上方数字为系数，括号内数字为系数估计标准差。此处汇报的是怀特稳健标准差（robust standard errors），其中 *** 为在 1% 显著性水平下显著，** 为 5% 显著性水平下显著，* 为 10% 显著性水平下显著。

表中各模型中核心解释变量 tfp 的估计系数显著为正，说明企业生产率越高，则对外直接投资的次数越多；核心解释变量 Z 系数显著为正，说明企业倾向于到投资便利化程度高的国家投资；各交互项系数显著为负，再次验证企业异质性在东道国投资便利化水平对企业跨国投资区位选择的影响上具有明显的调节作用，在投资便利化水平高的东道国投资所需的生产率水平更低，而投资便利化水平较低的国家，更可能吸引生产率较高的企业进行直接投资。可以看到，泊松回归的结果与基准检验的回归结果基本一致，说明估计结果具有稳健性。

三、基于不同样本的稳健性检验

在本部分的稳健性检验中，采取选取不同样本的数据进行回归分析。首先从总样本中剔除外资企业①，这类企业在中国发展战略下获得了较大的政策倾斜，因此其对外直接投资的动机、目的地的选择与国内企业有较大差异，从总样本中剔除此类企业有助于我们更好考察国内企业对外直接投资的区位选择问题。表 6-16 中第（1）～（2）列都与基准检验结果一致。需要说明的是，第（1）列中企业生产率的系数为正但不显著，而表 6-4 中第（8）列的系数在 10% 水平下显著为正，这可能是由于外资企业与国内本土企业的生产率差异造成的。第（2）列中投资便利化的估计系数为 1.5425，比表 6-4 第（8）列的估计系数大，表明外资企业的特殊性没有改变中国企业对外直接投资区位选择时投资便利化所发挥的作用，但由于此类企业的投资重点为中国大陆的市场，对外直接投资不是此类企业的战略发展方向，因此东道国投资便利化对其约束作用较小。从交互项的估计结果与基准结果比较来看，其系数的大小、正负、显著性基本一致，表明其估计结果具有稳健性。

表 6-16　　　　　　　　　　基于不同样本的稳健性检验

	（1） Drop FOE	（2） Drop FOE	（3） Drop CSOE	（4） Drop CSOE
Z	0.4043 ***	1.5425 ***	0.3990 **	1.5348 ***
	(0.146)	(0.394)	(0.163)	(0.439)

---

① 参考薛新红（2017）的做法，从总样本中剔除了中国港澳台和外资企业。本书由于在基准回归的数据处理中已剔除中国上市企业关联方为"中国香港、中国澳门、中国台湾"的数据，因此此处仅需从样本中剔除外资企业。

续表

	（1） Drop FOE	（2） Drop FOE	（3） Drop CSOE	（4） Drop CSOE
lntfp	0.0280 （0.019）	0.2608 *** （0.078）	0.0289 （0.022）	0.2679 *** （0.089）
$Z*tfp$		−0.3065 *** （0.099）		−0.3144 *** （0.114）
控制变量	是	是	是	是
年份和行业 FE	是	是	是	是
N	9130	9130	7758	7758
R^2	0.152	0.152	0.151	0.152

注：指标上方数字为系数，括号内数字为系数估计标准差。此处汇报的是怀特稳健标准差（robust standard errors），其中 *** 为在 1% 显著性水平下显著，** 为 5% 显著性水平下显著，* 为 10% 显著性水平下显著。

在剔除了外资企业的基础上，再次剔除国有企业，有助于进一步排除由于所有制性质差异导致的企业投资决策的差异，估计结果见表 5-17 的第（3）~（4）列。第（3）列中包含核心解释变量投资便利化与企业生产率，与表 5-3 中的基准检验的重要区别在于全要素生产率的估计系数不再显著，即对于本土民营企业及公众企业而言，其生产率不再是企业对外直接投资区位选择时的关键影响因素，而是更多的关注东道国的投资便利化条件，这可能是因为该类企业所能获取的政策支持较少、融资能力较弱、技术水平较低等因素引起的。第（4）列为加入了交互项的稳健性检验，各系数的正负、大小、显著性与表 5-4 中的全样本基准回归基本一致，表明其估计结果具有稳健性。

第五节　本章小结

本章选取了 2008—2015 年中国对 126 个国家（地区）直接投资的数据，加入国家层面与企业层面解释变量，采用 probit 模型进行回归分析，再加入投资便利化与企业生产率的交互项进行回归分析，考察企业生产率的异质性引致东道国投资便利化对企业投资区位偏好影响发生的变化。另外，为确定企业异质性特征及东道国异质性特征对企业对外直接投资区位选择的影响，分别进行了分组回归。最后为降低估计偏误，分别通过引入工具变量克服内生性问题、改变因变量及改变样本结构的方法进行稳健性检验。

研究结果表明：

第一，企业生产率的异质性引致东道国投资便利化对企业投资区位偏好发生变化。对生产率较低的企业而言东道国较高的投资便利化水平对投资的促进效应增强，也就是说，相比生产率更低的企业，生产率更高的企业更有可能在投资便利化水平较低的国家进行直接投资。第二，从投资便利化分指标来看，企业生产率的异质性引致东道国商业投资环境及制度供给质量对企业投资区位偏好发生变化，而对东道国金融服务效率、技术创新能力、基础设施质量对企业投资区位影响不大。第三，东道国投资便利化水平对非国有制企业的区位选择的影响更加明显。由于国有企业的政治任务及国资背景，使其进行对外直接投资的区位选择时，将国家宏观利益放在首位，区位选择约束较小，而非国有企业由于融资能力有限、抗风险能力较差，且出于市场动机，更倾向于选择便利化水平较高，市场进入成本较低的国家进行生产经营活动。

第七章 结论与政策建议

近年来，随着全球化步伐的加速及中国改革开放的深化，越来越多的企业进行跨国投资，在全球范围配置资源。作为新兴经济体国家，中国对外直接投资的快速发展引起了各国政府及学术界的广泛关注。中国逐步从资本输入国跻身为最大的资本输出国之一，其对外直接投资的增长速度甚至超过众多发达国家。可以预见，中国对外直接投资将重塑世界投资格局，成为中国加强综合竞争力和获得国际控制力的重要手段。但随着全球贸易保护主义抬头与国际投资障碍的增多，如何促进中国企业更好地"走出去"、进行最优的投资区位决策，并进一步提升中国 OFDI 企业的绩效是我国对外投资面临的重要问题之一。但目前关于中国对外直接投资的研究大多基于国家或行业层面，缺乏中国对外直接投资企业微观层面的分析，另外结合东道国整体投资环境对 OFDI 企业绩效的影响的研究较少。本书结合企业微观视角与东道国宏观视角，揭示异质性如何对东道国投资便利化影响企业开展对外直接投资的策略产生调节作用，分析东道国投资便利化、企业异质性与对外直接投资的区位选择的内在联系，并测度东道国投资便利化条件下区位选择是否影响了企业对外直接投资绩效。本章将对前文的研究进行总结，归纳和概括本书的主要结论，并在此基础上得到相应的政策建议。

第一节 主 要 结 论

一、东道国投资便利化水平差异

本书首先分析了中国对外直接投资现状以及东道国投资便利化的现状，其次借鉴前人研究结论构建了东道国投资便利化测度体系，然后选取 2008—2016 年 126 个国家（地区）的相关数据，采用主成分分析法计算得到各国投资便利化测算结果及排名，具体如下：

第一，在投资便利化的影响因素中，影响程度由大到小依次为基础设施质量、金融服务效率、商业投资环境、制度质量水平。第二，本书选取的 126 个国家，基本覆盖了全球范围，各国投资便利化水平差距较大，其中发达国家投资便利化水平普遍较高，发展中国家、不发达国家投资便利化水平较低，多数国家投资便利化水平保持稳定，少部分国家的投资便利化水平呈下降的趋势。第三，各地区的投资便利化水平也存在较大差异，其中北欧、西欧投资便利化水平最高，其次为东亚（太平洋）、中欧、南欧、东欧、北美地区处于比较便利的水平；而东南亚、南亚、中亚、西亚地区投资便利化水平普遍较低；投资便利水平最为落后的地区包括南美及非洲地区，这些区域有较大提升空间。

二、投资便利化与生产率对投资区位的影响

本章首先从国家宏观视角出发，选取 2008—2016 年中国对外直接投资数据，采用 Heckman 两阶段回归模型考察了东道国投资便利化综合值和投资便利化分指标对中国对外直接投资区位选择的影响。其次从企业微观视角出发，考察异质性企业的对外直接投资区位问题。分别从宏观和微观两个视角考察各因素对区位选择的影响，有助于我们厘清不同层面的因素在区位选择中发挥的作用。最后考虑到企业异质性在投资便利化对中国企业对外直接投资区位选择影响的调节作用，在 Probit 回归模型的基础上加入投资便利化与企业生产率的交互项分别进行回归分析，并为降低估计偏误进行了稳健性分析。主要结论如下：

第一，东道国投资便利化水平对中国企业对外直接投资产生促进效应，表现在提高企业对外直接投资的概率及投资规模两方面。从投资便利化分指标来看，制度质量、基础设施质量、金融服务效率、东道国商业环境及技术创新能力均能显著影响对中国企业的对外直接投资的概率及投资规模，也就是说，东道国良好的投资便利化环境更能吸引中国对其进行投资。另外，为了进一步考察东道国经济水平、企业投资动机等因素的影响，我们针对东道国特征进行了分组回归。

第二，企业全要素生产率越高，对外直接投资的概率越高。在其他条件相同时，生产率高的企业更可能进行对外直接投资。表明异质性企业的自我选择效应在中国企业 OFDI 中发挥了重要作用。另外，企业创办时间越长、规模越大且研发水平越高，越可能选择对外直接投资。为保证回归结果的可靠性，采用了分组回归及改变企业生产率计算方法的稳健性检验。

第三，企业生产率的异质性引致东道国投资便利化对企业投资区位偏好发生变化。对生产率较低的企业而言东道国较高的投资便利化水平对投资的促进

效应增强，也就是说，相比生产率更低的企业，生产率更高的企业更有可能在投资便利化水平较低的国家进行直接投资。从投资便利化分指标来看，企业生产率的异质性引致东道国商业投资环境及制度供给质量对企业投资区位偏好发生变化，而对东道国金融服务效率、技术创新能力、基础设施质量对企业投资区位影响不大。

第二节　政 策 含 义

当今复杂的国际形势下，中国对外直接投资面临着极大的机遇与挑战。我们根据上文的研究结论出发，提出以下政策建议。

一、坚持推进实施全面对外开放战略，鼓励企业积极对外投资

中国企业跨国投资促进企业生产率的提高，企业在全球进行资源整合，参与激烈的世界市场竞争，比仅在国内经营的企业更有效地提升了生产绩效，证明了"走出去"战略的正确性与必要性。因此，我们必须坚持推进实施全面对外开放战略，鼓励企业对外投资。与此同时，政府需要发挥积极作用，以促进我国企业健康、有序和安全的"走出去"。如完善政策引导和相关法律制度的建设，强化服务保障、完善风险控制体系和加强投资便利化制度的建设等。

（一）加强政策促进体系建设

首先，改革境外投资审批制度，设立统一的审批管理机构，缩短企业对外直接投资申请的审核时间，简化审批程序与内容，加强对境外投资的引导、促进和服务工作；提高透明度，对外公布审批标准、程序、内容等，接受企业和社会监督。

其次，规范境外中资企业员工管理工作，敦促中资境外企业遵守东道国法制和规章制度、强化道德规范、履行社会责任，并加强与当地的和谐共处。

（二）加强和完善服务保障体系

首先，政府部门要统筹规划，发挥引领作用。政府相关部门要从重点国别、重点产业和国内区域发展角度进行规划和布局，开展境外重点工业园区和合作区的布局研究，与重点国家建立中长期合作发展规划。其次，建立公共服务体系。政府部门要建立对外直接投资东道国项目库和企业信息库，为我国企业寻求项目和投资伙伴提供必要信息；编制和定期发布对外投资合作国别指

南、国别投资环境报告和产业导向目录，并建立集信息服务和统计决策为一体的对外投资合作信息服务体系；发挥国际商会及驻外使领馆的作用，通过投资组团、会议、实地考察等方式为中国企业跨国投资决策前的可行性分析及投资规划提供参考依据。

（三）建立保护企业权益的风险防范体系

首先，政府应加强对外投资法制建设。政府为境外投资提供法律政策援助，政府应尽快制定《境外投资法条例》，出台相关行政法规，从国家层面明确境外直接投资的法律地位，以调节境外投资企业及投资所在国利益分配，维护对外投资企业的合法权益。建立健全海外投资法律制度，政府应借鉴其他国家成功经验，结合中国现实情况创造性运用，为我国企业境外直接投资提供法律保障。

其次，建立信息服务和检测预警系统。对境外投资企业的人员建立相关档案信息，为妥善处理境外安全事件提供保障。重点检测热点和突发事件地区的安全形势，公布并发布境外投资的安全形势、社会动荡、自然灾害以及传染疾病等风险预警。

最后，建立和完善监督管控和应急处置机制。如，建立境外安全责任制、境外安全联络和安全巡查制度，建立境外突发事件的应急处理程序和职责分工制度等。

（四）优化信贷财税及外汇制度

第一，积极开展境内企业、机构或个人使用人民币进行境外直接投资的业务，同时为促进企业对外投资，在严格审批和防范风险的基础上积极鼓励和支持有资格的境内金融机构开展对境内企业在境外机构和项目的信用贷款和资金扶植业务。

第二，优化国内税收政策，为我国 OFDI 企业提供有力的税收支持及保障，例如在企业所得税方面，制定和实施境外税收抵免制度的适用范围和抵免方法。在营业税和税种调整方面，对我国境内企业或个人在境外的特定行业（如，建筑、文体和劳务）或境外投资业务免征或暂免营业税。另外，不断完善国际税收协定网络，为企业创造良好的国际税收环境。并加强税务机关服务职能，为企业开展对外直接投资提供指导和帮助。

第三，完善外汇管理政策和加强外汇支持力度。简化审核程序，将境外直接投资外汇资金来源的事前审核改为事后登记，并取消境外直接投资资金的审核制度；允许境内机构在境外项目开展前期灵活处理一定比例的前期费用；建立境外直接投资外汇管理体系和制度，并完善和健全境外直接投资项目下跨境资金出入的统计监测机制。最后，提供担保服务。目前我国主要进行海外投资的承保机构是中国出口信用保险公司。参照国外企业相关投资经验，购买境外投资保险是规避政治风险的有效方式。各类金融机构应积极为企业境外投资开发多种保险及金融产品，为有关国家重大利益、极具投资潜力的境外投资活动提供担保及融资服务。

二、加强与东道国合作，促进投资便利化水平提升

鉴于第四章的实证研究结论，我们明确了投资便利化水平不仅是企业对外投资区位选择时的重要考虑因素，还显著提高 OFDI 企业生产率，表明东道国良好的投资环境有助于我国企业生产效率的提高，最终对我国经济的发展提供不竭动力。因此，我国政府需要加强与各国政府间的深入合作交流，协商解决推动企业境外投资面临的问题，为提升投资便利化水平提供政策支持。

（一）加强政策沟通与支持

建立各国政府间的便利化政策长效沟通机制，促进各国对投资便利化的深入理解，就各国便利化的发展战略进行广泛交流与对接，共同制定促进便利化的规划和措施，协商解决推进投资便利化面临的问题，为投资便利化提供政策支持。东亚和中亚国家因地理位置上与中国接壤致使其在文化上与中国的差异性不大，虽然资源比较丰富，但是缺乏配套的技术作为支撑，针对这些国家中国可以增派相应的技术人员到这些国家提供相应的技术的支持，使其资源利用率得以提升，进而促进其投资便利化水平的提高。中欧、东欧和西欧国家的民主化水平较高，中国政府需要通过给予政策支持推动中国与这些国家的民间交流，鼓励中国的民间企业冲出国门到这些国家经营，通过民间交流的方式深度推进中国与这些国家的交流，使这些国家全方位立体的对中国加以了解，此外中国可以依托使馆在北京或者上海等地举办会展的方式对该地区国家的情况作出准确翔实的阐释，从而进而增加中国间企业对这些国家的了解，交流的次数增多对于中国与这些国家的互通建设会起到重要的促进作用，由此进一步促进彼此的经贸往来。

（二）推进基础设施互联互通

邓宁的区位优势理论表明，跨国公司在进行区位选择时会受到东道国基础

设施质量的影响。基础设施互联互通建设滞后已经成为制约投资便利化发展和区域经济一体化的重要瓶颈。通过加快基础设施互联互通建设,可有效降低交易成本,提高效率。沿线各国和中国应共同努力,推进区域重要干线通道建设,提升铁路、公路、海运、航空等交通基础设施互联互通建设的质量和水平,促进电子商务、互联网等信息通信平台的搭建和运行。一方面,各国应提高认识,加大对基础设施建设的投入力度,例如"一带一路"沿线国家中,多数国家基础设施建设滞后,应借力"一带一路"倡议,争取亚洲基础设施投资银行、金砖国家开发银行、丝路基金、亚洲开发银行等国际性金融机构支持,并开拓多元化的融资渠道。另一方面,中国可以对基础设施落后的国家进行援助,通过加大对这些国家基础设施的投资和技术输出,达到提高其投资便利化水平的效果,使投资便利化水平与中国对外直接投资形成良性互动。

(三) 加强制度建设

通过加强制度建设,制定完备的法律法规和制度体系提升投资便利化水平。保证司法的独立性,做到有法可依有法必依。增强政策法规和行政程序的公开化与透明化,提高政府的办事效率,简化审批程度;政府制定的规则与措施要保持政策的稳定性、连续性和透明性。同时,中国与各国间应协同联动,推进在执法互助、监管互认、互相监督等方面的合作,消除投资壁垒,从制度改革和机制建设层面真正推动投资便利化的深入发展,进而带动中国对其直接投资规模的增长及企业生产率的提高。

(四) 加强与各国金融合作

金融服务效率作为投资便利化水平衡量标准之一,较高的金融服务效率能够为中国境外投资企业提供充足的资金支持,降低投资的交易成本。我国金融机构应加强与各国的金融合作,不断扩大金融服务的覆盖面,开拓多元化的融资渠道,另外,中国政府不断推进人民币国际化进程。一是在"一带一路"倡议的实施过程中稳步推进,中国可以依托上海合作组织,与中亚和东亚地区签订协议,在双边的投资中使用本币,推进人民币在东亚与中亚地区的跨境结算,实现人民币在中亚和东亚地区的自由兑换,减少因汇率波动、通货膨胀等因素带来的损失。二是逐步在开放程度较高的欧洲市场推进,达到降低金融服务成本的作用,减少中国企业在东道国投资的风险。此外,中国需要鼓励更多的商业银行在境外设立人民币清算行,并推进中国与各国的本币与人民币直接挂牌交易,降低金融成本,促进金融服务质量的提高。

（五）营造良好的商业环境

政府应通过与其他国家签订双边投资协议等，为境外投资企业争取更多的政策倾斜与扶持，包括开办企业、办理许可、获得信贷、雇佣工人、保护投资者、劳动市场监管等方面，以降低投资的进入壁垒并降低规则对 FDI 业务的约束。特别是中国对"一带一路"沿线国家（地区）的投资，如中亚、南亚、东南亚地区自然资源丰裕，大部分国家主要以农业、纺织业等低附加值的劳动密集型产业为主，普遍属于贫困国家，面临着发展工业、促进产业结构转型升级的现实需要，与中国的经济发展具有很强的互补性。因此，中国可以通过与这些国家进行经济合作，将中国的优势富余产能转移至这些国家以达到提高这些国家的经济发展水平的效果，进而促进这些国家的商业环境状况改善，在一定程度上有利于我国企业在境外市场的发展。

三、提高企业竞争力，确保境外投资行稳致远

（一）加强企业自身实力

企业作为对外直接投资的主体，在经济全球化背景下更应该抓住机遇，利用好国内和国际两个市场，增强企业的竞争力和国际影响力。第一，加强企业自主创新能力的培养，切实提高自身生产率水平。鉴于第四章实证检验所得出的结论，企业生产率越高、规模越大，则企业倾向于选择对外直接投资。这就意味着，提高企业生产率是实现企业有序经营和"走出去"发展的根本。另外，从投资便利化的影响效应来看，我们发现，尽管投资便利化总体上有利于中国企业的发展，但并非所有的企业都能获得利益，东道国投资便利化的生产率门槛决定了生产率水平较高的企业有能力在基础设施质量、制度质量、金融服务效率、商业环境较差的国家开展生产经营活动并获得收益。因此，从这一角度而言，提高生产率水平是企业参与分享投资便利化所带来的利益的前提条件。第二，遵守东道国法制和规章制度，积极融入当地人文环境，并履行社会责任。首先，要遵守东道国的法制和规章制度。境外企业要遵守东道国的劳务用工制度，合法雇佣当地职工，促进当地就业，共享企业发展的成果；要遵守东道国环境保护制度，保护当地生产、生活和生态环境，共建生态文明型经济发展模式；要遵守当地市场经营的法制规则，合理合法经营，建立诚信、友好和负责任的企业形象。其次，积极融入当地人文环境，履行企业社会责任，与当地共建和谐友好的经济发展环境。第三，培养具有国际化视野和竞争力的人

才。人才是企业参与国际竞争必备的要素和基本条件，只有具备了一批国际化人才，才能为企业的对外直接投资提供坚实基础。另外，企业要努力形成自己的核心竞争力。国际市场的竞争是企业核心竞争力的竞争，只有具备过硬"本事"的企业才有可能在国际化道路上走得更远。

（二）结合企业特点 选择合适的投资区位

企业在选择对外直接投资东道国时，首先应充分考虑东道国的投资便利化水平和自身的能力与特征，切勿在未对东道国进行充分调研的情况下盲目进行投资。上文研究表明，境外投资企业的生产率存在较大程度的异质性，生产率较低的企业投资于投资便利化水平较高的市场，生产率较高的企业更有可能投资于投资便利化水平低的东道国，且拥有更多境外子公司和更广阔的地理空间分布。海外投资相比较于国内生产与投资，企业会面临更高的固定成本与风险。因此，中国企业在采取海外投资战略时必须慎重，切实评估自身的营业能力与风险承受能力，确保获益时再进行对外直接投资；部分企业误以为海外投资一定有利，不顾自身的经营状况及风险承受能力盲目进行跨国投资，结果往往使企业置身于危机之中。我国劳动密集型企业，如服装、家电等，在国际上具有低劳动力成本的比较优势，可以通过出口发挥该竞争优势。然而，跨国并购或绿地投资有利于企业提升品牌知名度，开阔东道国市场。因此，我国企业在初次对外投资时，应充分考虑到自身的生产率水平，选择合适的东道国进行投资经营活动。

企业研发水平与企业跨国直接投资的行为选择正相关。这说明研发水平高的企业通过境外投资获取战略资产的能力和动机很强。高技术企业的对外直接投资，获取和吸收国外先进的技术资源，在国外竞争压力下迅速提升自身创新能力与技术水平，增强企业国际竞争力。政府应当支持与鼓励高新技术企业跨国投资，从而带动整个产业的创新与研发能力，积累技术资源促进产业高级化，实现国民经济的可持续发展。

规模越大的企业对外直接投资的意向更强。随着中国国内竞争日益激烈，国内市场趋于饱和，众多企业面临产能过剩的问题，严重制约地企业发展。在此国内环境下，企业需要不断地开拓和创造新市场以保持企业的生命力。规模经济是企业实施跨国投资战略的重要动机之一，通过绿地投资或跨国并购，企业可以打入东道国市场，扩大企业销售网络，实现规模经济。国有份额越高，企业境外投资的动机越弱。我国境外投资国有企业主要为天然气和石油开采、金属采矿等行业的大型垄断国有企业，在竞争性行业更多地为表现民营企业地境外投资行为。随着民营企业不断发展，我国民营企业积极在全球整合资源，开拓国际市场。相比国有企业，民营企业具有机制灵活、产权清晰、富有开拓创业精神等优势。

此外，东道国的投资便利化程度也会影响对外直接投资的区位选择。较差的东道国制度环境、金融服务效率、制度质量、基础设施水平会带来更高不确定性，致使跨国企业在东道国的生产与经营受阻。因此，中国企业还需充分考虑到自身的投资动机与东道国的投资便利化各项指标，选择境外投资区域。

（三）提高企业质量　优化国内生产结构

提高我国企业对外直接投资的质量、水平和层次，比如通过对投资便利化水平较高的国家投资获取先进技术和逆向知识溢出，对投资便利化水平中等的国家投资获取广阔市场，对投资便利化水平较低的国家投资达到自然资源获取的动机，在一定程度上能调整产业结构，推进国家供给侧改革目标的实现。

鼓励我国技术成熟、国际市场需求较大的行业企业转移部分加工制造环节，推动我国企业在有条件的国家和地区建立境外工业园区。通过建立境外企业集群，发挥比较竞争优势，提高海外直接投资的质量，更大程度的促进我国经济发展和产业结构调整。引导国内企业通过并购、参股和联合研发等方式，在科技资源密集的国家建立研发中心和合资企业，或通过对境外高新技术产业和先进制造业进行直接投资，并加强与国外研发机构和创新企业进行技术合作。通过上述方式，促进我国企业的技术进步和提升企业竞争力，进而促进我国经济效率的提升和产业结构转型升级。

第三节　研究不足与展望

本书基于发展中国家对外直接投资的理论和企业异质性理论，借鉴前人的研究成果，考察东道国投资便利化对中国对外直接投资的影响。由于数据局限及作者学术水平有限，本书的研究尚存不足之处，有待以后的不断完善和深入探究。

一、本书企业层面数据来源于国泰安数据库、wind 数据库及中国对外直接投资统计公报，国家层面数据来源于 GCR、Gci、WB。虽然本书从企业微观视角分析中国对外直接投资的行为与绩效，但采用的是上市企业数据，相对于所有开展对外直接投资的企业样本，上市企业样本数量十分有限。由于中国企业层面相关数据缺失及国家宏观层面相关数据的部分缺失，本书仅实证分析了

2008—2015 年中国企业境外直接投资的行为及绩效，样本时间跨度有限。因此，以企业微观层面为研究对象，采用样本量更大时间跨度更长的数据进行分析是今后需进一步研究所在。

二、考虑到篇幅的限制，本书主要采用企业生产率衡量企业的异质性，然而投资便利化对企业的影响还可能体现在企业进入退出行为、企业成长及规模分布、研发创新、企业员工收入等方面。很显然，对这些问题的研究有助于深化我们对于投资便利化对企业的微观影响的认识，同时也能更为全面地评价中国对外直接投资的"得失"问题，因此本书的研究视角和维度还有待于进一步拓宽。

三、本书主要是在对既有文献和理论进行梳理的基础上提出理论假说，而这种历史文献研究方法缺乏一定的严谨性，从这一角度来看，本书的理论分析还只是一个粗略的框架。另外，考虑到作者自身的数学基础，本书对投资便利化对中国 OFDI 的影响机制分析还缺少严格的数理模型来证明，虽然通过文献回顾和传导机制的阐述能够清晰表达本书观点，但显得比较凌乱。因此，本书的理论分析也有待深入。

四、囿于数据的可获得性，本书在实证分析中只验证了理论分析的最终结论，而尚未对东道国投资便利化对中国对外直接投资的影响三者关系的作用机制（如成本节约、逆向知识溢出效应等）做进一步检验。若能对各个作用机制进行直接的检验也许会得到更为丰富的研究结论，不过这将对样本数据提出更高的要求，这也是未来值得进行深入研究的问题。

参 考 文 献

[1] 肖黎明. 对外直接投资与母国经济增长：以中国为例 [J]. 财经科学, 2009 (8)：111-117.

[2] 冯彩, 蔡则祥. 对外直接投资的母国经济增长效应——基于中国省级面板数据的考察 [J]. 经济经纬, 2012, 151 (6)：52-57.

[3] 钱学锋, 范冬梅. 国际贸易与企业成本加成：一个文献综述 [J]. 经济研究, 2015 (2)：172-185.

[4] 李佩源, 王春阳. 外资企业选址与企业生产率 [J]. 南方经济, 2015 (9)：66-79.

[5] 谢孟军. 目的国制度对中国出口和对外投资区位选择影响研究 [D]. 山东大学, 2014.

[6] 黎轲. 对外投资动因、政治风险、制度距离与区位选择 [D]. 北京邮电大学, 2014.

[7] 冯华. 制度因素与中国企业对外直接投资研究 [D]. 山东大学, 2016.

[8] 曹驰, 黄汉民. 外部制度质量差异对企业生产率和出口选择门槛的影响——基于中国制造业行业的理论和实证研究 [J]. 国际贸易问题, 2017 (2)：27-38.

[9] 陈培如, 冼国明, 马骆茹. 制度环境与中国对外直接投资——基于扩展边际的分析视角 [J]. 世界经济研究, 2017 (2)：50-61, 136.

[10] 邱斌, 唐保庆, 孙少勤, 等. 要素禀赋、制度红利与新型出口比较优势 [J]. 经济研究, 2014 (8)：107-119.

[11] 王培志, 潘辛毅, 张舒悦. 制度因素、双边投资协定与中国对外直接投资区位选择——基于"一带一路"沿线国家面板数据 [J]. 经济与管理评论, 2018, 204 (1)：7-19.

[12] 鲁晓东, 连玉君. 中国工业企业全要素生产率估计 [J]. 经济学（季刊）, 2012, 44 (2)：179-196.

[13] 李波, 杨先明. 贸易便利化与企业生产率：基于产业集聚的视角 [J].

世界经济，2018，475（3）：56-81.

［14］ 王忠诚，薛新红，张建民．东道国资本管制与中国对外直接投资［J］.
世界经济研究，2018，288（2）：115-125，138.

［15］ 齐绍洲，徐佳．贸易开放对"一带一路"沿线国家绿色全要素生产率的
影响［J］.中国人口·资源与环境，2018，212（4）：137-147.

［16］ 周茂．中国企业生产率与海外投资进入模式选择关系研究［D］.西南财
经大学，2016.

［17］ 王忠诚，薛新红，张建民．东道国金融发展对中国企业对外直接投资的
影响［J］.南方经济，2018，342（3）：27-44.

［18］ 温璐茜．要素积累抑或契约环境：中国外商直接投资对全要素生产率影
响的门槛效应研究［D］.暨南大学，2015.

［19］ 郭娟娟．市场导向型FDI、进口贸易与全要素生产率——基于环境约束
视角［D］.山东理工大学，2017.

［20］ 蔡甜甜．"金砖四国"基础设施投资溢出效应的比较研究［D］.东北财
经大学，2016.

［21］ 宫旭红，蒋殿春．生产率与中国企业国际化模式——来自微观企业的证
据［J］.国际贸易问题，2015，392（8）：24-32.

［22］ 周茂，陆毅，陈丽丽．企业生产率与企业对外直接投资进入模式选
择——来自中国企业的证据［J］.管理世界，2015，266（11）：70-86.

［23］ 陈景华．企业异质性、全要素生产率与服务业对外直接投资——基于服
务业行业和企业数据的实证检验［J］.国际贸易问题，2014，379（7）：
112-122.

［24］ 张静，孙乾坤，武拉平．贸易成本能够抑制对外直接投资吗——以"一
带一路"沿线国家数据为例［J］.国际经贸探索，2018（6）：93-108.

［25］ 周超．对外直接投资与生产率——学习效应还是自选择效应［J］.世界
经济研究，2018（1）：78-97，135.

［26］ 王培志，潘辛毅，张舒悦．制度因素、双边投资协定与中国对外直接投
资区位选择——基于"一带一路"沿线国家面板数据［J］.经济与管理
评论，2018，204（1）：5-17.

［27］ 毛其淋，盛斌．对外经济开放、区域市场整合与全要素生产率［J］.经
济学（季刊），2011，11（1）：181-211.

［28］ 朱荃，张天华．中国企业对外直接投资存在"生产率悖论"吗——基于
上市工业企业的实证研究［J］.财贸经济，2015，409（12）：103-117.

[29] 李艳萍．东道国的制度环境与中国对发展中国家 OFDI 投资区位选择 [D]．吉林大学，2017.

[30] 周德才，贾青，康柳婷，等．"一带一路"沿线国家金融发展对我国对其直接投资的影响——基于动态面板门限模型 [J]．财会月刊，2018（4）：162-167.

[31] 张春光，满海峰．"一带一路"沿线国家投资环境的综合评价与比较——基于不同类型经济体的实证研究 [J]．金融与经济，2018（2）：48-54.

[32] 郑明海．开放经济下中国金融发展的生产率效应研究 [D]．浙江大学，2008.

[33] 余泳泽，张先轸．要素禀赋、适宜性创新模式选择与全要素生产率提升 [J]．管理世界，2015（9）：13-31，187.

[34] 薄文广，周燕愉，陆定坤．企业家才能、营商环境与企业全要素生产率——基于我国上市公司微观数据的分析 [J]．商业经济与管理，2018.

[35] 王碧珺，谭语嫣，余淼杰，等．融资约束是否抑制了中国民营企业对外直接投资 [J]．世界经济，2015：54-78.

[36] 袁丽静，杜秀平．营商环境与工业全要素生产率——基于中国省区1994—2014 年工业行业面板数据的实证分析 [J]．哈尔滨商业大学学报（社会科学版），2018（5）：55-67.

[37] 李健，卫平．金融发展与全要素生产率增长——基于中国省际面板数据的实证分析 [J]．经济理论与经济管理，2015（8）：47-64.

[38] 董峰．解构经济制度对我国企业生产率的影响 [J]．现代经济信息，2014（16）：8.

[39] 李玉梅，桑百川．中国外商投资企业营商环境评估与改善路径 [J]．国际经济评论，2018（5）：5，49-60.

[40] 陈启清，贵斌威．金融发展与全要素生产率——水平效应与增长效应 [J]．经济理论与经济管理，2013（7）：58-69.

[41] 胡微娜．影响中国企业海外并购成败的因素研究 [D]．辽宁大学，2016.

[42] 朱兴龙．中国对外直接投资的风险及其防范制度研究 [D]．武汉大学，2016.

[43] 艾华．规避非洲投资风险 [J]．大经贸，2007（5）：82-84.

[44] 徐昱东，崔日明，包艳．俄罗斯地区营商环境的哪些因素提升了 FDI 流入水平——基于系统 GMM 估计的动态面板分析 [J]．国际商务（对外

经济贸易大学学报），2015（6）：57-66，113.

[45] 朱荃，张天华．生产率异质性、东道国市场条件与中国企业对外直接投资 [J]．国际商务（对外经济贸易大学学报），2017（3）：61-73.

[46] 周超，刘夏，辜转．营商环境与中国对外直接投资——基于投资动机的视角 [J]．国际贸易问题，2017（10）：143-152.

[47] 赵明亮．国际投资风险因素是否影响中国在"一带一路"国家的OFDI——基于扩展投资引力模型的实证检验 [J]．国际经贸探索，2017，35（2）：29-44.

[48] 桑百川，黄漓江．贸易开放与政府规模——基于跨国比较的实证分析 [J]．世界经济研究，2016（9）：48-59，72，136.

[49] 周伟，陈昭，吴先明．中国在"一带一路"OFDI的国家风险研究：基于39个沿线东道国的量化评价 [J]．世界经济研究，2017（8）：15-25，135.

[50] 钞鹏．政治风险对中国企业对外投资影响的实证分析 [J]．云南民族大学学报（哲学社会科学版），2012，143（4）：92-97.

[51] 王颖，吕婕，唐子仪．中国对"一带一路"沿线国家直接投资的影响因素研究——基于东道国制度环境因素 [J]．国际贸易问题，2018，421（1）：87-95.

[52] 刘洪铎，陈和．双边贸易成本抑制了中国制造业企业的对外直接投资吗 [J]．世界经济研究，2016，270（8）：47-58，136.

[53] 李洪亚，董建功．所有制改革与OFDI：中国的证据 [J]．世界经济研究，2017（2）：62-77，136.

[54] 刘海云，廖庆梅．中国对外直接投资对国内制造业就业的贡献 [J]．世界经济研究，2017（3）：56-67，135.

[55] 胡浩，金钊，谢杰．中国对外直接投资的效率估算及其影响因素分析 [J]．世界经济研究，2017，284（10）：45-54，136.

[56] 顾乃康．中国企业对外直接投资的交易成本理论分析 [J]．学术研究，1996（5）：35-39.

[57] 高薇．国际直接投资理论的演变及其对中国的启示 [D]．吉林大学，2011.

[58] 梁莹莹．中国对外直接投资决定因素与战略研究 [D]．南开大学，2014.

[59] 卢进勇．中国企业的国际竞争力与海外直接投资 [D]．对外经济贸易大学，2003.

[60] 李春顶. 异质性企业国际化路径选择研究 [D]. 复旦大学, 2009.

[61] 吴海军. 现状、绩效与战略选择: 我国对外直接投资研究 [D]. 西南财经大学, 2011.

[62] 张为付, 李逢春. 对外直接投资决定因素的演进——FDI 决定理论研究新进展 [J]. 国际贸易问题, 2011 (4): 162-174.

[63] 裴长洪, 郑文. 国家特定优势: 国际投资理论的补充解释 [J]. 经济研究, 2011 (11): 21-35.

[64] 裴长洪. 经济新常态下中国扩大开放的绩效评价 [J]. 经济研究, 2015 (4): 4-20.

[65] 毛其淋, 许家云. 中国对外直接投资如何影响了企业加成率: 事实与机制 [J]. 世界经济, 2016 (6): 77-99.

[66] 吴哲, 范彦成, 陈衍泰, 等. 新兴经济体对外直接投资的逆向知识溢出效应——中国对 "一带一路" 国家 OFDI 的实证检验 [J]. 中国管理科学, 2015 (1): 690-695.

[67] 中华人民共和国商务部. 上海交通大学出版社 [M]. 上海交通大学出版社, 2010: 232.

[68] 苏丽萍. 对外直接投资: 理论、实践和中国的战略选择 [D]. 厦门大学, 2006.

[69] 伊文媛. 论实施 "走出去" 战略中政府的作用 [D]. 南京师范大学, 2004.

[70] 尹东东, 张建清. 我国对外直接投资逆向技术溢出效应研究——基于吸收能力视角的实证分析 [J]. 国际贸易问题, 2016 (1): 109-120.

[71] 叶娇, 赵云鹏. 对外直接投资与逆向技术溢出——基于企业微观特征的分析 [J]. 国际贸易问题, 2016 (1): 134-144.

[72] 李思慧, 于津平. 对外直接投资与企业创新效率 [J]. 国际贸易问题, 2016 (12): 28-38.

[73] 张海波. 对外直接投资能促进我国制造业跨国企业生产率提升吗——基于投资广度和投资深度的实证检验 [J]. 国际贸易问题, 2017 (4): 95-106.

[74] 蒙大斌, 蒋冠宏. 中国企业海外并购与产业竞争力——来自行业层面的证据 [J]. 世界经济研究, 2016 (4): 31-41, 134-135.

[75] 蒋冠宏, 蒋殿春. 中国企业对外直接投资的 "出口效应" [J]. 经济研究, 2014 (5): 160-173.

[76] 孙黎, 李俊江. 全球价值链视角下中国企业对外直接投资的驱动力研究 [J]. 社会科学战线, 2015 (12): 56-62.

[77] 龙伟. 浅议与贸易有关的投资措施及其影响 [J]. 武汉商业服务学院学 报, 2006 (3): 36-39.

[78] 宗芳宇. 中国对外直接投资的发展趋势与战略重点 [J]. 国家治理, 2016 (39): 27-34.

[79] 慕绣如, 李荣林. 企业出口和 OFDI 学习效应检验——基于 PSM-DID 的 分析 [J]. 国际经贸探索, 2016 (4): 77-87.

[80] 裴蓉花. 制造业上市公司全要素生产率及影响因素分析 [D]. 山西大 学, 2015.

[81] 刘爱东, 谭圆奕, 李小霞. 我国反倾销对企业全要素生产率的影响分 析——以 2012 年化工行业对外反倾销为例 [J]. 国际贸易问题, 2016 (10): 165-176.

[82] 张杰, 李勇, 刘志彪. 出口促进中国企业生产率提高吗? ——来自中国 本土制造业企业的经验证据: 1999—2003 [J]. 管理世界, 2009 (12): 11-26.

[83] 李玉红, 王皓, 郑玉歆. 企业演化: 中国工业生产率增长的重要途径 [J]. 经济研究, 2008 (6): 12-24.

[84] 张天华, 张少华. 中国工业企业全要素生产率的稳健估计 [J]. 世界经 济, 2016 (4): 44-69.

[85] 艾文冠. 股权结构对上市公司全要素生产率的影响——基于 Olley-Pakes 半参数方法的实证研究 [J]. 西南师范大学学报 (自然科学版), 2017 (3): 119-127.

[86] 许天启, 董志勇. 政策不确定性对企业投资的抑制作用——基于 PSM-DID 方法的实证研究 [J]. 中央财经大学学报, 2016 (12): 65-75.

[87] 隋广军, 黄亮雄, 黄兴. 中国对外直接投资、基础设施建设与 "一带一 路" 沿线国家经济增长 [J]. 广东财经大学学报, 2017 (1): 32-43.

[88] 黄亮雄, 钱馨蓓, 隋广军. 中国对外直接投资改善了 "一带一路" 沿线 国家的基础设施水平吗 [J]. 管理评论, 2018, 30 (3): 228-241.

[89] 苏哈利. 印尼交通基础设施建设吸引外资研究 [D]. 广西大学, 2016.

[90] 陈后祥. "一带一路" 背景下东道国基础设施对我国 OFDI 区位选择影响 研究 [D]. 浙江工商大学, 2016.

[91] 吴心弘. 金融发展和基础设施对中国 "一带一路" 投资的影响研究

［D］.暨南大学，2016.

［92］沈铭辉.全球基础设施投资与合作研究——以 G20 国家为例［J］.国际经济合作，2016（6）：13-20.

［93］李坤望，邵文波，王永进.信息化密度、信息基础设施与企业出口绩效——基于企业异质性的理论与实证分析［J］.管理世界，2015（4）：52-65.

［94］王晓东，邓丹萱.物流基础设施对双边贸易影响实证研究——基于 31 个国家和地区贸易数据的分析［J］.商业时代，2014（10）：22-24.

［95］余官胜，都斌.企业融资约束与对外直接投资国别区位选择——基于微观数据排序模型的实证研究［J］.国际经贸探索，2016（1）：95-104.

［96］吕越.金融市场不完全、融资异质性与中国企业国际化［D］.南开大学，2014.

［97］徐清.金融规模、结构的协调发展与工业企业生产率——基于多层线形模型的分析［J］.福建金融，2016（2）：30-34.

［98］王伟，孙大超，杨娇辉.金融发展是否能够促进海外直接投资——基于面板分位数的经验分析［J］.国际贸易问题，2013（9）：120-131.

［99］余官胜.东道国金融发展和我国企业对外直接投资——基于动机异质性视角的实证研究［J］.国际贸易问题，2015（3）：138-145.

［100］蒋冠宏，张馨月.金融发展与对外直接投资——来自跨国的证据［J］.国际贸易问题，2016（1）：166-176.

［101］赵蓓文.金融服务业对外直接投资的理论及效应分析［J］.世界经济研究，2002（2）：47-52.

［102］罗军.金融发展门槛、FDI 与区域经济增长方式［J］.世界经济研究，2016（4）：107-118，136.

［103］李健，卫平.金融发展与全要素生产率增长——基于中国省际面板数据的实证分析［J］.经济理论与经济管理，2015（8）：47-64.

［104］郭杰，黄保东.储蓄、公司治理、金融结构与对外直接投资：基于跨国比较的实证研究［J］.金融研究，2010（2）：76-90.

［105］阎建东.邓宁国际生产折衷理论述评［J］.南开经济研究，1994（1）：22，57-61.

［106］王碧珺，谭语嫣，余淼杰，等.融资约束是否抑制了中国民营企业对外直接投资［J］.世界经济，2015（12）：54-78.

［107］徐清.金融发展、生产率与中国企业对外直接投资——基于大样本企

业数据的 Logit 模型分析 [J]. 投资研究, 2015 (11): 53-63.

[108] 李梅. 金融发展、对外直接投资与母国生产率增长 [J]. 中国软科学, 2014 (11): 170-182.

[109] 徐雅雯. 上海合作组织贸易投资便利化问题研究 [D]. 东北财经大学, 2012.

[110] 张亚斌. "一带一路" 投资便利化与中国对外直接投资选择——基于跨国面板数据及投资引力模型的实证研究 [J]. 国际贸易问题, 2016, 405 (9): 167-178.

[111] 马文秀, 乔敏健. "一带一路" 国家投资便利化水平测度与评价 [J]. 河北大学学报 (哲学社会科学版), 2016, 41 (5): 89-98.

[112] 刘晓宁. 贸易自由化、异质性企业出口决策与出口产品质量升级研究 [D]. 山东大学, 2015.

[113] 孙林, 倪卡卡. 东盟贸易便利化对中国农产品出口影响及国际比较——基于面板数据模型的实证分析 [J]. 国际贸易问题, 2013 (4): 139-147.

[114] 卢进勇, 冯涌. 国际直接投资便利化的动因、形式与效益分析 [J]. 国际贸易, 2006 (9): 51-54.

[115] 郭力. 中俄直接投资便利化的经济效应分析 [J]. 黑龙江对外经贸, 2010 (10): 13-15.

[116] 孔庆峰, 董虹蔚. 拉美贸易便利化对中国出口影响的实证分析 [J]. 拉丁美洲研究, 2015, 37 (4): 12-20.

[117] 邵海燕, 卢进勇, 陈青萍. 投资自由化经济影响研究述评 [J]. 财贸研究, 2016 (3): 55-63.

[118] 刘晓宁. 企业对外直接投资区位选择——东道国因素与企业异质性因素的共同考察 [J]. 经济经纬, 2018 (3): 59-66.

[119] 廖利兵. 企业进入国际市场的方式与区位选择研究 [D]. 南开大学, 2014.

[120] 孙乾坤. 中国对 "一带一路" 国家直接投资的区位选择研究 [D]. 对外经济贸易大学, 2017.

[121] 蒋冠宏. 中国企业对 "一带一路" 沿线国家市场的进入策略 [J]. 中国工业经济, 2017 (9): 119-136.

[122] 杨娇辉, 王伟, 王曦. 我国对外直接投资区位分布的风险偏好: 悖论还是假象 [J]. 国际贸易问题, 2015 (5): 133-144.

[123] 邱立成，杨德彬．中国企业 OFDI 的区位选择——国有企业和民营企业的比较分析［J］．国际贸易问题，2015（6）：139-147.

[124] 陶攀，荆逢春．中国企业对外直接投资的区位选择——基于企业异质性理论的实证研究［J］．世界经济研究，2013（9）：74-80，89.

[125] 赵蓓文．经济全球化新形势下中国企业对外直接投资的区位选择［J］．世界经济研究，2015（6）：119-126，129.

[126] 吴先明，胡翠平．国际化动因、制度环境与区位选择：后发企业视角［J］．经济管理，2015（5）：51-62.

[127] 刘再起，王阳．经济资源、制度环境与我国对欧盟直接投资的区位选择［J］．经济管理，2016（2）：1-13.

[128] 王永钦，杜巨澜，王凯．中国对外直接投资区位选择的决定因素：制度、税负和资源禀赋［J］．经济研究，2014（12）：126-142.

[129] 蒋冠宏．我国企业对外直接投资的异质性及对我国经济发展和产业［D］．南开大学，2015.

[130] 王珏．全面开放新格局下的中国对外直接投资思路探讨［J］．国际贸易问题，2018（1）：11-12.

[131] 付韶军．东道国政府治理水平对中国 OFDI 区位选择的影响［J］．经济问题探索，2018（1）：70-78.

[132] 王方方．企业异质性条件下中国对外直接投资区位选择研究［D］．暨南大学，2012.

[133] 李波，赵鑫铖，李艳芳．贸易便利化、产业集聚与地区产业增长［J］．财贸研究，2017（6）：1-16.

[134] 崔日明，黄英婉．"一带一路"沿线国家贸易投资便利化水平及其对中国出口的影响——基于面板数据的实证分析［J］．广东社会科学，2017（3）：5-13，254.

[135] 李波．贸易便利化、产业集聚与企业绩效［D］．云南大学，2016.

[136] 陈文芝．贸易自由化与行业生产率：企业异质性视野的机理分析与实证研究［D］．浙江大学，2009.

[137] 汤毅，尹翔硕．贸易自由化、异质性企业与全要素生产率——基于我国制造业企业层面的实证研究［J］．财贸经济，2014（11）：79-88.

[138] 沈铭辉．东亚国家贸易便利化水平测算及思考［J］．国际经济合作，2009（7）：41-46.

[139] 杨军，黄洁，洪俊杰，等．贸易便利化对中国经济影响分析［J］．国际

贸易问题, 2015 (9): 156-166.

[140] 孔庆峰, 董虹蔚. "一带一路" 国家的贸易便利化水平测算与贸易潜力研究 [J]. 国际贸易问题, 2015, 396 (12): 160-170.

[141] 保罗. 克鲁格曼. 战略性贸易政策与国际经济学 [M]. 国际经济学译丛, 2000.

[142] 熊性美, 戴金平等. 当代国际经济与国际经济学主流 [M]. 东北财经大学出版社, 2004.

[143] 陈继勇等. 国际直接投资的新发展与外商对华直接投资研究 [M]. 人民出版社, 2004.

[144] 余智. 国际贸易基础理论与研究前沿 [M]. 上海人民出版社, 2015.

[145] 陈强. 高级计量经济学及 stata 应用 [M]. 高等教育出版社, 2014.

[146] 陈强. 计量经济学及 Stata 应用 [M]. 高等教育出版社, 2015.

[147] Ahn J., Khandelwal, A. K., Wei, S. J. The Role of Intermediaries in [154] Facilitating Trade [J]. Journal of International Economics, 2011, 84 (1).

[148] Aliber, R. Z. A Theory of Direct Foreign Investment [M] //P. Kindleberger (Ed), The International Corporation: A Symposium. Cambridge, MA: MIT Press, 1970.

[149] Arnaud Costinot, Dave Donaldson, Jonathan Vogel, et al. Comparative Advantage and Optimal Trade Policy [J]. The Quarterly Journal of Economics, 2015, 130 (2): 659-702.

[150] Antras. Firms, Contracts, and Trade Structure [J]. Quarterly Journal of Economics, 2003, 118 (4).

[151] Antras. Incomplete Contracts and the Product Cycle [J]. American Economic Review, 2005, 95 (4).

[152] Antras and Helpman. Global Sourcing [J]. Journal of Political Economy, 2004.

[153] Andreff, W., Andreff, M. Multinational companies from transition economies and their outward foreign direct investment. Russian Journal of Economics, 2017, 3 (4): 445-474.

[154] Antrs Pol, Desai Mihir-A., Foley -Fritz. Multinational Firms, FDI Flows, and Imperfect Capital Markets [J]. MIT Press, 2009, 124 (3): 1171-1219.

[155] Baldwin R. , Okubo T. Heterogeneous Firms, Agglomeration and Economic Geography: Spatial Selection and Sorting [C]. NBER Working Paper, No. 11650, 2005.

[156] Berman F. , Fox G. , Hey T. Grid computing: making the global infrastructure a reality [J]. Wiley & Sons, 2003, 2: 945-962.

[157] Bertrand O. , Capron L. Productivity enhancement at home via cross - border acquisitions: the roles of learning and contemporaneous domestic investments [J]. Strategic Management Journal, 2015, 36 (5): 640-658.

[158] Bitzer J. , Görg, H. Foreign direct investment, competition and industry performance [J]. World Economy, 2009, 32 (2): 221-233.

[159] Bitzer J. , Kerekes M. Does foreign direct investment transfer technology across borders? New evidence [J]. Economics Letters, 2008, 100 (3): 355-358.

[160] Boisot M. , Meyer M. W. Which way through the open door? Reflections on the internationalization of Chinese firms [J]. Management & Organization Review, 2008, 4 (3): 349-365.

[161] Braconier H. , Ekholm K. , Knarvik K. H. M. In search of FDI-transmitted R&D spillovers: a study based on Swedish data [J]. Review of World Economics, 2001, 137 (4): 644-665.

[162] Branstetter L. Is foreign direct investment a channel of knowledge spillovers? Evidence from Japan's FDI in the United States [J]. Journal of International Economics, 2006, 68 (2): 325-344.

[163] Brainard L. An Empirical Assessment of Proximity-concentration Tradeoff between Multinational Sales and Trade [J]. American Economic Review, 1997, 87: 520-544.

[164] Bernard A. B. , Jensen J. B. , Redding S. J. , Schott P. K. Wholesalers and Retailers in U. S. Trade [J]. American Economic Review, 2010, 100 (2).

[165] Bernard A. B. , Jensen B. J. Firm Structure, Multination-als, and Manufacturing Plant Deaths [J]. The Review of Econom-ics and Statistics, 2007, 89 (2) : 193-204.

[166] Beck T. , Levine R. Stock Markets, Banks, and Growth: Panel Evidence [J]. Journal of Banking and Finance, 2004 (28).

［167］ Buckley. Recent Research on the Multinational Enterprise ［M］. London: Edward Elgar, 1991.

［168］ Buckley P. J. , Clegg, L. J. , Cross A. R. , et al. The Determinants of Chinese Outward Foreign Direct Investment ［J］. Journal of International Business Studies, 2007, 38 (4).

［169］ Chen M. , Moore M. Location decision of heterogeneous multinational firms ［J］. Journal of International Economics, 2010, 80 (2).

［170］ Chen M. Interdependence in Multinational Production Networks ［R］. GW Institute for International Economic Policy working paper, 2011.

［171］ Cheng L, Ma Z. China's outward FDI: Past and Future ［C］. Hong Kong University of Science and Technology, 2007.

［172］ Charnley J. , Cupic Z. The internationalization of chinese firms: a case for theoretical extension ［J］. Management & Organization Review, 2005, 1 (3): 381-410.

［173］ Cui L. , Jiang F. Behind ownership decision of Chinese outward FDI: Resources and institutions ［J］. Asia Pacific Journal of Management, 2010, 27: 751-774.

［174］ Deng P. Outward investment by Chinese MNCs: Motivations and implications ［J］. Business Horizons, 2004, 47: 8-16.

［175］ Dierk Herzer. The long-run relationship between outward foreign direct investment and total factor productivity: evidence for developing countries ［J］. Ibero America Institute for Econ Research Discussion Papers, 2011, 47 (5): 767-785.

［176］ Dierk Herzer. Outward fdi, total factor productivity and domestic output: evidence from Germany ［J］. International Economic Journal, 2012, 26 (1): 155-174.

［177］ Driffield N. , Love J. H. , Taylor K. Productivity and labor demand effects of inward and outward foreign direct investment on uk industry ［J］. Manchester School, 2009, 77 (2): 171-203.

［178］ Dunning J. H. Location and the Multinational Enterprise: A Neglected Factor ［J］. Journal of International Business Studies, 1998, 29 (1).

［179］ Dunning J. H. Trade, Location of Economic Activity and the Multinational Enterprise: a Search for an Eclectic Approach ［J］. The Theory of

Transnational Corporations 1, 1993: 183-218.

[180] Dunning J. Toward an Eclectic Theory of International Production: Some Empirical Tests [J]. Journal of International Business Studies, 1980 (1): 9-31.

[181] Feenstra R., Kee H. L. Export Variety and Country Productivity: Estimating the Monopolistic Competition Model with Endogenous Productivity [J]. Journal of International Economics, 2008, 74 (2).

[182] Goodarzi H., Moghadam S. E. Foreign direct investment and its effects on home country: evidence from developing countries [J]. Journal of Knowledge Globalization, 2014, 7 (1): 1-22.

[183] Helpman, Elhanan, Melitz, et al. Export Versus FDI with Heterogeneous Firms [J]. The American Economic Review, 2004, 94 (1): 300-316.

[184] Hansen B. E. Threshold Effects in Non-dynamic Panels: Estimation, Testing, and Inference [J]. Journal of Econometrics, 1999, 93 (2).

[185] Helpman E., Wlhanan. A Simple Theory of International Trade with Multinational Corporations [J]. Journal of Political Economy, 1984, 92.

[186] Kolstad I, Wiig A. What Determines Chinese Outward FDI [J]. Journal of World Business, 2012, 47 (1): 26-34.

[187] Kejzar Katja-Zaj. Investment liberalisation and firm selection process: A welfare analysis from a host-country perspective [J]. Journal of International Trade & Economic Development, 2011, 20 (3): 357-377.

[188] Lipsey R. E. The Location and Characteristic of U. S. Affiliates in Asia [R]. NBER Working Paper, 1999.

[189] Li L., Liu X., Yuan D., Yu M. Does outward FDI generate higher productivity for emerging economy MNEs? —Micro-level evidence from Chinese manufacturing firms [J]. International Business Review, 2017, 26 (5): 839-854.

[190] Lichtenberg F. Does foreign direct investment transfer technology across borders [J]. Review of Economics & Statistics, 2001, 83 (3): 490-497.

[191] Muller Gilles. The EU's "Global Europe" Strategy and the Liberalization of Trade in Legal Services: The Impact of the EU Free Trade Agreements in Asia [J]. The Journal of World Investment & Trade, 2013, 14 (4): 727-761.

［192］ Melitz M. J. The Impact of Trade on Intra-Industry Reallo-cations and Aggregate Industry Productivity. Econometrica, 2003, 71（6）: 1695-1725.

［193］ Meyer K. E. , S. Estrin, S. K. Bhaumilk, M. W. Peng. Institution, Resources and Entry Strategic in Emerging Economies ［J］. Strategic Management Journal, 2009, 30（1）: 61-80.

［194］ Meyer, K. E. , M. W. Peng. Probing Theoretically into Central and Eastern Europe: Transaction Resource, and Institution ［J］. Journal of International Business Studies, 2005, 36（6）: 600-621.

［195］ Morck R. , B. Yeung, M. Zhao, Perspectives on China's Outward Foreign Direct Investment ［J］. Journal of International Business Studies, 2009: 39.

［196］ Muller Gilles. The EU's "Global Europe" Strategy and the Liberalization of Trade in Legal Services: The Impact of the EU Free Trade Agreements in Asia ［J］. The Journal of World Investment & Trade, 2013, 14（4）: 727-761.

［197］ Nocke, V. , S. Yeaple. Cross-border Mergers and Acquisitions vs Greenfield Foreign Direct Investment: The Role of Firm Heterogeneity ［J］. Journal of International Economics, 2007, 72（2）: 336-365.

［198］ Nigel Driffield, P.（Michelle）Chiang. The effects of offshoring to china: reallocation, employment and productivity in Taiwan ［J］. International Journal of the Economics of Business, 2009, 16（1）: 19-38.

［199］ Mathews, J. A. Dragon multinationals: new players in 21st century globalization ［J］. Asia Pacific Journal of Management, 2006, 23（2）: 139-141.

［200］ Ramasamy B. , Yeung M. , Laforet S. China's outward foreign direct investment: location choice and firm ownership ［J］. Journal of World Business, 2012, 47（1）: 17-25.

［201］ Wei Y. , Zheng N. , Liu X. , Lu J. Expanding to outward foreign direct investment or not? A multi-dimensional analysis of entry mode transformation of Chinese private exporting firms. International Business Review, 2014, 23（2）: 356-370.

［202］ Wilson J. S. , Mann C. L. , Otsuki. Trade Facilitation and Economic Development: A New Approach to Quantifying the Impact ［J］. World Bank

Economic Review, 2003, 17 (3).

[203] Yamawaki H. Location Decisions of Japanese Multinational Firms in European Manufacturing Industries [M]. Cambridge: Cambridge University Press, 1993.

[204] Yeaple S. The Complex Integration Strategies of Multinationals and Cross Country Dependencies in the Structure of Foreign Direct Investment [J]. Journal of International Economics, 2003, 60: 293-314.

[205] Yeaple S. R. Firm Heterogeneity and the Structure of U. S. Multinational Activity. Journal of International Economics, 2009, 78 (2): 206-215.

[206] Yamakawa Y., Peng M. W., Deeds D. L. What drives new ventures to internationalize from emerging to developed economies [J]. Entrepreneurship Theory & Practice, 2008, 32 (1): 59-82.

致　　谢

时间如白驹过隙，一眨眼，四年的博士研究生求学生涯就已接近尾声。我还记得四年前刚到中南财大的校园里来，被活力满满的美丽校园深深吸引的样子。如今，却要和她说再见了。四年来，我有过迷茫，有过痛苦，有过自我怀疑的落寞，但更有坚定，更有自我肯定的欢欣。在这个永远静默永远包容的地方，我收获的不只是专业知识，更有自信、勇气、坚持、情谊和感动。

首先我要非常感谢我的导师张华容教授，我何其幸运能成为张老师的学生。张老师是一位非常和善儒雅，治学严谨的学者，在我小论文和毕业论文的写作中花费了大量的时间和精力，从论文选题、资料查找、框架确定、批复修改和投稿方向方面都不厌其烦地给予我悉心指导，不仅丰富了我的专业知识，而且培养了我学术研究的规范性和分析问题的逻辑性。还要感谢张教授的夫人王老师，王老师气质典雅、贤淑聪慧，在生活上对我们颇多关心，感谢我们的师母王老师。

我要感谢工商管理学院的每位任课老师，没有他们的传道授业，我不可能领略到经济学的魅力。感谢工商管理学院资深任课老师黄汉民教授、张建民教授、曹亮教授和钱学锋教授。感谢经贸系学术骨干宋伟良副教授、席艳乐副教授、胡宗彪博士的集中授课；感谢讲授经济学学术论文写作课程的郎小娟博士。感谢统计与数学学院的老师：张虎教授、李占风教授。感谢经济学院和金融学院的任课老师：李小平教授、欧阳志刚教授、聂名华教授、顾露露教授、吴珊珊老师、黄孝武教授、朱延福教授、曹勇老师。感谢所有曾经给我授课的其他老师。

感谢同门师兄师姐、师弟和师妹：师兄刘凯、散长剑，师姐赵青，师妹潘莹、白金凤、白雪玉、唐沈露。通过张教授的国家社科项目，我学习了知识，同时增进了与同门之间的感情。同门的师兄、师弟和师妹在科研上取得了卓越的成绩，对我深有启发，感谢他们的帮助与支持。

我要感谢我的同班同学肖扬、王胜、王忠诚、周丽和黄水灵，我们一起上课学习、一起讨论问题、一起互帮互助的时光留给我非常美好的回忆。

　　最后，我要感谢我的父母和公公婆婆，感谢他们对我经济上和情感上无条件的支持，帮忙照看小女儿。还要感谢我的爱人，感谢他对我求学的无条件支持。